"博学而笃志,切问而近思。"
(《论语》)

博晓古今,可立一家之说;
学贯中西,或成经国之才。

复旦博学·复旦博学·复旦博学·复旦博学·复旦博学·复旦博学·复旦博学

主编简介

周文霞，中国人民大学劳动人事学院副院长、教授，中国人力资源开发教学与实践研究会副会长、职业开发与管理分会会长；加州大学伯克利分校高级访问学者。曾获得2007年中国人民大学教学优秀奖、2010年中国人力资源开发教学与实践研究会特别贡献奖、2012年教育部宝钢优秀教师奖、2016年北京市师德奖，2017年被评为中国人民大学杰出学者特聘教授。

周教授的主要研究方向为组织行为学、职业生涯管理、人力资源管理等，曾出版《管理中的激励》《人力资源管理》《管理伦理学概论》《组织行为学教学案例精选》《新经济时代人力资源管理手册》《管理心理学》《职业生涯管理》等著作，在中外学术期刊发表论文60余篇。

在实践领域，周教授为50余家政府机构与企事业单位提供过管理与咨询培训。

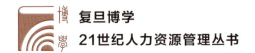

复旦博学
21世纪人力资源管理丛书

职业生涯管理

(第二版)

周文霞 主编

本丛书荣获
第六届高等教育
国家级教学成果奖

復旦大學出版社

内容提要

本书是大学人力资源管理、劳动经济与劳动关系、社会保障等专业的基础课教材,也是许多院校的公共选修课教材。本书是作者根据国际通用的职业生涯管理分析框架,紧扣中国的文化习惯和社会现实,在多年的讲课积累和企业管理咨询实践的基础上编写而成的。

此次改版,在保留原有基本结构的前提下,根据新的研究和实践,新增了"职业的分层和分类""新时代的职业发展""可就业能力测量""如何获得职业成功""人工智能对职业发展的冲击与应对"五个小节,对"组织职业生涯管理的常见方式"小节进行了修订和补充,同时,对书中各部分的案例也进行了增补和更新。希望通过以上工作,能向读者分享作者及其研究团队这16年来对职业发展、职业成功的分析总结和研究成果,帮助读者专注自身发展,开展自我管理,迈向职业成功。

作为"复旦博学·21世纪人力资源管理丛书"之一,本书适合大学人力资源管理专业及相关经济管理专业师生选为教材使用,也可作为企业人力资源主管的参考书。

丛书编辑委员会

主　任　曾湘泉

委　员（按姓氏笔画排序）

文跃然　孙健敏　刘子馨　刘尔铎　萧鸣政
苏荣刚　郑功成　徐惠平　彭剑锋

总策划

文跃然　苏荣刚

前 言（第二版）

　　时光荏苒，本书第一版问世至今已有十余年。近年来，科学技术日新月异，全球经济动荡发展，带给职场更多的易变性（volatility）、不确定性（uncertainty）、复杂性（complexity）和模糊性（ambiguity），我们进入了一个乌卡（VUCA）时代。个人与组织都发生了深刻的变化，一方面平台型组织、生态型组织、敏捷型组织不断诞生，另一方面自由职业者、零工工作者、共享员工不断涌现，工作的形态和工作方式也在不断创新和迭代，个体的职业生涯发展和组织的职业生涯管理都面临着更大的挑战，当然也意味着更多的机会。这些现象以及由此引发的学术讨论与思考，都应该进入我们的教科书，以反映我们这个时代的职业生涯领域的发展与变化。早该修订《职业生涯管理》一书的任务今年终于完成。

　　此次再版，本书的结构并没有大的改动，依然按照职业生涯管理的理论、工具、实践和发展趋势等模块搭建，修订工作主要是对书中的章节和案例进行增补和更新。 我们知道，随着互联网融入人们生活的程度加深，职业上新需求、新体验和新种类不断涌现，职业的分类也更加细化，因此第一章新增第二节"职业的分层和分类"，详细介绍了职业分层和职业分类的定义，以及不同国家职业分类标准。同时，我国正经历经济增速放缓、产业结构优化升级、增长动力由要素驱动转为创新驱动的新常态时期，互联网等行业的快速发展为新职业的产生提供了契机和土壤，也为一些传统的职业注入了新的生机和活力，因此第一章新增第三节"新时代的职业发展"，对职业发展的演进和变化趋势、新时代职业形式和职业生涯的特点以及新的职业生涯理念进行了补充和介绍。本书保留了第二章职业生涯管理经典理论的相关内容,并在第二章第一节梳理了职业生涯管理理论的历史演进脉络,使理论的介绍思路更加清晰。

在无边界职业生涯和易变性职业生涯时代,个人价值迅速崛起,个体的可就业能力成为在职业生涯中获得成功的关键因素。因此,本书第三章新增第四节"可就业能力测量",有助于读者了解可就业能力的定义和功能,并通过测量工具对自身的可就业能力加以认识,从而有针对性地开展职业规划。职业成功是我们进入职场后追求的重要目标,科学技术的发展赋予了个体更大的自主性,使自我管理成为职业成功的最重要影响因素。本书在第四章"自我职业生涯管理"中新增第六节"如何获得职业成功",向读者分享我和我的研究团队这16年来对职业成功的分析总结和研究成果,帮助读者专注自身发展,开展自我管理,迈向职业成功。

人们希望能在企业中获得归属感,企业也希望能够提升员工与企业的契合度和员工敬业度,从而提升企业绩效、实现长期发展。本书对第五章"组织职业生涯管理"的第五节"组织职业生涯管理的常见方式"进行修订和补充,为企业提供了新的发展思路。人工智能近年来成为一个热门话题。国外以微软、谷歌、脸书、IBM为代表的实力型科技企业都已经进军人工智能行业,国内人工智能产业规模也逐年扩大。有研究表明,全球约50%的工作内容可以通过改进现有技术实现自动化。人工智能对职业生涯会带来怎样的影响?我们应该如何应对人工智能带来的冲击?这些问题都会在第六章第五节"人工智能对职业发展的冲击与应对"中一一讨论。

在修订本书的过程中我不时想起本书第一版的责任编辑苏荣刚先生,他对我们这套"复旦博学·21世纪人力资源管理丛书"的贡献以及对我的帮助,我永远不会忘记。让人痛心的是他英年早逝,正值壮年就离开了这个世界。他的学生和同事宋朝阳接替了他的工作。小宋真的继承了老师的工作作风,选题上高瞻远瞩,组稿时热情、细致,正是在他的不断敦促和耐心等待下,我才有信心挤时间开启了本书第二版的修订工作。我要借此机会对宋朝阳先生和复旦大学出版社表示衷心感谢。同时,我还要特别感谢我的学生李梦宜、郭奇、李硕玉。梦宜全程参与,协助我修订此书,郭奇提供了职业分层分类演进历史的材料,硕玉查找了书中相关链接的更新素材,没有他们的帮助我很难完成修订工作。由于个人能力有限,书中难免会有一些问题和错误,敬请广大读者和专家予以批评指正!

周文霞
于中国人民大学
2020 年 5 月

前 言（第一版）

将这本书奉献到你们面前，我心中颇有几分不安。

职业生涯虽然不是人生的全部内容，但它在人生中所占的位置怎么估价也不过分。职业是一个人安身立命之本、施展抱负之基、成就自我之途。当你步入职场的第一天，你就开始书写并度量着你的职业生涯；而你进入职场之前的时光，也不过是为选择职业做着准备和积累；当你一旦退离职场开始安度晚年时，你仍会发现几十年的职业生涯早已在你身上打下了不可磨灭的职业印记，它将伴随着你的一生。可见，选择了一种职业就是选择了一种生存方式；规划了一种职业生涯，就是规划了一种人生状态。职业还是社会与个人的结合点。通过这个结合点的动态相关形成了人类社会共同生活的基本结构。这也就是说，个人是职业的主体，但个人的职业活动必须在一定的社会组织中进行。组织的目标必须靠个体通过职业活动来实现，个体则通过职业活动对组织的存在和发展做出贡献。因此，职业活动对我们个人和我们所在的组织以及我们所生活的社会都有着非同寻常的意义。也正因为如此，我们才说职业发展需要设计、职业生涯需要管理。

职业生涯管理在西方不仅早已是人力资源管理的一种有效方式，而且也已成为学术界一个相对独立的研究领域。职业生涯管理实践最初的正规形式是1908年美国波士顿大学教授帕森斯（Frank Parsons）所倡导的职业指导活动，而帕森斯在此基础上提出的"人-职匹配"理论就成为职业生涯管理理论的开端。百余年来，随着职业生涯管理实践的不断深入，职业生涯管理理论也在不断丰富和完善。职业选择理论、职业生涯发展阶段理论、职业生涯管理模型、家庭职业的平衡……西方学者研究的范围涉及了职业生涯管理的方方面面。职业兴趣、职业能力、职业人格特征、职业环境、职业锚、稳定性职业生涯与易变性职业生涯、无边界职业生涯……职业生涯管理的概念体系也在一步一步地折射着现实世界中人们职业生涯的新变化。

相比之下，我国在这方面的理论和实践都还处在起步阶段。造成这种巨大反差是有历史原因的。在计划经济条件下，我国的就业制度是国家"统包统配"，一个人一生的职业发展模式基本上是被规定好的。从国家把你安排给一个单位、分配给你一份工作起，你就开始捧上了职业的"铁饭碗"，与众人一起分享着与你的能力、特点、贡献并不相干的"大锅饭"。你的职业生涯似乎不是你的事儿，因为你决定不了什么。没有选择，自然就谈不上管理。人们职业意识萎缩、职业生涯管理理念和实践的缺失也就成为那个时代的必然现象。

是市场经济唤醒了人们的职业意识、催生了人们对职业生涯管理的需求。职场上的变化以及由此带来的人们职业心理的变化是改革开放以来中国社会最深刻的变化之一。择业观念、就业方式、职业发展路径、职业成功标准，这一切与20年前相比有了很大的不同。从个人方面来说，自主择业、双向选择、竞聘上岗、裁员解聘、职业流动等，在加大个人职业压力的同时也开发了人们的职业活力，它迫使人们对自己的职业生涯担负起应有的责任。从组织方面来看，要吸引和保留优秀的员工，就必须满足员工对自身职业发展的需要，将组织发展目标同个人职业发展目标整合起来。特别是在一个失去终身就业机会的时代，能不能提升员工终身就业的能力就成为一个组织是否具有吸引力的重要标志。对员工职业生涯的规划与开发开始成为很多组织人力资源管理工作的一个重要组成部分。于是，职业生涯管理也逐步从一个鲜为人知的学术概念演变成了组织和个人身体力行的实践，这种实践又进一步引发对职业生涯管理理论的需求。

在这样的背景下，编写一本职业生涯管理的教材是适时的和必要的。本书主要借鉴和整合国内外的研究成果，力图能够反映职业生涯管理理论和实践的全貌，帮助读者加深对职业生涯管理的认识和理解。全书共六章，可分为三个部分：第一章和第二章可视为基本理论部分，主要介绍职业生涯管理相关的重要概念、研究方法、理论发展线索以及重要的理论学派与观点；第二部分可称为相关工具部分，这是第三章的内容，主要介绍在职业生涯管理实践中常用的一些心理测量工具；第四、第五、第六章可算作实践部分，主要介绍个人职业生涯管理和组织职业生涯管理可操作性的步骤和方法，以及 21 世纪职业生涯管理的新趋势。

在本书编写的过程中，我深感要写好这本书并不是一件容易的事。写作中的困难主要是资料的短缺。虽然职业生涯管理与人力资源管理、组织行为学等学科密切相关，但在我国引起比较广泛的关注只是近几年的事。在人力资源管理和组织行为学领域，我们大量引进了国外的教材和其他研究成果，而翻译的职业生涯管理方面的专著和教材屈指可数。我们自己在这个领域独创性的研究基本上还是一片空白。这制约着这本书的内容和质量。在这样一个日益重要的研究领域，我目前只能献上这样一本粗浅和简陋的书，这就是我忐忑不安的原因。同时，这也鞭策我在这一领域进行深入的学习与研究，不断去修正和完善本书的内容。

感谢你，读者朋友，打开了这本书。我期待着你宝贵的批评和建议。我还想感谢本丛书的主编、策划和责任编辑，他们的创意使这本书有机会面世。感谢我的学生们参与本书的资料整理和写作，他们的努力对这本书的完成至关重要。感谢在职业生涯研究领域走在前面的同行们，本书在写作过程中参考和引用了许多国内外学者的著作和成果，其中有不少作者是我的同事和朋友，这些都尽可能地在书中做了说明或列在了参考文献中。我愿借此机会深表谢意。

周文霞
2004 年 5 月

目 录

1	**第一章 绪论**
3	第一节 基本概念：职业与职业生涯
14	第二节 职业的分层和分类
31	第三节 新时代的职业发展
40	第四节 职业生涯领域的研究方法
46	本章小结
47	复习思考题
48	案例分析　大为择业
52	**第二章 职业生涯管理的基本理论**
54	第一节 职业生涯管理理论的历史演进
59	第二节 职业选择理论
72	第三节 职业生涯发展阶段理论
82	第四节 职业生涯管理模型
93	本章小结
94	复习思考题
94	案例分析　凯西
96	**第三章 职业生涯管理的测量工具**
98	第一节 职业能力倾向及测量
104	第二节 气质、人格及测量
115	第三节 职业适应性测量
118	第四节 可就业能力测量
120	本章小结

| 121 | 复习思考题 |
| 121 | 案例分析　MBTI 测试的应用 |

142　第四章　自我职业生涯管理

144	第一节　自我认知与环境认知
157	第二节　个人职业生涯规划
164	第三节　个人职业生涯周期管理
166	第四节　管理者的自我职业生涯管理
171	第五节　简历和面试的技巧
175	第六节　如何获得职业成功

183	本章小结
185	复习思考题
185	案例分析　邹其芳——设计人生

190　第五章　组织职业生涯管理

191	第一节　组织职业生涯管理概述
196	第二节　职业生涯发展阶梯管理
200	第三节　分阶段的职业生涯管理措施
211	第四节　组织职业生涯管理的实施步骤与方法
214	第五节　组织职业生涯管理的常见方式

220	本章小结
221	复习思考题
221	案例分析　3M 公司的员工职业生涯管理体系

224　第六章　新时代职业生涯管理面临的挑战

226	第一节　无边界职业生涯和易变性职业生涯
229	第二节　个人职业生涯管理面临的挑战及应对策略
232	第三节　组织职业生涯管理面临的挑战及应对策略
237	第四节　个人职业发展与组织发展目标的整合
252	第五节　人工智能对职业发展的冲击与应对

256	本章小结
257	复习思考题
257	案例分析　一对双职工夫妇

| 259 | 参考文献 |

第一章 绪论

【重要概念】

职业、职业生涯、职业生涯管理、新时代职业形式、职业生涯和职业理念的特点

【内容提要】

本章首先讨论了职业、职业生涯以及职业生涯管理等概念;重点介绍了职业的含义与特征、职业的分层与分类、职业的产生与发展,以及新时代职业形式、职业生涯、职业理念的特点。

【学习目标】

1. 了解不同研究者从不同角度出发对于职业以及相关概念所做的界定;
2. 了解国内外常见的职业分类方法;
3. 了解新时代职业形式、职业生涯、职业理念的特点。

【开篇案例】

张明和王亮的故事

张明是某重点大学金融系的高材生。大学一毕业他就在一家大型企业找到了令同学们羡慕的工作。对于这份工作张明自己也很满意,不仅专业对口,收入也很理想。张明开始了自己日复一日的职业生涯。转眼两年过去了,张明对自己的工作也早已应对自如。他每天都按部就班地完成分给自己的任务,尽量不主动去参与分外的事。五年后,张明坐上了主管的位置。他开始专心经营自己的小家庭。不知不觉到了40岁,张明的职位再也没有得到提升。这时,意想不到的事情发生了。张明的公司突然被另一家竞争对手收购,接着就是机构重组。张明和其他一些老同事被列入了待安置的名单。后来因为另一名主管不满意新的职位安排辞了职,张明才算保住了自己的饭碗。这一系列的变化让他实在难以接受,他抱怨公司没有人性,抱怨社会变化太快,抱怨政府没有完善的社保系统,他就这样一边抱怨一边工作,一直到了退休。退休那天,张明哭了,他想起自己20岁时曾梦想做一名优秀的财务经理,他不知道自己是什么时候、怎样丢掉这一梦想的。可现在他知道说什么都晚了。

王亮是一所走读大学机械系的毕业生,一没有当地户口,二没有名牌大学学历,毕业后一直没有找到满意的工作。为了生存,王亮到朋友开的一家小公司帮忙做网页设计。虽然收入微薄,他却非常投入,一干就是两年。这使他的朋友很感动,于是推荐他去一家跨国公司应聘,竟然被录用了。新工作的职位是管理见习员,收入也不高,但王亮非常珍惜这个机会,全身心地投入到了工作中。一年后,他完成了各部门的实习,被分配到设备保养部做技术员。因成绩突出,三年后又被提为主管工程师。后来公司全面推行六西格玛(6-Sigma)管理,他被选为项目推动小组成员,并接受专业的绿带资格培训,在项目组又做了三年。这种工作经历大大地提高了他的能力,开阔了他的眼界。公司在南方成立分公司时,他被提升为华南区总经理;40岁那年,又被提升为公司中国区总经理,举家迁到北京。10年后,他成了集团亚洲区副总裁,一直干到退休。离开公司后,王亮并不清闲,因为公司还返聘他为高级顾问,他还是公司董事局成员,还有很多高校请他去做客座教授。学生们向他请教成功的秘诀,他说:"其实成功没有什么秘诀,如果有也是一些众所周知的法则。我个人成功主要有两个法则:一个是态度,一个是目标。我把它叫做个人使命。"他对大学生们的忠告是:

- 20岁是你事业的起步期,如果这时你还没有自己的梦想,你将来要为此付出巨大的代价。
- 40岁是你事业的飞跃期,如果这时你不能保持积极乐观的心态,你可能永远都在起步期。
- 60岁,这时你并不需要特意做什么。如果你前40年做对了,这时你想不辉煌也难;如果你前40年没有做对,这时你想不凄凉也难。

张明和王亮的故事告诉我们,生活是公平的,当你努力工作,尽量多付出的时候,你不知不觉就会收获很多;当你时时计较能获得多少,只做分内事的时候,却往往收获甚微,这也是职业生涯成功的法则。当我们都掌握了人生的一些基本法则并能坚持去做,那么成功是不难的,至少不像人们想象得那么难。

资料来源:道锐思,《照亮你前程的七盏灯》中的故事,略作改动。

第一节 基本概念:职业与职业生涯

我们每一个人都与职业有不解之缘,都有自己不同于他人的职业生涯。在童年、少年时代,我们内心对不同的职业充满了朦朦胧胧的向往;到了青年时代又为如何择业而烦恼或兴奋;一旦我们确定了自己的职业,职业生涯如何发展就成了摆在我们面前的难题。虽然我们要在职业生涯中度过大部分人生,虽然我们天天从事着自己的职业,但我们很少去深究职业、职业生涯这些概念的含义是什么。在日常生活中,不了解这些概念对我们的职业和职业生涯似乎并没有多大影响。但当我们把职业生涯作为一个特定的学术和实践领域进行研究时,探讨这些基本概念的含义,就成为我们的首要任务。德国古典哲学家黑格尔(G. W. F. Hegel)认为概念是理论之网的网上"扭结"。只有打开这些"扭结",才能深刻理解职业生涯管理的"理论之网"和"实践之道"。

一、职业

(一) 职业的含义与特征

在英文中,occupation 和 vocation 都可以译为职业,但两者的含义并不完全相同。occupation 是一个比较宏观的概念,在社会制度或社会分工的意义上使用,如职业分类等;而 vocation 则是一个比较微观的概念,在个人层面和心理的意义上使用,如职业兴趣和职业能力等。

国际标准职业分类修订大会进一步澄清了两个基本概念——"工作"(job)和"职业"(occupation)。"工作"是"某人为雇主（或自雇）而被动（或主动）承担的任务和职责的总和";"职业"是"主要任务和职责高度相似的工作的总和"。作为个人来说，可能会更换工作，而这些工作极有可能属于同一职业。一般来说，涉及专业技术的劳动力，其职业变换的可能性较小，但是更换工作的可能性较大，新兴的信息技术、网络游戏等产业尤其如此。

在中文里，从词义学的角度分析，"职业"一词是由"职"和"业"二字组合而成。"职"字包含责任、工作中所担当的任务等意思;"业"字含有行业、业务、事业等意思。《现代汉语词典》将职业解释为个人在社会中所从事的作为主要生活来源的工作。

对于职业的学术定义，各种不同学派的专家和学者着眼于不同的研究目的，从各自不同的立场出发作出了阐述。

心理学家认为，职业是"跨越个人一生的相关工作经历模式"。美国心理学家亚瑟、霍尔和劳伦斯(M. B. Arthur, D. T. Hall, B. S. Lawrence)把职业定义为"一个人的工作经历进展过程"。阿诺德(Arnold)则认为，职业是"一系列与雇佣相关的职位、任务、活动和经验"。然而，职业不仅是个人的工作经历，还涉及社会、组织等多个利益相关者。心理学家们通常从心理学的角度进行研究，忽略了职业的社会经济特征（耶胡迪·巴鲁，2011）。

美国社会学家泰勒(Lee Taylor)在其《职业社会学》一书中指出:"职业的社会学概念，可以解释为一套成为模式的与特殊工作经验有关的人群关系。这套成为模式的工作关系的结合，促进了职业结构的发展和职业意识形态的显现。"美国社会学家塞尔兹认为，职业是一个人为了不断取得个人收入而从事的具有市场价值的特殊活动，这种活动决定着从业者的社会地位。日本社会学家尾高邦雄认为，职业是某种一定的社会分工或社会角色的持续实现，因此包括工作、工作场所和地位。

我国学者吴国存综合以上观点，将社会学的职业含义概括为：

（1）职业首先是一种社会位置，个人取得这种位置的途径可能是通过社会资源的继承或社会资源的获取。但是职业不是继承性的，而是获得性的，是个人进入社会生产过程之后获得的。

（2）职业是已经成为模式并与专门工作相关的人群关系，或者说是已经成为模式的工作关系的结合。它是从事某种相同工作内容的职业群体。

（3）职业同权力密切相连。一种是拥有垄断权，每一种职业（群体）在社会分工中都有自身的位置和作用，是别人依赖于他们，需要他们，这就在一定程度上拥有了对他人的权力，而且总要维持这种权力以保持自身的垄断领域;另一种是经济收益权，任何一种职业（群体）凭其被他人所需要、所依赖，获得经济收入。

(4) 职业是国家授予的。任何一种职业,必定为社会所承认,职业的存在有法律效应。所以,职业为国家授予和认可(吴国存,1999)。

从经济学的角度看,美国社会学家舒尔茨认为,职业是一个人为获得收入而连续从事的特殊活动,这项活动具有市场价值并且能够决定从业者的社会地位(孟慧,2009)。日本劳动问题专家保谷六郎认为,职业是有劳动能力的人为了生活而连续从事的活动,这与舒尔茨的定义不谋而合。国内有些学者认为,所谓职业,是指人们从事的相对稳定的、有收入的、专门类别的工作。职业是人的社会角色的一个极为重要的方面(姚裕群、朱启臻,1991)。另有学者给职业以如下的定义:职业是劳动者足够稳定地从事某项有酬工作而获得的劳动角色(潘锦堂,1991)。经济学上的职业概念更强调职业的经济特性。人们从事某种职业,必然要从中取得经济收入。换言之,劳动者就是为了不断从中取得收入,才较为稳定、长期地从事某一项社会分工,从事该项社会职业的。没有经济报酬的工作,即使其劳动活动较为稳固,也并非职业。经济学家同时也认同职业是一种社会活动,是社会分工体系中劳动者所获得的一种社会劳动角色。

从以上的叙述中我们可以看到,虽然社会学家和经济学家对职业概念的分析各有侧重,但他们都涉及了职业的三个最重要的特征,如下所示:

(1) 经济特征。从个人角度看,人们从事特定的职业,必然从职业劳动中获得经济报酬,以满足自身生存和发展的需要。因此可以说,职业是个人获得经济收入的来源,是个人维持家庭生活的手段。从社会角度看,职业的分工是构成社会经济制度运行的主体,职业劳动创造出社会财富,从而为社会的存在和发展奠定物质基础。

(2) 社会特征。职业本身就是社会发展的产物,每一种职业都体现了社会分工的细化。社会成员在一定的社会职业岗位上为社会整体做贡献,社会整体也以全体成员的劳动成果作为积累而获得持续的发展和进步。

(3) 技术特征。任何一个职业岗位,都有相应的职责要求,而要完成职业岗位的职责要求,必须具有特定的知识和技能。所有的职业岗位都对任职者的学历证书、职业资格证书、专业技术考核证书、上岗培训合格证、专业工作年限等有具体规定。只有达到职业岗位的起点要求才能上岗。

综上所述,我们可以为职业下一个比较全面的定义,即**职业**一般是指人们在社会生活中所从事的以获得物质报酬作为自己主要生活来源并能满足自己精神需求的、在社会分工中具有专门技能的工作。它是人类文明进步、经济发展以及社会劳动分工的结果。职业通常由名称、内容、要求和报酬等要素组成。其中,名称是社会通用称谓和职业的符号象征;内容涵盖工作的对象、方式、程序和场所;要求包括从业者资格和能力等;报酬是相应的待遇和工资。职业反映个体与自身生活、职业结构、职业内在属性以及社会伦理的密切关系。职业体现个体奉献社会,为社会创造物质和精神财富的过程,是社会与个人或组织与个体的结合点。通过这个结合点的动态相关形成了人类社会共同生活的基本结构。这也就是说,个人是职业的主体,但个人的职业活动又必须在一定的组织中进行。组织的目标靠个体通过职业活动来实现,个体则通过职业活动对组织的存在和发展做出贡献。因此,职业活动对员工个人和组织都具有重要意义。

从个人的角度讲,职业活动几乎贯穿人一生的全过程。人们在生命的早期阶段接受教育与培训,便是为职业做准备。从青年时期进入职业世界到老年退离工作岗位,职业生涯长达几十年,即使退休以后仍然与职业活动有着密切的联系。职业不仅是谋生的手段,也是个人存在意义和价值的证明。选择一个合适的职业,度过一个成功的职业生涯,是每一个人的追求和向往。对于组织来说,不同的工作岗位要求具有不同能力、素质的人担任,把合适的人放在合适的位置上,是组织人力资源管理的重要职责。只有使员工选择了适合自己的职业并获得职业上的成功,真正做到人尽其才,才尽其用,组织才能兴旺发达。一个组织能不能赢得员工的献身精神、能不能充分调动员工积极性,一个关键因素在于其能不能为自己的员工创造条件,使他们有机会获得一个有成就感和自我实现感的职业。

(二) 职业的产生与发展

职业的产生与发展,是社会进步的反映。但是,职业不是伴随人类社会的形成而产生的,而是社会劳动分工的必然产物,并随社会劳动分工的深化而发生变化。

(1) 社会分工是职业产生的基础。在原始社会初期,生产力水平低下,劳动过程只存在以性别、年龄为基础的自然劳动分工,还没有形成社会劳动分工;同时由于每个人不是固定从事某项专门的活动,形不成独立的专门职能,也就没有职业可言。随着生产力的发展,人类出现了三次具有特别重要意义的社会分工,即游牧业同农业的分离、手工业同农业的分离、商业和商人阶级的产生。由于这些分工,最初的职业便出现了,比如牧人、农夫、工匠、商人等。

(2) 社会分工的发展和变化决定和制约着职业的发展和变化。科学技术的进步、生产工具的改进和生产社会化使分工更为精细和具体,专业化程度越来越高,从而社会职业的种类也越来越多。同时,由于科学技术和生产力的发展,全社会劳动分工的模式和职业结构也在发生着深刻的变化。社会职业结构变迁的速度越来越快。从农业革命到工业革命经历了数千年,而从工业革命到新的产业革命,才用了200多年。就在这200多年的时间里,新的行业不断涌现,行业主次地位的变化也越来越快。例如,工业革命时期,主要是纺织业,一直到进入20世纪,钢铁、汽车和建筑业才先后超过纺织业。但是,电子行业从产生、发展到成为一个主要行业,只用了几十年时间。

二、职业生涯

(一) 职业生涯的定义

在英文中,职业生涯的对应词汇是"career",西方学者们对这一概念有不同的解释。格林豪斯(Greenhaus,2000)对此进行了归纳总结。他指出,传统的观点有两种:一种是将职业生涯理解为一种职业或者一个组织的有结构的属性。例如,在法律这个职业中可以认为职业生涯是典型的从业者所具有的一系列职位:法学专业的学生、法律专员、律师事务所的初级成员、律师事务所的高级成员、法官直到最终退休。职业生涯也可以被认为是在一个组织中升迁的路径,如销售代表、产品经理、区域市场经理、地区市场经理、市场副总经理。另一种传统的观点是将职业生涯看成一种个人的而不是一个职位或一个组织的特性。然而,持这种观点的人们对职业生涯的定义也不尽相同。第一种是"提升的职业生涯观",主张只有当一个人展现出在地位、金钱等方面有稳定或者快速的提高时才构成其职业生涯。这个定义表明如果人们没有经历提升或取得其他实质性的成就就不能算是真正具有职业生涯。第二种定义是"专业的职业生涯观",它强调职业生涯必须具有专业化的特点,必须获得一个确定的职业或是达到某种社会地位才能构成一个人的职业生涯。例如,医师和律师就被认为具有职业生涯,而文员和机械工就没有。第三种是"稳定的职业生涯观",强调在某一职业领域或紧密相关的领域从事一种稳定的职业才算得上是职业生涯。在这种情景下,我们经常听到职业士兵或职业警官的说法。类似的,如果人们从事一系列具有内在联系的工作(如教师、指导顾问、家教等),被认为代表一种职业生涯;而从事明显不相关的工作(如小说家、政治家、广告文案编写人等),违反了工作内容的完美一致性,则不能构成一种职业生涯。

以上各种定义对职业生涯的内涵都作了很严格的限制,它们都强调职业生涯是一个稳定的、长期的、可预测的和组织驱动的纵向移动系列。这些定义过于狭窄,缺乏弹性,只注意到了职业生涯的客观性和稳定性,忽略了其主观性和变动性,使许多人的工作经历和对职业生涯的主观感受被排除在了职业生涯研究领域之外,从而也限制了职业生涯这一概念的概括力和解释力。

与上述观点不同,格林豪斯认为**职业生涯**是"贯穿于个人整个生命周期的、与工作相关的经历的组合"。他强调职业生涯的定义既包含客观部分,例如工作职位、工作职责、工作活动以及与工作相关的决策,也包括对工作相关事件的主观知觉,例如个人的态度、需要、价值观和期望等。一个人的职业生涯通常包括一系列客观事件的变化以及主观知觉的变化。一个人可以通过改变客观的环境(如转换工作)或者改变对工作的主观评价(如调整期望)来管理自己的职业生涯。因此,与工作相关的个人活动以及对这些活动所做出的主观反应都是其职业生涯的组成部分,必须把两者结合起来,才能充分理解一个人的职业生涯。同时,这个定义也包含着这样一个意思:随着时间的推移,职业生涯是不断向前发展的,并且无论从事何种职业,具有何种晋升水平,工作模式的稳定性如何,所有人都拥有自己的职业生涯。格林豪斯还强调了个人、组织和环境对个人的工作生命周期的影响和重要性。个人在职业生涯过程中所做出的关于工作和职业方面的选择,在很大程度上取决于个人以及组织内部的力量,当然,其他外部力量(例如,社会、家庭和教育体系)也起了很重要作用。一方面,个人受其技能、知识、能力、态度、价值观、个性和生活环境等的影响而做出了特定的工作选择;另一方面,组织为个人提供工作及相关信息,以及个人可以在将来谋求其他工作的机会和条件也影响着个人的职业选择和职业生涯的发展。

格林豪斯的职业生涯定义深刻、全面、开阔,具有很强的灵活性。它不仅把传统职业生涯定义的内涵囊括其中,而且其开放性也与现代职场的变化相适应。科技的迅猛发展、全球经济的一体化,给组织带来了巨大的挑战。组织应对变化的措施包括缩小规模、减少层级、兼并、裁员等,这些都对个人职业生涯产生了极大影响。一些学者提出了"无边界职业生涯"(Boundaryless Career)的概念(Michael Arthur,1994)和"易变性职业生涯"(Protean Career)的概念(Hall & Mirvis,1994;1996)来表示现代职业生涯与传统职业生涯的不同。无边界职业生涯强调打破组织界限和组织内部职位界限的职业转换和职业流动;易变性职业生涯借助于能够随意改变形状的希腊神"Protean"的名字,来强调驾驭自己职业生涯的是自己而不是组织,个人在需要时可以随时重新创立其职业,一个人可以在不同的产品领域、技术领域、组织和其他工作环境中出入自由。这些新概念内涵都可以通过格林豪斯的职业生涯定义得到解释。

在现实生活中,一个人选择一种职业后也许会终身从事,也许一生中转换几种职业,不论怎样,一旦开始进入职业角色,他的职业生涯就开始了,并且随时间的流逝而延续。职业生涯就是表示这样一个动态过程,它指一个人一生在职业岗位上所度过的、与工作活动相关的连续经历,并不包含在职业上成功与失败或进步快与慢的含义,也就是说,不论职位高低,不论成功与否,每个工作着的人都有自己的职业生涯。职业生涯不仅表示职业工作时间的长短,而且内含着职业发展、变更的经历和过程,包括从事何种职业工作、职业发展的阶段、由一种职业向另一种职业的转换等具体内容。

职业生涯是一种复杂的现象,由行为和态度两方面组成。要充分了解一个人的职业生涯必须从主观和客观两个方面进行考察。表示一个人职业生涯的主观内在特征是价值观念、态度、需要、动机、气质、能力、性格等,表示一个人职业生涯的客观外在特征是职业活动中的各种工作行为。一个人的职业生涯受各方面的影响,如本人对自己职业生涯的设想与计划、家庭中父母的意见与配偶的理解与支持、组织的需要与人事计划、社会环境的变化等都会对职业生涯有所影响。

(二) 职业生涯管理

我们把**职业生涯管理**作为一种对个人开发、实现和监控职业生涯目标与策略的过程。职业生涯管理是一个长达一生的过程,它能够使我们认识自我、工作、组织;设定个人的职业目标;发展实现目标的战略以及在工作和生活经验的基础上修正目标。虽然职业生涯是指个体的工作行为经历,但职业生涯管理可以从个人和组织两个不同的角度来进行。

从个人的角度讲,职业生涯管理就是一个人对自己所要从事的职业、要去工作的组织、在职业发展上要达到的高度等作出规划和设计,并为实现自己的职业目标而积累知识、开发技能的过程,它一般通过选择职业、工作组织、工作岗位,在工作中技能得到提高、职位得到晋升、才干得到发挥等来实现。在计划经济条件下,我国的就业制度是由国家统一安置的"统包统配",个人没有择业的自由,没有决定自己职业命运的权利,一个人一经分配基本上决定终生,个人在职业上更多的是依赖组织,谈不上真正意义上的自我职业生涯管理。在市场经济条件下,情况就完全不同了。员工个人真正成为具有自主性的市场主体——自主择业、自主流动,自己管理自己的职业,自己掌握自己的命运。但是,自主择业并不意味着个人可以随心所欲,组织也同样有着用人的自主权,任何一个具体的职业岗位,都要求从事这一职业的个人具备特定的条件,如教育程度、专业知识与技能水平、体质状况、个人气质及思想品质等,并不是任何一个人都能适应所有职业的,这就产生了职业对人的选择。一个人在择业上的自由度很大程度上取决于个人所拥有的职业能力和职业品质,而个人的时间、精力、能量毕竟是有限的,要使自己拥有不可替代的职业能力和职业品质,就应该根据自身的潜能、兴趣、价值观和需要来选择适合自身特点的职业,将自己的潜能转化为现实的价值,这就需要对自己的职业生涯作出规划和设计,因此,人们越来越重视职业生涯的管理,越来越看重自己职业发展的机会。

职业生涯是个人生命运行的空间,但又和组织有着必然的内在联系。一个人的职业生涯设计得再好,如果不进入特定的组织,就没有职业位置,就没有工作场所,职业生涯就无从谈起。组织是个人职业生涯得以存在和发展的载体;同样,组织的存在和发展也依赖于个人的职业工作、依赖于个人的职业开发与发展。在人才竞争激烈的今天,如何吸引和留住优秀的职业人才是人力资源管理所面临的难题。如果一个人的职业生涯规划在组织内不能实现,那么他就很有可能离开,去寻找新的发展空间。所以,员工的职业发展不仅是其个人的行为,也是组织的职责。

事实上，筛选、培训以及绩效考评等诸如此类的人力资源管理活动在组织中实际可以扮演两种角色。一方面，从传统意义上来讲，它们的重要作用在于为组织找到合适的人选，即用能够达到既定素质、能力和技术等方面要求的员工来填补工作岗位的空缺。另一方面，人力资源管理活动还越来越多地扮演着另外一种角色，这就是确保员工的长期兴趣受到企业的保护，其作用尤其表现在鼓励员工不断成长，使他们能够争取发挥出他们全部的潜能。人力资源管理的一个基本假设就是企业有义务最大限度地利用员工的能力，并且为每一位员工都提供一个不断成长以及挖掘个人最大潜力和建立职业成功的机会。这种趋势得到强化的一个信号是，许多组织越来越多地重视职业规划和职业发展。换言之，许多组织越来越多地强调为员工提供帮助和机会，以使他们不仅能够形成较为现实的职业目标，而且能够实现这一目标。比如，人事计划不仅可以预测企业中的职位空缺情况，而且能够发现潜在的内部候选人，并能够弄清楚为了使他们适应新职位的需要，应当对他们进行哪些培训。类似地，企业不仅能够定期地对员工作绩效评价来确定薪酬，而且可以通过它去发现某一位员工的发展需要，并设法确保这些需要得到满足。换句话说，所有的人力资源管理活动都可以不仅满足企业的需要，而且满足个人的需要，实现双赢的目标，即组织可以从更具有献身精神的员工所带来的绩效改善中获利，员工则可以从工作内容更为丰富、更具挑战性的职业中获得收益。

从组织的角度对员工的职业生涯进行管理，集中表现为帮助员工制定职业生涯规划，建立各种适合员工发展的职业通道，针对员工职业发展的需求进行适时的培训，给予员工必要的职业指导，促使员工职业生涯的成功。

【相关链接】

领英颁布《美国新兴工作岗位报告》：预计未来 65%的人将会从事尚未出现的工作

如今，针对寻找工作的职场人士，美国的人才市场在一系列行业角色里涌现出了许多新兴的、令人振奋的职业机会。新的职业种类对于所有水平的工作人员来说都拥有着新的可能性，这对于正在转型的职场人士意义更为重大。

总体而言，根据美国劳工统计局的数据，未来十年的就业增长预计将超过前十年，到2026年将创造1 150万个就业机会。根据进一步预测，现在进入小学的65%的孩子将会从事尚未出现的工作。

为了帮助大家寻找新兴职业，并更好地理解成功就职所需的技能，我们分析了过去五年的领英数据以及一些调查数据，来了解哪些职位和技能正处于上升趋势，哪些职业及技能即将被取代，以及这些趋势体现的对未来几年就业市场的预测。以下是我们总结的几个重要发现：

- **科技是王道**：不管是科技公司还是非科技公司，都十分欢迎具有极高科技含量的工作人员加入它们，使高科技含量的工作成为最受青睐的职场工作。机器学习工程师、数据科学家和大数据工程师是新兴职位中的佼佼者，各行各业的公司都在寻求这些技能。
- **软技能**：并不是所有的新兴工作都需要技术。在非技术背景的公司中排名最高的新兴职位的列表上，销售开发代表、客户成功经理和品牌合作伙伴都位列其中。传播和管理等传统的软技能为所有这些新兴工作奠定了基础。
- **高流动性职位正在崛起**：一些新兴的职位反映了更广泛的社会趋势，如健康职场、弹性工作和办公位置流动性。越来越多的人想要生活得更加健康，这就解释了为什么我们的新兴工作中甚至有芭蕾塑形操教练。不过上升的职业之中也有一些传统职业，如持牌房地产经纪人在美国房地产市场经历大衰退并复苏之后开始激流猛进。仅在过去一年，持牌经纪人的数量就猛增了40%。不难推测出，这些类型的角色将更广泛地分布于美国。
- **高端职位人才供应不足**：数据科学家的职位自2012年以来已经猛增了650%以上，即便如此，在数百家公司正在招聘这些职位的情况下，目前美国仅有35 000人左右拥有数据科学技能。即便是在金融和零售这样的行业里面，这些工作仍然供不应求。
- **面向未来的技能至关重要**：5年前，这些新兴职业中有一些甚至还不存在，许多专业人员并不确定他们目前的技能仍然能在未来1—2年内不过时。

图1-1为2012—2017年美国各岗位增长速度的排名情况，由此可以看出截至2017年美国20大新兴岗位排行榜。

新兴的工作机会势必会淘汰一些已有的工作。当仔细观察如今职业领域中被取代的工作趋势时，我们发现了以下两个规律：

- 涵盖多个学科的综合技能似乎拥有更高的需求。在需求名单里，大部分职业都涵盖诸多学科并能适用于诸多行业。
- 一些专业职业日薄西山。如专业的开发人员、法律专家，甚至一些专业的物流链管理人员，我们能看到他们正在逐渐被含有更多综合技能的职位所取代。比如说，随着科学技术的发展，与闪存相关的角色正在逐渐减少，更多与大数据

图1-1　2012—2017年各岗位增长速度(单位：倍)

以及机器学习相关的工作出现并取代了它们。

新兴工作中常见的技能

根据领英和凯捷(Capgemini)近期进行的一项调查,近30%的专业人士认为在未来1—2年内,他们的技能将会毫无用武之地;另有38%的人认为他们的技能会在未来4—5年过时。这种感觉很大程度上是来源于缺乏足够的培训,这些培训的缺失使得他们无法掌握在当今快节奏的就业环境中取得成功所必需的新型数据库技能。我们研究了新兴职位中具有代表性的前20类。虽然许多这些角色需要专业经验或高级学位,但有一点是不变的——万变不离"软功夫"。另外需要注意的是,这些技能涵盖了从市场营销、工程到销售的一系列工作范围,而且很可能需要融合的技能。经统计,新兴工作中常见的技能如下：

- 管理；
- 销售；

- 通信；
- 营销；
- 创业；
- Python；
- 软件开发；
- 分析；
- 云计算；
- 零售。

我们也关注了这些专业中发展速度最快的技能，并发现与之匹配的趋势正在出现：软技能是全面的，基本的电脑知识同样如此。我们注意到社交媒体编辑，微软 Office 和网络营销等技能在这些新兴工作岗位上的需求呈上升趋势。

最重要的软技能

我们邀请了 1 200 多名招聘经理参与了调查，以了解他们在招聘时对于软技能方面所寻找的是什么：

- 适应性；
- 文化适合；
- 协作；
- 领导；
- 增长潜力；
- 优化。

处于颓势的技能

分析正处于颓势的技能时，可以发现一些明显趋势。

- 随着越来越关注数字技能和数字体验的兴盛，像"购物者营销"这样的传统上着重于理解实体店购物习惯的技能需求正在下降。
- 另外，如上所述，与更旧的技术系统（如 Java）相关的传统技能也在越来越多地注重技术角色的进攻下丢失市场。
- "战略"和"市场营销"等极度饱和的一般技能正在被与这些行业相关的更具体的技能所取代，例如"整合营销"。

自由职业的兴盛

除了新兴角色之外，我们注意到美国的自由职业人才大量涌现，且他们经常选择自由职业并将其作为一项全职工作。最近在针对自由职业人士的调查中，1/4 的人告诉我们，他们的自由职业与其全职职业完全不同。事实上，与我们新兴职位之一——芭蕾塑形操教练相关的技能表明，这是美国许多专业人士在兼职方面的主流选择。

> 然而,这往往不仅仅是一个收入微薄的副业。在同一项调查中,近20%的自由职业者表示,仅仅从独立的自由工作中,他们今年将拥有六位数以上的收入。更重要的是,并不是朝九晚五的传统工作,而是自由职业者正在推动更多的就业增长。
>
> **这一切意味着什么**
>
> 毫不意外的是,以技术为中心的角色夺取了美国新兴工作岗位的光芒,但机器学习和数据科学角色和技能的普及表明,我们可以期待在不久的将来,不仅科学技术向该领域更新迭代,职场人士也应该对它们有足够的了解。
>
> 拥有学术背景和整合技能储备也是大势所趋,这一点在现在的机器学习工程师和数据科学家的专业人士之中尤为重要。不过这些整合的高素质也经常在10年以上经验的专业人员身上才得以体现,所以对于刚刚起步并且遇到问题的人来说,不要灰心丧气!
>
> 不管是什么样的职业,万变不离"软技能"。拥有合作能力、领导能力、从同伴中学习的能力会在面试中脱颖而出,一旦开始工作,这些能力的重要性就会更加突出。
>
> 资料来源:领英官网,https://economicgraph.linkedin.com/research/LinkedIns-2017-US-Emerging-Jobs-Report,2019年12月17日。

第二节 职业的分层和分类

一、职业分层

所谓职业分层,就是按照职业的社会地位和社会对职业的价值取向所做的职业等级排位。它以人们从事职业的社会地位和职业声望为标准,为社会公众所认可。最早以职业角色为依据确定劳动者社会经济地位的,是美国人口普查局工作人员威廉·C.翰特(William C. Hunt)。他将全部职业劳动者分为四个等级,依次是产业主、职员、熟练工人、一般体力劳动者。不同的职业间存在着很大的差异,比如,职业活动的内容不同、工作的复杂程度不同、所需付出的体力脑力不同、工作的环境不同、所需要的任职资格条件不同、在组织结构中的权利不同、收入水平不同等,这必然使不同职业的社会地位不一样,这是职业分层的依据。如果只是笼统地讲不同的职业是社会分工的需要,"只有社会分工不同,没有高低贵贱之分"是不能令人信服的。"当一个社会只注重总体而忽略作为其根本要素的个人时,就会以服从社会需要来抹杀职业层次性,这是违背客观实际的。当社会重视个人时,必然承认职业的层次性,承认职业存在地位高低的差别,通过给人创造平等竞争、自由择业的机会,促进人的向上流动,进而促进社会的健康发展。"(姚裕群、朱启臻,1991)

二、职业分类的定义及依据

(一) 职业分类的定义

职业是社会劳动分工的产物,有着不同的结构与功能。所谓职业分类,是依据一定的规则、标准和方法,如以工作性质的同一性为基本原则,通过职业代码、名称、定义和所包括的主要工作内容等,对全社会从业人员从事的各类职业进行分析、研究和确认,并按不同职业的性质和活动方式、技术要求及管理范围,对社会职业进行系统划分,并将其归类到一定类别系统中去的过程。职业分类目的在于把社会上纷繁复杂的、数以万计的工作类型,划分成规范统一和井然有序的层次或类别,并确定其归属。科学的职业分类是职业社会化管理的平台,也是职业自身发展的需要。一个国家职业体系结构的形成,为人们了解社会职业领域的总体状况奠定了基础,也增强了人们的职业意识,促使人们提高自身的职业素质。同时,社会经济的发展促使社会对职业的需求不断发生变化,能够满足社会需要的新职业也在不断产生。因此,职业的分类也处在不断的调整变化之中。

(二) 职业分类的依据

由于职业分类既是职业社会需求性的外在特征反映,又是职业个人发展性的内在特征体现,因此职业分类具有不同的依据。依据不同,就会有不同的职业分类。目前国内外职业分类的主要依据是:职业性质、职业活动方式、职业技术要求和职业管理范围。其中,职业性质即本质属性,反映职业不同的表现形式、具体内容和类型特点,归类时要着眼历史、现状和未来,注意其静止结构和动态过程;职业活动方式为职业运转的方法和形式,反映职业存在的客观状态,分类时要考虑职业活动的主客观条件,注意其和内容的统一;职业技术要求即某种职业活动的指标、数据、程序或模式,分类时要注意职业范围和所用标准的一致性;职业管理范围为职业功能边际界限的表现,管理部门以此确定职责范围,分类时要确认职业的管理对象、范围和层次,做到类别准确、归属合理、划分适当和各得其位。

职业分类的实质在于区分精细的社会劳动分工,恰当地赋予劳动者劳动角色,从而充分发挥劳动者的能力和劳动积极性。职业分类具有明显的产业性、行业性、职位性、组群性和时空性的基本特征。职业分类遵从科学规范、先进合理、内容完整和层次分明等基本原则。其中,科学规范是遵从职业与社会发展的内在规律,反映被定义项的本质属性,制定相适应的分类标准和指标,为职业类别划分提供准确依据;先进合理是要实事求是,既关注国情,又面向世界;内容完整指齐全的工种、完善的类别、规范的技能和相应的职责范围;层次分明体现在体系结构上,要形成从高到低逐级包容,上下层级相互依存,类别清晰且方便使用的态势。

1. 职业性质

职业性质,即职业的本质属性。它决定着职业的特点和规律,决定着职业间的联系与区别。第一,它反映了不同职业的表现形式。例如,体力劳动、脑力劳动及脑体综合型劳动。第二,它反映了不同职业的具体内容。一般来说,职业内容包括工作对象、原料、产品等方面,是职业形成的基本依据。第三,它反映了不同职业的类型特点。不同的职业是适应不同的环境和需要而产生的,它们有着不同的生存条件,这就使其具有各自明显的类型特征。然而,特征又是性质的存在方式,有什么样的职业类型特征,就会有什么样的职业性质。

运用职业性质去分类,首先,要准确把握性质的分析角度。例如,是职业结构性质的比较,还是职业功能性质的比较?是加工对象的比较,还是操作方式、生产工艺的比较?由于特定的比较对象具有相对应的参照系作用,因此,比较结果易于分辨。其次,要抓住主要的职业特征。职业的性质往往取决于某一个或几个最能决定职业命运的特征。抓住它,便可以把握职业性质。最后,要坚持在动态与静态的结合中把握职业性质。因此,分析职业性质时,既要着眼于它的现状,又要着眼于它的历史和未来;既要分析它的静止结构,又要分析它的动态过程。

2. 活动方式

职业活动方式,即职业运转时的方法和形式。它是职业存在的客观状态或表现形式之一。

依据职业活动方式划分职业类别,一方面要把握职业的活动目标。因为,职业活动目标是职业的发展方向,它的一切活动方式均围绕目标设定。了解了职业目标,就能更深刻地认识职业的活动方式,并体会其客观必然性。另一方面,要注意分析职业活动的主客观条件。如职业主体的知识素质、技能水平、职业客体(如工具、设备、原料等)的性能、质量、规格,以及工作环境、操作方式等。不同的主客观条件多表现为职业活动方式的技术含量或知识密集程度。通常,社会职业可以根据职业活动方式的这种含量区分为脑力劳动、体力劳动和脑体综合型劳动。

把职业活动方式作为职业分类的依据,是因为其活动方式和活动内容具有统一性。由于一定的方式体现一定的内容,而一定的内容又必须由一定的方式来表达;特定的职业活动方式取决于特定的职业内容,同类职业的活动方式都具有比较一致的操作规程或标准、结构程序或指标体系,因此,当某些职业的活动方式符合一定的规程、程序、指标,达到较为一致的规范性要求时,便具有了同类性。

3. 技术要求

职业技术要求，一般表现为某种职业活动的指标、数据、程序或模式。它是职业分类中显性最强，也最易作为判别依据的职业特征。

依据技术要求划分职业类别，首先，应当保持使用范围的一致性。一定的技术要求，只适用于一定的生产范围，超越该范围的技术指标是无效指标。如化工生产、机械加工、金属冶炼等职业的划分，不仅依靠不同性质的技术指标相互区分，而且在这种区分后的职业范围内部再划分更细的职业类别时，也只能使用本职业领域的特定技术指标。第二，应当坚持所用标准的一致性，即进行职业类别划分时，要自始至终使用同类、同等和同种意义上的技术指标概念，不能随意变更计量标准。第三，注意不同技术要求之间在使用中应当保持的一致性，即在使用不同技术要求划分不同职业类别时，要注意站在同一起点上，尽量协调好彼此的指标强度和最终效果。要形成对职业类系的全局把握，防止各职业领域划分标准使用上的宽严失当。

4. 管理范围

管理范围是职业功能边际界限的表现，管理部门以此确定职责范围。因为职业在社会经济发展中首先归属于部门，而部门职能又总是由职业来承担。如榨糖、酿造、食品加工等类职业归属于轻工部门，而轻工部门所具有的为社会生产所需日用品的功能，正是由榨糖工、酿造工、食品加工等职业工种来完成的。从另一个角度看，管理范围又具有职责的含义。对于任何一个部门来说，没有无职责的部门，也没有无部门的职责。职责使得部门的功能、地位得以确立。而且，也正是因其职责范围不同，才显现出部门间的差异。依据管理范围划分职业类别时，首先要确认其管理对象。一般来说，管理对象越单一，管理范围的边界就越容易确定；而一旦管理对象模糊不清，职业的管理范围也就难以确定了。在我国，由于大而全、小而全的经营模式，以及经济部门在发展中出现的行业、职业相互交错等原因，各部门中纯单一的职业管理对象为数极少。因此，对复杂的职业管理对象进行类别划分时，要坚持预先确认，突出重点，全面兼顾的原则。其次，要注意职业类别中上一层次的职业管理范围，对下一层次的职业管理范围的涵盖是否全面、严谨。通常，最低层级的职业管理范围最容易确定，而随着职业类别层次的提高，其涵盖面则容易出现遗漏或重复。因为管理层级越高，其职业管理对象的类别层次就越多，管理范围的确认就越富有弹性，从而使得下属层级的职业或职业类别的归属变得极具伸缩性。

虽然专家学者对以上几种常见职业分类依据进行了分析，但在实际操作中或许只能选择其中一种，或许需要选择其中几种，又或许需要在不同的职业类别层次上选取不同的分类依据。不过，究竟以哪种依据分类最为恰当，这需要从实际情况出发，进行认真的分析和比较。当各种层次上的职业类别能够准确、全面地涵盖国家设置的全部职业时，当各种层次上的职业类别真正实现归属合理、划分适当、各得其位时，才标志着我们已经成功地开始了科学的职业分类。

三、中国的职业分类

(一) 古代职业分类

远古时代，社会生产劳动以采集和狩猎为主，不存在现代意义上的职业。经过奴隶社会的进化，特别是到了春秋时代，社会生产力有了长足的发展，完成了农业、畜牧业、手工业的社会大分工。随着冶铁技术的发明、大型水利工程的实施和医术的发展，社会上出现了不少专门的生产领域，它们涉及运输和生产工具、兵器、乐器、容器、玉器、皮革、染色、建筑等30项生产部门，并随之形成了以掌握上述领域的生产技术为谋生手段的专职人员队伍。"攻木之工七，攻金之工六，攻皮之工五，设色之工四，刮摩之工三，搏埴之工二"，这些工种在《周礼·考工记》中就有记载。当时，几乎每个生产部门都有具体的分工，如车辆的制作有专门造轮子的"轮人"，专门制车厢的"舆人"和专门制车辕的"轨人"。据《考工记》称，当时"国有六职"，即"王公、士大夫、百工、商旅、农夫和妇功"。我国史籍记载："古者立国家，百官具，农工皆有职以事上。古者有四民，有士民，有商民，有农民，有工民。"这反映了我国历史上因国家管理和社会分工而产生了初步的职业分类。六职的划分，可谓我国最早的职业分类。

此后，经秦汉、隋唐至宋元时期，火药和兵器制造得到了加强，航海与造船业别开生面，雕版印刷和活字印刷相继问世，纺织技术更加完善，医药医术则因医理、解剖、针灸、外科等的发展而形成了不同流派。这些生产领域吸引了大批工匠、艺人成为职业匠人。而不同的领域则形成了不同的职业类别。历代王朝大都设有吏、户、礼、兵、刑、工六部，每一部都有从事相关职业的条件和要求，对国家百官、百工实施分类管理，具有职业类别的性质。这种对国家行政活动和各行各业的生产活动进行的分类管理，可视为因划分社会分工的不同职能角色而出现的简单的职业分类。这些早期的职业分类对推动我国古代社会生产和文明进步起到了积极的作用。

到明清时代，中国职业分类进入了一个较快的发展时期。从中央政府到地方行政管理，以及社会民众的生产与生活等诸多方面，逐渐形成了以部门、行业或专业生产领域为属性的社会分工，并以此为基础进行了相应的职业类别划分。由于军事、运输、矿冶、水利、工程、商业和医学等领域或行业中专业生产技术与工艺的分工细化，必然要求区分相关部门的职业类别，并进行大量从业人员的管理。逐渐地，在这些部门、行业或专业生产领域里便自然形成了不同的职业类别，相关职业的从业人员主要从招募和建立师徒关系开始入职，进行传承。棉纺织、矿冶、陶瓷、造船、制糖、榨油、制茶、印刷等生产技术在原有的基础上稳中创新，并因此加强了对百工的划分与管理。以官营手工业为例，它分别由朝廷的工部、户部、地方官府以及内府各监司管理，其中工部和内府各监司是手工业的主要管理机关。诸司下设有各种行业的手工工厂，工匠齐备，分工细密。例如，明初最大的龙江船厂就有船木作、舱作、铜作、铸作、油画作、咧壳作、穿椅作、贴金作等数十种分工。在整个古代社会中，随着科学技术的发展，社会生产领域大为拓宽，社会分工日趋细化，专业工匠队伍不断扩大，不同生产领域设置了各类工种岗位，这些都反映了我国当时职业类别的概况，形成了以行业或专业生产领域为分界的职业类别的自然划分。这是我国职业类别发展史上的雏形期。当时，这些职业类别具有结构单一、技能单一、发展缓慢、互有交叉等特点。

(二) 近代职业分类

鸦片战争以后，中国经济的发展进入了一个新的历史时期，发展民族经济是中国职业分类发展的一个高峰时期。洋务运动、戊戌变法为中国经济的发展注入了新的生机与活力。此后，在传统农业、手工业和科学技术的基础上，新型经济部门陆续建立起来，大量新产品相继问世，这些都促使我国的职业领域发生巨变，新的社会分工和职业生产者不断出现。例如，随着工厂、矿山、铁路的兴建，职业劳动者队伍迅速扩大，形成了不同职业类别的劳动大军，特别是工种的细化有了新的发展。如在兴旺的盐业，每个盐井既有司井、司牛、司篾、司梆、司槽、司涧、司锅、司火、司饭、司草，又有医工、井工、铁匠、木匠等职。其时，不少行业的工匠人数已是明代的数倍乃至数十倍，拥有上千，甚至数千工匠的大厂已不是少数。

在我国近代史上，随着生产工艺的革新和细化，不仅形成了数量庞大的工人队伍，还出现了专职技术人员。技术人员和工人的分工，标志着我国职业类别又有了新的发展与变迁。清光绪年间，直隶工艺局率先开始了专业技术人员的培训。为了培养既能"精通理法"，又能"发明工业"的教师和工师，该局开办了直隶高等工业学堂，一方面以重金聘请外籍专家任教，一方面派专员出国进行工艺考察。学堂教育内容分为化学、机器、化学制造、图绘等专科，每科设有7—10门课程。专业技术人员的出现，为国家增添了新的重要职业类别。当时，国家工匠艺人职业已非古代"百工"一词所能概括，在各专业生产领域，都形成了几种至数十种工种职业。

职业类别在我国近代史上的形成与发展过程表明，它具有随经济发展速度的加快而加快，随生产部门的增多而增多的特点。其中，许多职业都是随着资本主义生产技术的引进而产生的。

纵观我国古代、近代社会职业的发展轨迹不难发现，由于总体生产力水平较低，职业类型随经济发展速度和生产部门的变化而变化，职业分类自然生长，结构简单，呈现出自发性和缓慢性的特点。不同生产领域的职业记载也只具有统计意义，国家的或广泛应用的职业分类法还没有出现，也没有上升到系统科学、内容全面和结构合理的职业分类体系高度。因此，我国古代和近代史上的职业分类与现代的职业分类，其作用与价值难以相提并论。

(三) 现代职业分类

中华人民共和国的成立与国家基本建设的需要，为中国现代职业分类的建立与发展奠定了基础。中华人民共和国成立以来，由于划分依据和标准不同，我国先后编制、发布和实施了不同的职业分类。目前，发达国家主要以职业属性、活动方式、技术要求，以及管理范围为根据，对职业进行区分和归类。从我国现代职业分类的建立与发展进程来看，主要体现在以下几方面：

1. 基于区分不同工种的职业分类

中华人民共和国刚刚成立的时候，国家建设可谓百业待兴，需要大批劳动者投入到国民经济的恢复与建设之中。为了对劳动建设者的工种，即工作的种类进行区分，我国出现了根据管理工作的需要，按照生产劳动性质和工艺技术特点而划分的职业分类。1956年参照苏联模式，国家确立了"八级制"工人技术等级区分标准，以此建立工人工资等级制度。之后，国家对工人技术等级区分标准进行了多次修订。第一次修订是在1963年，主要为了适应当时调整、巩固和提高国民经济的需要，对工业、建筑、交通、地质和农垦等17个部门的工人技术等级标准进行了一定的修改。第二次修订是在1979年，其目的是使得各行各业的工种更加齐全，技术等级标准水平明显提高。第三次修订是在1988年，当时的劳动部会同国务院45个行业主管部门，结合我国企业劳动工资制度的改革发展，学习借鉴外国的先进经验，修改并形成了行业工种齐全、内容较为完整、结构基本合理的工人技术等级标准和工种分类体系，其目的在于促进工人技术等级标准体系逐步趋向科学化和规范化，以利于加强对我国工人队伍的培训与考核，提高工人队伍的整体素质。

进入20世纪90年代，我国改革开放的步伐进一步加快，建立和发展了中国特色的社会主义经济体制，客观上要求国家企事业人力资源管理加强对劳动力队伍的有序化管理。于是出现了对工种进行调整、合并和区分的要求，以便全面提高个体劳动者的职业能力与素质。经过积极的努力，劳动部于1992年公布了新的《中华人民共和国工种分类目录》（以下简称《工种分类目录》）。《工种分类目录》以专业分工和劳动组织现状为依据，从当时国情的客观实际出发，综合考虑不同劳动组织和个体发展的因素，将我国的工种划分为46大类，共4 700种。《工种分类目录》明确了每一个入列工种的名称、编码、定义、适用范围、等级线、学徒期及熟练期等内容。因此，该目录的颁布实施，标志着我国初步建立了行业齐全、层次分明、内容比较完整、结构比较合理的工种分类体系，对促进我国生产建设和做好职业分类工作起到了积极的作用。

2. 适应国民经济建设发展的职业分类

在新中国早期的国民经济建设中，1955年进行的全国职工调查表，将我国在计划经济体制下的全部职工划分为工、农、商、文、教、卫等32个部门。这是我国进行国民经济行业分类的雏形。1959年，国家统计局出台的《关于劳动计划、统计中的范围、指标、分类和计算方法的暂行规定》，提出了划分工业、农林水气、运输与邮电、科学研究与文教卫生、国家机关和人民团体部门等9个部门的国民经济分类目录。到了1980年，为适应全国经济快速发展和宏观调控的需求，国家统计局又将科学研究与文教卫生部门进行了分列，形成了10部门的国民经济分类目录。1982年，在参考联合国《全部经济活动的国际标准产业分类》的基础上，国家统计局结合当时国家经济建设和社会发展的特点，制定发布了我国的《国民经济行业分类标准》。该分类标准一共分为15个大类、62个中类和222个小类，并创新性地首次采用了3位数字的行业代码。国家统计局为了适应中国经济快速发展和宏观调控的需要，于1984年修订并发布了国家标准《国民经济行业分类》（GB/T4754-84），将我国国民经济各行业划分为13个门类、75个大类、310个中类和668个小类。

经过10年的使用，尤其是随着我国改革开放的逐步深化和经济建设步伐的加快，1994年，国家统计局和国家技术监督局在调研的基础上，修订并发布了新的《国民经济行业分类》（GB/T4754-94）。GB/T4754-94将门类从13个增加到16个，大类从75个增加到92个，中类从310个增加到368个，小类从668个增加到846个。其主要目的是为了充实对第三产业职业类别的划分。

在GB/T4754-94使用8年之后，中国经济快速发展，产业结构发生了巨大变化，新型产业不断涌现，国家统计局于2002年再次修订并发布了《国民经济行业分类》（GB/T4754-2002）。GB/T4754-2002共设20个门类，95个大类，395个中类和912个小类（新增了4个门类，3个大类，27个中类和66个小类），它的实施促进和见证了中国经济的腾飞和实力的增强。

经过近10年的使用，特别是随着我国国民经济的快速增长和全球化经济发展导致的新兴产业的大量出现，2011年，国家质检总局和国家标准化委员会又一次修订、发布了《国民经济行业分类》（GB/T4754-2011）。GB/T4754-2011保留了20个门类，主要对部分大类、中类和小类的条目、名称及范围作了一些调整，以满足国家统计、计划、财政、税收和工商等宏观管理的需要。

3. 用于做好人口普查工作的职业分类

为了对我国一段时期的国民经济与社会发展的形势作出及时的、客观的和全面的信息统计，规范并准确地反映我国社会经济发展的进程，国家先后在全国进行了多次人口普查活动。为了配合和开展全国人口普查工作，国家统计局、国家标准总局和国务院人口普查办公室于1980年拟订了《职业分类目录（草案）》，并在普查试点中进行了试用;1981年收集试用的情况和反馈意见;1982年修订并形成了供全国第三次人口普查使用的《职业分类标准》。该标准按全国人口工作性质的同一性将职业划分为8个大类,64个中类和301个小类,打破了被调查人口所在单位所有制及行政隶属关系的界限,有利于人口普查工作的操作。

1986年,为了配合和开展全国第四次人口普查,国家标准局和国家统计局又组织修改并首次颁布了《中华人民共和国国家标准职业分类与代码》(GB/T6565-86)。作为我国职业分类领域中承前启后的规范性标准文件,GB/T6565-86依据工作性质的同一性对人口本人从事的职业进行分类统计。《职业分类与代码》作为我国职业分类领域的规范性文件,其划分职业的依据是根据在业人口本人所从事的工作性质同一性进行职业分类。这种分类不考虑从业者所在的工作单位是属于全民所有制、集体所有制,还是个体经营者或其他所有制;不考虑其用工形式是固定工,还是临时工;也不考虑其行政隶属关系。对于脑力劳动者,一般要考虑其所具备的技能、学识、经历,以及在职务上所承担的责任;对于体力劳动者,一般要考虑其劳动作业程序、使用的工具设备及原料、生产的产品、提供服务的种类及服务的类型等。GB/T6565-86共设置8个大类,63个中类及303个小类。其中,8个大类是:各类专业、技术人员;国家机关、党群组织、企事业单位的负责人;办事人员和有关人员;商业工作人员;服务性工作人员;农、林、牧、渔劳动者;生产工作、运输工作和部分体力劳动者;不便分类的其他劳动者。8个大类中,第一、二大类主要是脑力劳动者,第三大类包括部分脑力劳动者和部分体力劳动者;第四、五、六、七大类主要是体力劳动者;不便分类的其他劳动者均列入第八大类。《职业分类与代码》的特点是结构简单,并且落实到每个从业者。

此标准自1986年制定以来,在我国各级、各部门人事管理信息系统中得到了广泛应用,填补了我国在业人员管理方面职业无分类、无数据的空白,为研究我国劳动力的各种职业构成提供了重要的依据。在此期间,我国正处于深化体制改革,由计划经济向市场经济转轨的时期。随着体制的变革、经济的发展、科技的进步和产业结构的调整,我国的职业构成也发生了较大的发展和变化,新兴职业不断应运而生。在科学地分析和研究当前我国职业构成情况的基础上,国家标准《职业分类与代码》(GB/T6565-1999)由国家质量技术监督局批准发布,于1999年7月1日实施。

4. 构建和完善国家标准性质的职业分类

1994年,原劳动部会同国务院有关部门,共同提出了编制《中华人民共和国职业分类大典》(以下简称《大典》)的计划,并积极组织一批专家着手《大典》的编制工作。1995年,"国家职业分类大典和职业资格工作委员会"在原劳动部、国家统计局和国家技术监督局等部门的支持下成立。1999年,综合集成的《大典》编制工作完成,并正式向全国颁布和实施。

《大典》根据从业人员工作性质同一性的原则,在结构上最终形成了我国社会生活中的8个职业大类:国家机关、党群组织、企业、事业单位负责人;专业技术人员;办事人员和有关人员;商业、服务业人员;农、林、牧、渔、水利业生产人员;生产、运输设备操作人员及有关人员;军人;不便分类的其他从业人员。同时按照人们职业活动分属的不同知识领域、使用的工具和设备、采用的技术和方法,以及提供的产品和服务种类等的同一性,把职业又划分成66个中类,并根据从业人员的工作环境、工作对象、工作条件和技术性质的同一性特点,再次把职业划分出413个小类和1 838个细类(职业)。除去起延续功能的"其他"职业,实际职业总量为1 496个。其中,除未分类的"军人"以及"不便分类的其他从业人员"外,职业数量最多的是"生产、运输设备操作人员及有关人员",共计1 119个,占实际职业总量的74.8%。职业数量最少的是"国家机关、党群组织、企业、事业单位负责人",共计25个,占实际职业总量的1.67%。

自从1999年问世以后,《大典》在加强我国人力资源开发与管理,开展劳动力需求预测与规划,引导职业教育与培训,进行职业介绍与指导就业,规范和促进社会经济与企业管理发展等多方面发挥了积极作用。然而,随着国内外社会经济、科技水平和产业结构的快速发展,《大典》也暴露了许多不可回避的缺点,如分类标准不统一、缺乏对职业技能水平的重视等。在此背景下,《大典》的修订得到了国家的重视和持续的推进,《大典(2005增补本)》(新增77个职业)、《大典(2006增补本)》(新增82个职业)和《大典(2007增补本)》(新增31个职业)相继发布。

随着经济社会发展、科技进步和产业结构调整升级,新技术和新工艺带来的新职业不断产生,我国的职业结构也发生着明显的变化,一些传统职业开始衰落,甚至消失,新的职业不断涌现并发展。2015年7月29日,由人力资源和社会保障部、国家质检总局、国家统计局牵头组织,经74个国务院部门和行业机构,近万名专家、学者、一线从业者、有关工作人员,历时5年,七易其稿的2015版《中华人民共和国职业分类大典》颁布了。最新版《大典》对职业分类体系、职业信息描述内容和项目进行了修订及调整,并新增了绿色职业标识。

最新版的《中华人民共和国职业分类大典》在8个大类的基础上,将我国职业分为75个中类,434个小类,1 481个细类。其中,第一大类为党的机关、国家机关、群众团体和社会组织、企事业单位负责人,包括6个中类,15个小类,23个职业;第二大类为专业技术人员,包括11个中类,120个小类,451个职业;第三大类为办事员和有关人员,包括3个中类,9个小类,25个职业;第四大类为社会生产服务和社会生活服务人员,包括15个中类,93个小类,278个职业;第五大类为农、林、牧、渔生产及辅助人员,包括6个中类,24个小类,52个职业;第六大类为生产制造及有关人员,包括32个中类,171个小类,650个职业;第七大类为军人;第八大类为不便分类的其他从业人员。

【相关链接】

绿色职业标识

在2015版《职业分类大典》(以下简称《大典》)的修订过程中,工作委员会借鉴了发达国家经验,结合我国实际,对具有"环保、低碳、循环"特征的职业活动进行了研究分析,将部分社会认知度较高、具有显著绿色特征的职业标示为绿色职业。这是我国职业分类的首次尝试,旨在注重人类生产生活与生态环境的可持续发展,推动绿色职业发展,促进绿色就业。绿色职业活动主要包括:监测、保护与治理、美化生态环境,生产太阳能、风能、生物质能等新能源,提供大运量、高效率交通运力,回收与利用废弃物等领域的生产活动,以及与其相关的以科学研究、技术研发、设计规划等方式提供服务的社会活动。2015版《大典》共标示127个绿色职业,并统一以"绿色职业"的汉语拼音首字母"L"标识,如环境监测员、太阳能利用工、轮胎翻修工等职业。

绿色职业的名称,始见于2008年。当时,国际劳工组织、联合国环境规划署等国际组织首次提出了"绿色职业"的称谓,并将其界定为:"在农业、工业、服务业和管理领域有助于保护或者恢复环境质量的工作。"而后续研究文献界定的绿色职业,较有代表性的主要有狭义或广义两种。狭义的绿色职业,以职业活动的产出物为观察角度。如美国劳动力信息委员会(WIC)将各州界定的绿色职业归纳为:"在经济活动中有利于保护环境或节约自然资源的职业。"而广义的绿色职业,则以职业活动的绿色属性为观察角度。如美国市长会议组织(USCM)将类似"使用可再生或核燃料发电,提供生物质原料和食物的农业生产,生产制造用于可再生能源发电的产品,专门从事可再生能源和能源效率产品的设备经销和批发商,建筑、能源和环境管理系统的安装,环境项目的政府监管以及工程、法律、研究和咨询领域的任何活动"都视为绿色职业。标识出国家职业分类体系中的绿色职业,是中国职业分类修订工作的成果之一。建立、充实和完善国家绿色职业分类,既具战略意义,也有实用价值。在发展理念上,它体现了中国经济社会和谐、科学发展的成果,顺应了人民群众对良好生态环境的期待,彰显了推动环保、低碳、循环等"新常态"发展方式的决心;在实际应用中,有利于改善人力资源的开发与利用,引导劳动者培训与绿色就业,促进社会劳动力的有序转移和流动。在未来的国际社会中,绿色职业分类将成为国家人力资源战略面向环保、低碳、循环经济时代的一种重要标志。在这种态势下,中国绿色职业分类的科学性、合理性,直接关系到如何认知与培养数量充足、质量上乘的绿色职业人才,从而也关系到绿色职业与绿色经济的发展。正因为如此,绿色职业分类更显得重要与迫切。

资料来源:李成、彭瑜,《中国绿色职业分类及与美国的比较》,《江西社会科学》,2015 年第 10 期。

四、国际劳工组织制定的国际标准职业分类

早在 1923 年,国际劳工组织(International Labor Organization,ILO)第一届国际劳工统计大会就拟制订一个规范化的职业分类基础标准,供各国进行职业比较。1949 年第七届国际劳工统计大会通过了《国际标准职业分类》(International Standard Classification of Occupation,ISCO)草案。1958 年第九届国际劳工统计大会通过了 ISCO-58,设 11 个大类、73 个中类、201 个小类和 1 345 个细类。1966 年第 11 届国际劳工统计大会公布了新修订的 ISCO-68,设 8 个大类、83 个中类、284 个小类和 1 506 个细类。1987 年第 14 届国际劳工统计大会提出对 ISCO-68 的修订,形成了包括 10 个大类、28 个中类、116 个小类、390 个细类的 ISCO-88。其变化在于以工作和胜任该工作需要的技能作为归类的依据。2007 年 ILO 针对各国使用中遇到的问题,修订形成了包括 10 个大类、43 个中类、133 个小类的 ISCO-08,澄清了工作和职业的概念,体现了社会经济与科技发展导致工作种类的变化。经过多次修订完善的 ISCO,对世界各国制定适合本国国情和需要的职业分类起着重要的参考作用。很多国家以 ISCO 为蓝本建立了自己的职业分类体系,并提高了各国职业资料的可比性和国际交流。

与 ISCO-88 相比,ISCO-08 的修订主要体现在职业大类名称的变化和中类职业的细化。在职业大类名称的变化方面,主要是某些概念范畴或涵盖范围上的变动。例如,"立法者、高级官员和管理者"更名为"管理者",这种大类职业名称的改变主要是因为管理者范畴随着社会发展而发生了改变,政界、商界的高层人士都可称为"管理者"。在中类职业细化方面,中类职业数量有所增加,如"初级职业"从 3 个中类增加到 6 个中类。ISCO-88 版中"初级职业"包括"91 销售与服务初级职业""92 农业渔业及相关劳工"和"93 采矿业、建筑业、制造业与交通业劳工"3 个中类,ISCO-08 版则改为 6 个——"91 清洁工和辅助工""92 农业、林业与渔业劳工""93 采矿业、建筑业、制造业与交通业劳工""94 食物准备助手""95 路边摊贩""96 环卫与其他相关初级职业"。

五、其他国家和地区的职业分类标准

(一) 美国的职业分类标准

美国最早的职业分类体系的建立可以追溯到1850年。当时,在进行了全国人口普查后,美国就建立了最早的职业分类,该分类系统包括322个职业。到1977年,美国联邦政府开始考虑建立国家的标准职业分类系统(Standard Occupational Classification System),并在1980年对该系统进行了重新修订。到了20世纪90年代中期,由于社会发展的需要,人们开始反思1980年的职业分类系统的效果以及它是否适应现代职业发展的需要,特别是新世纪服务性职业和高科技职业的发展要求。由此,美国成立了标准职业分类修订政策委员会(Standard Occupational Classification Revision Policy Committee,SOC Committee)来推进这项工作。

美国现行国家职业分类系统是2000年修订的标准职业分类系统(Standard Occupational Classification System,以下简称2000 SOC)。该系统根据职业工作活动以及技能要求的相似性将类似的工作进行归类,该系统包括23个大类、96个中类、449个小类和821个细类。23个大类的情况如表1-1所示。还需要指出的是,2000 SOC还通过职业代码,与美国其他的职业数据库相联系。例如,O-NET职业信息网络系统(Occupational Information Network,O-NET)和美国工作银行(American's Job Bank),这样可以得到更为具体的职业要求的信息。

表1-1 2000 SOC 的23个职业大类

代　码	名　　称
11—0000	管理类职业
13—0000	商业和金融事务类职业
15—0000	计算机和数学类职业
17—0000	建筑和工程类职业
19—0000	生命、体育和社会科学类职业
21—0000	社区和社会服务类职业
23—0000	法律类职业
25—0000	教育、培训和图书馆相关职业
27—0000	艺术、设计、娱乐、体育和传媒类职业
29—0000	保健实践和技术类职业
31—0000	保健支持类职业
33—0000	保卫以及服务类职业
35—0000	食品加工和餐饮相关职业

续表

代　码	名　　称
37—0000	建筑和地面清洁类职业
39—0000	个人护理和服务类职业
41—0000	销售以及相关职业
43—0000	办公、行政支持类职业
45—0000	农业、林业和渔业
47—0000	建筑和酿造业
49—0000	安装、维护和维修类职业
51—0000	生产类职业
53—0000	交通和运输职业
55—0000	军队特殊职业

美国现行的职业分类系统的广泛应用跟其他职业信息系统的建立是不可分的。其他职业信息系统中，最重要的是 O-NET 职业信息网络系统，是由美国劳工部组织开发的。这是一个全面的职业描述系统，它基于美国标准职业分类系统，综合了职位名称词典(Dictionary of Occupational Title, DOT) 60 年来关于工作和职位性质的相关知识，能够满足未来工作信息的需要。目前它已经取代了职位名称词典，成为美国工作分析和职业分类的常用工具。

这种方法可以使人们了解有关各种职业的多方面有用信息，例如工作任务、工作活动以及从事该工作所需要的能力、技能、知识和人格要求等。该系统用同样的指标体系衡量所有的职业，它发展了跨职位的指标描述系统，为描述不同的职位提供了共同语言，有利于进行职位之间的比较。此外，O-NET 运用了分类学的方法对职位进行分类。这种方法使得信息能够被广泛地概括，并且能够被分到较少的类别里面。其同时关注职业和职位两个方面，不仅包括进行特定工作需要的关键技能，也包括更广范围的组织或者情境因素描述指标，如组织文化等。

(二) 加拿大的职业分类体系

加拿大职业分类体系形成于 1971 年，该年由加拿大移民与就业局编辑出版了《加拿大职业分类词典》(Canadian Classification and Dictionary of Occupation, CCDO)。CCDO 出版以后，广泛应用于人口统计、就业、职业培训、经济预测等领域，成为极有参考价值的工具，受到普遍的欢迎。从 1988 年开始，加拿大移民与就业局组织 40 名专家开始编辑 CCDO 修订本，历时 4 年，完成了修订工作。CCDO 修订本较完整地反映了加拿大职业分类体系。参与这项工作的官员称，加拿大职业分类体系是世界上最为科学、先进的职业分类体系。

加拿大职业分类体系可概括为：根据职业特点划分为9大行业；每一行业都按照职业对知识、技能和能力的要求，划分为两个层次，即管理层和技术层；在技术层，依据不同职业对知识、技能和能力的不同要求及职责范围，划分为若干个技能水平；在每一技能水平里，都包含数目不等的职业，在每一职业里，又包含一定数量的工作岗位。具体内容如下：

（1）用1—9自然数表示9大行业：① 金融、行政事务；② 自然科学、应用科学；③ 医疗保健；④ 社会科学、教育、政府部门、宗教；⑤ 艺术、文化、体育；⑥ 产品销售与服务；⑦ 手工艺、交通设备操作及相关行业；⑧ 基础工业；⑨ 生产加工与公用事业。

（2）用O、A、B、C、D表示技能水平：O表示管理层不分技能水平的高低；A、B、C、D表示技术层的技能水平。在商业、金融和医疗保健行业，技术层的技能水平为A、B、C三级；在自然科学、应用科学和社会科学、教育、政府部门、宗教、艺术、文化、体育等行业，技术层的技能水平为A、B两级；在其他4种行业，技术层的技能水平为B、C、D三级。

（3）用编码表示职业类别：职业类别依次为主类、子类和细类。主类为职业大类，子类为职业小类，细类为具体的职业。主类有26个，子类有139个，细类有522个。主类为两位数，子类为三位数，细类为四位数。从左至右数，第一、二个数字表示行业和技能水平，即主类；第三个数字表示小类的顺序，与主类相加即为子类；第四个数字表示小类里的职业顺序，与子类相加即为细类。如在管理层，高级管理人员的主类编码为00，子类编码为001，细类为00110016；高级以下的管理人员的主类编码为01-09，子类编码为011-091，细类编码为0111-0114，表示有四个职业。生产加工与公用事业，编码为0911-0912，表示有两个职业。又如在技术层的某个细类编码为"7411"，主类为74，表示在按自然数排列的第七个行业，即手工艺、交通设备操作及相关职业，职业技能水平在4级；子类为741，表示是汽车驾驶员；细类为7411，表示是汽车驾驶员里的卡车司机。

（三）俄罗斯的职业分类

俄罗斯的职业分类一方面在努力地向国际标准靠拢，但另一方面仍然受苏联职业分类的影响。新旧两种职业分类仍然并存，其两者之间职业分类的概念及分类的结构并不具有相同之处，依照不同的职业分类做成的数据之间无法进行比较。

现在俄罗斯使用的职业分类有两种。第一种是全俄罗斯劳动职业·职员职务·工资表分类，第二种是全俄罗斯雇佣分类（Obshcherossiiskii Klassifikator Zaniatii,

OKZ)。前者在涉及工资核定体系、劳动补贴等的劳务管理、公共雇佣安置政策等领域得到广泛应用。苏联的国情调查(例如1989年第9次国情调查)的职业分类就使用了这种分类方法。相比之下,后者的历史较短。1994年,在实行市场经济以后,为与国际通用的统计数据进行比较,俄罗斯对照1988年修订的国际标准职业分类(ISCO-88)制定了适用于本国的职业分类,1996年后的劳动力调查及国情调查便使用了这种分类方法。两者的对比见表1-2。

表1-2 ISCO-88与全俄罗斯雇佣分类的比较

大 分 类	ISCO-88			OKZ-94		
	中分类	小分类	细分类	中分类	小分类	细分类
第1类 立法议员、高级行政官、管理者	3	8	33	3	8	33
第2类 专门职业	4	18	55	4	18(16)	55
第3类 技术员、准专门职业	4	21	73	4	21	74
第4类 事务职位	2	7	23	2	7	24(22)
第5类 服务行业从业者、在店铺/市场的销售人员	2	9	23	5	16	34(33)
第6类 熟练的农林渔业从业者	2	6	17	2	6	17
第7类 熟练工种及相关从业者	4	16	70	6	22(21)	91(78)
第8类 机械设备操作员、装配工	3	20	70	3	20	83(79)
第9类 初级职业	3	10	26	4	13(12)	33(28)
第0类 军人	1	1	1	无	无	无
合计	28	116	391	33	131(127)	444(419)

注:有部分职业有职业编号记录,但是根据OKZ-94的注释,因与其他职业编号合并,故未计算在内。括号内的数字,是减去了这部分后的数字。

资料来源:堀江典生、王彦军,《论俄罗斯的职业分类》,东北亚论坛,2004年3月。

(四) 日本的职业分类

日本的职业分类通常使用的是《日本标准职业分类》。这种标准职业分类是依据下列分类标准进行的:① 必要的知识和技能的程度;② 生产的产品或提供服务的种类;③ 使用的原材料、工具、机械设备的种类;④ 工作的环境;⑤ 在事业机关或其他组织中所起的作用;⑥ 从事各种职业的人数。

《日本标准职业分类》将职业划分为12个大类、53个中类和393个小类。其中大类包括:① 专门的、技术性的职业从事者;② 管理性的职业从事者;③ 事务性职业从事者;④ 销售性职业从事者;⑤ 农林作业者;⑥ 渔业作业者;⑦ 采矿、采石作业者;⑧ 运输、通讯业从事者;⑨ 技能工、生产工程作业者;⑩ 保安职业从事者;⑪ 服务职业从事者;⑫ 不能分类的职业。

【相关链接】

国家职业资格证书

国家职业资格证书是指按照国家制定的职业技能标准或任职资格条件，通过政府认定的考核鉴定机构，对劳动者的技能水平或职业资格进行客观公正、科学规范的评价和鉴定，对合格者授予相应的国家职业资格证书。职业资格反映了劳动者为适应职业劳动需要而运用特定的知识、技术和技能的能力。与学历文凭不同的是，职业资格与职业劳动的具体要求密切结合，更直接、准确地反映了特定职业的实际工作标准和操作规范以及劳动者从事这种职业所达到的实际能力水平。

除国家职业资格目录外，任何单位和个人不得许可和认定其他职业资格。2013年以来，人力资源和社会保障部按照国务院要求，连续7批集中取消434项职业资格许可和认定事项，削减比例达70%以上。2017年9月，经国务院同意，人力资源和社会保障部印发《关于公布国家职业资格目录的通知》，公布国家职业资格目录。国家职业资格目录共计140项职业资格。其中，专业技术人员职业资格59项，含准入类36项、水平评价类23项；技能人员职业资格81项，含准入类5项、水平评价类76项。这些职业资格基本涵盖了经济、教育、卫生、司法、环保、建设、交通等国家重要的行业领域，符合国家职业资格设置的条件和要求。准入类职业资格关系公共利益或涉及国家安全、公共安全、人身健康、生命财产安全，均有法律法规或国务院决定作为依据；水平评价类职业资格具有较强的专业性和社会通用性，技术技能要求较高，行业管理和人才队伍建设确实需要。职业资格目录明确了国家职业资格范围、实施机构和设定依据，有利于从源头上解决职业资格过多、过滥的问题。

与现行的职称制度相比，职业资格证书制度代表了将来的发展趋势，因为职业资格证书制度是一项国际通行的行业准入门槛，各国之间开展的职业资格互认更使其成为国际的"通行证"。未来的职业资格认证考试将更加注重人的创新能力和通用能力，多元化、多层次、全方位将成为职业资格认证的方向。

资料来源：中华人民共和国人力资源和社会保障部官方网站，http://www.mohrss.gov.cn/SYrlzyhshbzb/dongtaixinwen/buneiyaowen/201709/t20170915_277391.html。

第三节 新时代的职业发展

一、职业发展的演进和变化趋势

(一) 生产力是决定职业发展演进的决定因素

由于生产力发展阶段的限制,世界各国都没能在古代建立规范的社会职业分类体系。进入近代和现代社会,可以发现,纵向来看,随着生产力的发展,国家的职业分类体系越完善。以我国为例,中华人民共和国成立初期,参照了苏联模式,确立了"八级制"工人技术等级区分标准,1992年公布的《中华人民共和国工种分类目录》,以专业分工和劳动组织现状为依据,从当时国情的客观实际出发,综合考虑不同劳动组织和个体发展的因素,将我国的工种划分为45大类,共4 700个工种。而到了1999年,又进一步颁布了《中华人民共和国职业分类大典》,并在2015年颁布了新的版本,建立了较为完善的职业分类体系,也促进和见证了中国经济的腾飞和实力的增强。

横向来看,一般而言,国家的生产力越发达,其职业分类体系便建立得越早也越完善。例如,文中所列的发达国家的职业分类体系的建立,就早于发展中国家。1971年,加拿大移民与就业局编辑出版了《加拿大职业分类词典》,形成了加拿大职业分类体系。美国联邦政府于1977年建立了国家级标准职业分类系统。相比而言,1986年,由南非全国人力委员会主持,在人力资源研究所(IMR)与政府各部门的协作下,第一版南非职业分类标准发布。1992年《中华人民共和国工种分类目录》的颁布实施,标志着我国初步建立了行业齐全、层次分明、内容比较完整、结构比较合理的工种分类体系。而俄罗斯实行市场经济以后,为与国际通用的统计数据进行比较,根据ILO的劝告,对照1988年修订的国际标准职业分类,制定了俄罗斯的职业分类(1994年),即全俄罗斯雇佣分类。

随着生产力的发展,职业信息描述内容要调整和修订,并且新的职业会出现,旧的职业会消失。比如,与1999版相比,2015版的《中华人民共和国职业分类大典》维持142个类别信息描述内容基本不变,修订220个、取消125个、新增155个类别信息描述内容;同时,维持612个职业信息描述内容基本不变,修订522个、取消552个(不含342个"其他"类职业)、新增347个职业信息描述内容。为更好反映我国企业人力资源管理实际,将1999版"下列工种归入本职业"的表述调整为"本职业包含但不限于下列工种",其含义有二:一是同时包括与对应职业名称重名的工种;二是对检验、试验、修理、包装、营销等因其工作性质相似、数量众多、无法穷尽的工种未予列举。新增 347 个职业,取消 894 个职业。新增职业包括"网络与信息安全管理员""快递员""文化经纪人""动车组制修师""风电机组制造工"等,取消职业包括"收购员""平炉炼钢工""凸版和凹版制版工"等。

(二) 文化影响职业发展演进

不可否认的是,文化对于一国职业分类体系的建立具有重要的影响。

从职业分类结构上来看,2015 版《中华人民共和国职业分类大典》的职业分类结构为 8 个大类、75 个中类、434 个小类、1 481 个职业。而美国标准职业分类系统(2000 SOC)包括 23 个大类、96 个中类、449 个小类和 821 个细类(职业)。与美国较为相似,加拿大的职业类别依次为主类、子类和细类。主类为职业大类,子类为职业小类,细类为具体的职业。主类有 26 个,子类有 139 年,细类有 522 个。

从职业分类的名称和具体描述来看,各国之间的差别也很大。相比于美国和加拿大,我国的《职业分类大典》对各职业分类更为概括,除了第一大类"党的机关、国家机关、群众团体和社会组织、企事业单位负责人"、第七大类"军人"、第八大类"不便分类的其他从业人员",剩下的专业人员按行业分为 5 类。而美国则将其按行业分成了 21 个类别。

(三) 未来职业变化的趋势

经历过 18 世纪 60 年代至 19 世纪中期的蒸汽机时代(工业 1.0)、19 世纪后半期至 20 世纪初的电气化时代(工业 2.0)、20 世纪后半期的信息化时代(工业 3.0),我们进入 21 世纪,迎来了智能化时代(工业 4.0),也就是人们常说的第四次工业革命。工业 4.0 的概念最初在 2011 年德国汉诺威工业博览会上正式被提出,2013 年 4 月,德国政府出台《德国 2020 高技术战略》,正式推出"工业 4.0"战略,旨在提升制造业智能化水平,建立具有适应性、资源效率及基因工程学的智慧工厂。2015 年我国国务院发布《中国制造 2025》也是依托于该时代背景而制定的重大战略部署。

新一轮的技术革命必然会引起社会经济结构的变化,从而影响劳动力市场的供求状况,影响人们的职业选择。新的时代背景下,未来职业变化将呈现以下特点:

(1) 新的职业种类层出不穷,传统的职业种类消亡和迁移方兴未艾,重复机械的体力工作实现智能化、自动化。第一、二产业的社会职业以消亡变动和重组为主,第三产业正迅猛发展,如交通运输业、邮电通讯业、商业、服务业、金融保险业、信息咨询业、租赁广告业、卫生、体育、教育培训和文化艺术等,尤其是其中的信息产业,潜力更为巨大,国外有人把它称为第四产业。一方面,新技术的发展创造了新的产品与服务,带来了新的职业与岗位需求。宠物医生、健身教练、调酒师、快递及外卖配送、电商客服、专车司机、网络主播等新兴职业应运而生,人工智能的发展使社会对高技术人才的需求不断增长,芯片设计师、数据分析师、逻辑架构师等人才较为稀缺。领英发布的《2017年美国新兴工作岗位报告》总结了未来新职业具有以下特点:科技为王,软技能很重要,流动性高的工作在增多,高端职位人才供不应求,面向未来的技能至关重要。但另一方面,人工智能等新技术的发展也带来了岗位替代效应,导致一部分劳动力失业并且需要重新寻找岗位。随着工厂"机器换人"的推广,流水线工人逐步被机器所替代,许多机械重复、精准操作的工作也被智能化、自动化,诸如办公室行政、安装与装修等职业都可能受到不小的冲击。

(2)各职业的工作平台和形式更加弹性化。终身依附一个组织的固定职业不断削减,独立的、不依赖于任何组织的自由职业不断产生。在知识经济条件下,越来越多的工作包含了知识的加工而不是对物质的处理。现在越来越多的工作正在由那些并没有在相关公司拥有固定职位的人来完成。他们通常是自我雇用的独立个体,在需要时以顾问或独立专家的身份提供上门服务,或者受雇于承担了分包任务的公司。随着共享经济和互联网的发展,职业不再受到组织边界、地域等条件的约束,众多的劳动者开始利用将"互联网+"与就业相结合,以网约车司机为代表的共享经济平台从业者、以美妆博主为代表的自媒体从业者等新兴从业群体不断涌现。《中国共享经济发展年度报告(2018)》指出,2017年我国共享经济平台企业员工数约716万人,比上年增加131万人,占当年城镇新增就业人数的9.7%,意味着城镇每100个新增就业人员中,就有约10人是共享经济企业新雇用员工。报告预计未来五年,我国共享经济有望保持年均30%以上的高速增长,可以看出共享经济很有可能发展成为未来主流的商业模式,在这一背景下,就业模式也将变得更加灵活与多样化。艾媒咨询(iiMedia Research)发布的《2017年中国自媒体从业人员生存状况调查报告》显示,2014—2016年,自媒体人数目连续三年增长。虽然在经过前两年的市场筛选与淘汰后,2015—2016年自媒体人数增长速率大大放缓,但从业者总数仍有增长趋势。

【相关链接】

职业变化趋势信息

私人旅行线路定制师、度假房产咨询师、电竞游戏指导、运动治疗师、时尚买手、共享单车运维员、网络营销专员、网络媒体高级编辑……随着全球互联网的大发展,各种新兴职业蓬勃兴起。年轻人就业时面临更多样化的选择。

就业新思维

2018年校园招聘的大幕已经拉开。在这群"95后"毕业生的眼里,薪水、稳定性早已经不是最主要的考量点,"有趣"成为他们选择职业时的重要指标。

互联网时代的就业思维早已转变。调查显示,"95后"最向往的职业排名是:网红、配音员、化妆师、游戏测评师和角色扮演玩家(cosplayer)。"95后"选择创业的人群中,46%的人会选择海淘、自媒体等新兴互联网创业项目,尤以北京、深圳、广州三地的毕业生为最。

近日,中国人民大学中国就业研究所联合智联招聘发布了2017年第三季度《中国就业市场景气报告》。《报告》显示,三季度中国就业市场景气指数(CIER)上升了2.43,就业形势稳中向好。数据表明,三季度互联网、电子商务行业CIER指数仍排名第一,由二季度的9.06上升为该季度的12.62,原因在于该行业的招聘需求人数上升了31.7%。"95后"作为职场新力量,其就业观的变化折射出全新的时代心态。

早在2016年11月18日乌镇举行的第三届世界互联网大会上,来自西班牙的卡罗琳娜·依叶表示,人们必须提升青年人在科学、技术、工程和数学方面的竞争力,帮助他们融合新的学科,包括机器人制造应用学、编程以及3D打印等新兴学科。因为在12岁以下的孩子中,65%的人未来从事的职业都将是现在没有的。

职业新规划

思维的转换带来了职业规划的转变,由此催生了许多新职业。作为一名"旅行发烧友",李玉(化名)选择在网络上向游客出售旅游攻略,从路线规划到酒店预订全部囊括,各种问题详尽解答。这样的私人定制服务近来渐成风气,"私人旅游定制师"身价也水涨船高。李玉只是互联网对青年人职业规划影响的一个缩影。

不仅中国如此,在很多美国年轻女孩的眼里,"IT girl"(时尚女性)就是一个让人心动的职业。随着社交网络的风靡,众多的"平民女孩"凭借时尚的穿搭、优美的身形在Instagram(照片墙)、Flickr(雅虎网络相册)等图片分享网站上获得了大批拥趸。作为平民偶像,这些女孩随之成为各大时尚品牌的宠儿,成为"时尚买手"。作为一名"时尚买手",除了在网上发美照,还必须对时尚潮流有着敏锐的"嗅觉",无时无刻不在关注流行风向,以获得最新的时尚信息,准确把握住流行走向,同时还要对面料、色彩、服装生产乃至国际贸易的知识有精深的了解。

对于"95后"甚至未来的"00后",就业方式都展现出了与传统就业市场天差地别的特征,而这一切,与"互联网+"不无关联。

经济新动能

新业态产生新经济,新经济促进新动能,新动能转而推动新职业的出现和发展。作为滋生新职业的沃土,互联网经济规模逐年走高,带给人们更多的互联网红利。

打开某知名招聘网站,搜索"北京+电商工程师"这一关键词,随之出现海量信息,薪酬从1万元到3万元不等。互联网经济催生出的新行业让众多年轻人找到了适合自己的发展方向。"互联网+大数据"则让网络舆情分析师成了香饽饽。他们活跃在许多企业以及专业学术机构中。他们每天浏览成百上千个网页,对突发公共事件和热门话题如数家珍,熟知网络流行语和热门段子,迅速把握热点,准确分析舆情,预测舆情走势,有效化解危机。

除了网络舆情分析师,外卖骑手、短视频创作者、网络直播都已在互联网经济大潮中真正"崛起"。艾瑞咨询发布的《2017年中国网络经济报告》显示,去年中国网络经济营收规模达到14 707亿元,同比增长28.5%。专家预计,中国的互联网平台经济规模将会在2030年突破100万亿元。

随着"大众创业,万众创新"的深入推进,更多的青年人在互联网领域深耕,开发新的经济增长点。互联网催生新职业,显示中国经济结构进一步优化升级。互联网经济结构正在发生深刻变化,质量更好,结构更优,增长动力更为多元。

资料来源:人民网-人民日报海外版,http://media.people.com.cn/n1/2017/1122/c40606-29660182.html。

二、新时代职业管理与发展的特点

20世纪90年代以来,随着信息技术的发展和知识经济的来临,组织形式发生了剧烈的变化,开始形成了未来组织的雏形,不少管理学家对此进行了广泛的研究。我国的职业生涯研究始于20世纪90年代,随着社会经济发展、社会政策变迁、个人职业观念转变,职业管理与发展在以下几个方面表现出较大的变化或新的特点。

(一) 多重职业涌现

传统的职业生涯中,个体通常在一个企业中"一站到底",20世纪80年代之前出生的人由于长期受计划经济的影响,组织安排工作,组织规定了其职业发展,在职业发展早期,很难对自己的职业生涯做主;而20世纪七八十年代出生的人虽然得益于改革开放,却也面临着沉重的生活压力,倾向于守在一个固定的岗位。90年代以后出生的新生代们,由于生活在一个"互联网+"时代,社会为其提供了更多种的职业生涯路径,职业生涯从稳定渐渐转向无边界(张秀敏、高婷婷,2018)。

虽然个体是职业生涯的主角,但社会、组织、团队、工作的发展变化,势必会引起个体职业生涯的变化。对个人而言,可以选择多种职业生涯路径,可以选择一条职业道路走到底,也可以中途不断改变自己的职业路线,还可以不依赖任何团体或组织,做一个自由工作者,更可以做一个在不同组织、岗位和职业之间穿梭的"斜杠人"。"斜杠"(Slash)体现的也是职业生涯发展的一个新趋势——多重职业。2007年《纽约时报》专栏作家麦瑞克·阿尔伯,在她的一本名为《一个人,多重职业》的书中描述了一种现象:越来越多的年轻人不再满足"单一职业"这种生活方式,他们开始选择一种能够拥有多重职业和身份的多元生活,在自我介绍时他们会用"斜杠"来区分他们从事的不同职业,例如,某某演员/制片人/导演。于是,"斜杠"便成了他们的代名词。互联网条件下的经济是共享经济,其本质是人尽其才,物尽其用。人才不仅可以在一个组织中有多种职业通道、职业路径可供选择,而且可以不再只属于一个特定的组织,不再只被捆绑在一个岗位、扮演一个固定的角色。一个人可以不再追求在组织中沿着金字塔的结构向上攀升的传统职业路径,而是可以在不同的职业之间平行转换,扮演多种角色,拥有多重职业身份,这就是前面提到的"斜杠人生"(周文霞、齐乾,2016)。

(二) 职业种类增加

大量新兴行业的出现和兴起,将为社会提供更多的就业岗位。同时,由于新技术、新成果的不断推广应用,又为传统行业提供了新的发展机遇。新兴职业层出不穷,与人们生活质量的提高息息相关,与高新技术密切相连。

除了职业本身种类变多,越来越多的员工也发挥自身特长"身兼数职",变成现在所谓的"斜杠青年"。这部分员工不再满足"专一职业"的生活方式,而选择拥有多重职业和身份的多元生活。

(三) 职业地位获得途径改变

在如今的职场上,个人的职业发展、职业社会地位的获得,越来越多地依赖于知识、技能、态度、观念等纯粹自身的条件,而不是家庭的出身、社会背景等外在因素。通过2018年中国富豪榜可以看出,很多企业家毫无背景,白手起家(如排名第一的马化腾,第二名的马云,第八名的丁磊等)。这可看作是中国由封闭社会转向开放社会的一项重要标志。在封闭社会中,"龙生龙,凤生凤,老鼠的儿子会打洞",社会成员所获得的职业社会地位很大程度上靠出身,靠家庭。如果没有一个好的社会家庭背景,单靠个人努力出人头地是十分困难的。而现在,只要个人有足够的能力、付出足够的努力,就可以获得社会声望高、经济收入好的职业,就可以改变自己的职业命运。

三、新时代职业生涯的特点

以上所述职业管理与发展的变化与特点是经济社会发展变迁、企业与组织形式变化的必然产物,为员工职业生涯发展带来较大影响,员工在新型的雇佣关系与心理契约指导下,根据自身的职业观念,能够在众多的职业中,自主地选择能够激发活力、发挥自身技能的多种职业。

(一) 个人与组织的关系:雇佣与伙伴

通常而言,个人的职业生涯要在特定的组织中才能得以展开,由此必然会产生个人与组织的关系,即雇佣关系。40年来,雇佣关系主要经历了三个阶段的变化:计划经济时期雇主与雇员长期稳定的雇佣关系,改革开放时期雇主与员工的交易雇佣关系,新时代的雇主与雇员的合伙关系等。三种雇佣关系并存于不同地域、不同性质的企业中。计划经济时期采取"统包统配"的就业政策,中国人在这一时期典型的职业生存状态是"从一而终",组织稳定的内外部环境为个人提供了安定的工作及长久性的保障。改革开放后,自主择业、竞聘上岗、下岗裁员、跳槽失业等一系列现象增多,长期稳定的雇佣关系开始被打破。雇员意识到自己不必对企业"托付终身",开始主动寻求其他发展机会而不是等到自己被组织裁员。

新职业生涯时代,随着互联网的兴起与发展,组织形式也发生着巨大变化,个体有了更大的职业自主权,雇主为了达到吸引员工、激发员工等目的,与员工建立多种形式的雇佣关系,新型的合作方式与理念频现。如海尔推行的创业平台,将员工创客化,从执行者变成CEO;韩衣都舍推行的小组制,给各个小组更高的自治权,将员工视为合伙人,激发员工活力;万科的"事业合伙人"制度,采取高层持股、中层跟投、基层实践等多种合伙形式,实现企业的共创、共享。以上新兴的雇佣关系,把员工当作企业的合伙人,充分尊重人才的能力与智慧,从而激发员工活力。

(二) 个体的职业路径:线性与多元

在传统的职业模式中,员工通常与一位雇主保持长期的雇佣关系,流动性低,即使有变动也是在组织内部。在新的组织环境中,由于上升空间的限制,雇员们更加频繁地在同一组织的不同部门流动或是在不同组织和不同部门间流动,流动模式愈发多样化,这也增加了许多不稳定的因素。一份调查结果显示:50%的大学生会在找到第一份工作后选择在一年内更换工作;两年内大学生的流失率接近75%;33%的大学生"先就业后择业",他们的第一份工作仅仅是由学校到社会的跳板。

(三) 自由职业者:低端与高端

计划经济时代,人们偏好选择国有企业、事业单位等"铁饭碗",而现在则更倾向于选择能够发挥自身才能、实现自身价值的各类企业,如自主创业,或选择成为自由职业者。以个体经营者为例,根据国家统计局2017年的数据,个体经营者数量在1990年为2150万人(其中城镇614万人,乡村1491万人),占总就业人口的3%;2016年为12862万人(其中城镇8627万人,乡村4235万人),占总就业人口的17%。可以看出个体经营者所占比重提升,且城镇个体远超过乡村。改革开放初期,一些人失业下岗,为了生存成了自由职业者(即个体户),这一群体技能偏低,主要为小商小贩,但今天的个体户越来越多元化,大量知识丰富、技能出色的高端人才开始创业或者同时为多家企业提供服务,不再受雇于一家雇主,成为新形势下的"个体户"。同时,还有一大批成长于互联网时代的年轻人,不再崇尚朝九晚五的工作,更愿意将兴趣当职业,依托于互联网平台从事一些更为个性化的职业,如网络"主播"、视频博主等新形式的自由职业。

四、新时代劳动者职业生涯理念的特点

大体来看,在新的时代特征下,人们的职业生涯理念主要有以下几个方面的新特点。

(一) 雇佣关系与心理契约发生变化

心理契约是指个人与组织之间非正式的、未公开说明的相互期望,双方心理上的认同与归属。雇佣关系与心理契约的变化息息相关。

计划经济时期,就业政策是"统包统配",一个人一旦被安置就业,就等于与用人单位签订了生死合同,"嫁鸡随鸡""从一而终"成为计划经济时期中国人典型的职业生存状态,当时,基本上没有择业、下岗、失业等词汇。组织有一个稳定的、可以预测的外部环境,组织内部结构变化不大,在这种条件下所形成的传统心理契约的主要内容是个人努力工作并对组织忠诚,组织为个人提供工作安定性和长久性的保证。

随着社会经济发展,改革开放制度的推行与发展,国人就业择业观念自主性增强,改革开放后竞聘上岗、下岗裁员、跳槽失业、自主择业等一系列新现象出现:70年

代末,知青回城找不到工作;90年代末,国企职工下岗;进入新世纪,员工自主择业与灵活就业增多,员工跳槽频繁。这些彻底打破了传统的长期雇佣关系和心理契约,雇员意识到企业未必可以"托付终身",因此自己也不必"从一而终",员工开始主动选择其他发展机会而不必等到自己被组织裁掉。与雇主之间的长期稳定雇佣关系几近消失,雇主与雇员均以"交易"的视角与契约关系互相选择。

新职业生涯时代,随着互联网企业的兴起和发展,组织形式发生了巨大变化,员工对于自己的职业选择有更大的自主权,雇主也越来越倾向于将员工视作"事业合伙人"。这种心理契约的变化也带来了雇佣关系的相应变化。

(二) 就业择业观念转变

员工在职业种类选择、职业成功观、职业流动与发展等态度上发生了较大变化。他们更加看重能够提供成长与自主权的职业,更加看重内在的职业满足、职业流动及自由。

对于职业种类的选择,前文已有过探讨,即被称为"互联网原住民"的年轻一代不再崇尚朝九晚五的工作,他们更愿意将兴趣当职业。

对于职业成功的定义,如今的员工更加看重个人的满足,而非仅关注外在的收入与晋升。传统的职业生涯成功的标准是沿着金字塔式的组织结构向上爬,担任更高的职位,承担更多的责任,获得更多的物质财富。随着扁平化组织的流行与推广,职场上成长起来的新一代,职业成功的标准发生了很大的变化,他们认为职业生涯的目标是心理成就感,他们对地位并不十分看重,但希望工作丰富化,具有灵活性,并渴望从工作中获得乐趣。与传统职业生涯目标相比,心理成就感更大程度上由自我主观感觉认定,而不仅仅指组织对个人的认可(如晋升、加薪等)。

职业流动更加频繁。在传统的职业模式中,一个人的职业一生很少发生变动,即使有变化也是在组织内部,通常与一位雇主保持长期的雇佣关系。在新的组织环境中,由于上升的空间受到限制,雇员们更加频繁地在组织的不同部门间流动、在不同组织和不同专业间流动,流动模式更加多样化,不稳定的因素也越来越多。

总之,职场上的变化以及由此而来的人们职业心理、职业行为模式的变化是改革开放以来中国社会最重大的变革之一。这种变化表明,当代中国人在个人的职业生涯发展中拥有了越来越多的选择机会和自主权利,同时也意味着个人对自己在职业上的成败负有越来越多的责任。因此,加强职业生涯管理是时代对组织和个人提出的一个重要命题。正是在这样的背景下,职业生涯管理在中国逐步从一个鲜为人知的学术概念演变成了组织和个人身体力行的实践,这种实践又进一步引发了对职业生涯管理的学术研究和理论探讨(周文霞,2006)。

第四节　职业生涯领域的研究方法

职业生涯管理是学术研究中一个特殊的领域，其原因在于职业生涯管理的跨学科属性。研究职业生涯管理的学者广泛分布于管理学、心理学、社会学等学科。此外，职业生涯管理是一个广泛的研究领域，它没有自己独有的研究方法。但是，正是由于职业生涯管理与其他学科的天然联系，该领域可以向这些学科借鉴相关的研究方法。本节系统地介绍了能够应用于职业生涯管理领域的定性和定量研究方法，供研究者参考。

一、定量研究方法

定量研究的哲学基础是实证主义。实证主义强调对社会现象的研究应该像自然科学研究那样，要通过具体客观的观察和经验概括得出结论，并且这种研究过程应该是可以重复的。研究程序的标准化、系统化和操作化是定量研究的重要特征。为避免研究者的主观性，定量研究往往十分强调客观事实，强调现象之间的相关性和变量之间的关系。它所采用的研究步骤一般为：第一，明确问题；第二，探索和研究有关理论和模式；第三，形成假设；第四，选择适当的研究方法；第五，通过观察—测验—试验，进行论证（张德，2011）。

定量研究主要可以分为探索性研究、描述性研究、解释性研究三种。所谓探索性研究（exploration research），就是对所要研究的现象或问题进行初步的了解，以便为今后更深入、系统的研究提供线索、奠定基础。当面对前人没有研究过的新现象和新问题，或人们普遍不够熟悉的某一问题时，常常使用探索性研究。探索性研究在方法上的要求相对简单。它通常采用参与观察和无结构访谈等方法收集资料，其研究对象的规模通常较小，从资料中所得出的各种结果，既不用来推论研究对象所取自的总体，也不用来检验某种理论假设，主要用来探测某类现象或问题的基本范围、内容或特征，给人们一个大致轮廓或印象；用来提示深入研究这一问题或现象的可能途径；用来尝试可用于这一现象或问题研究的合适方法和工具。

描述性研究（descriptive research）的主要目的是对某一总体或某种现象进行描述，发现研究对象在某些特征上的分布状况和出现频率。描述性研究通常需要严格的随机抽样方法来选择研究对象，并且研究样本的规模要比探索性研究的样本规模大得多。其资料收集主要采用以封闭式问题为主，以自填、邮寄或结构式访谈等方式进行问卷调查；所得的资料必须经过统计处理，得出以数量形式为主的各种结果，并要将这些结果和结论推论到总体中。也就是说，要用来自样本的资料去描绘总体的面貌。例如，当你想了解不同职业群体的职业满意度状况；或者你想探讨当代大学生的择业倾向时，你就需要进行这种以描述为主要目的的研究。

解释性研究（explanatory research）是一种探寻现象背后的原因、说明各种现象背后的关系、回答各种"为什么"的研究类型。它通常从理论假设出发，经过深入实际收集经验材料，并通过对资料的分析来检验假设，最后达到对研究现象理论解释的目的。它比描述性研究更为严谨，针对性也更强。比如，在研究大学生的择业倾向时，我们除了想知道当代大学生在择业时是怎样考虑的，以及他们的择业倾向表现出怎样的特点外，我们还希望知道大学生们为什么会表现出这样的择业倾向，为什么不同的大学生在择业上的偏好不同。我们可以通过性别、所学专业、家庭背景、价值取向等变量或因素进行解释和分析。一旦详细考察了这些变量或因素与大学生所希望选择的职业之间的关系，我们就能够尝试解释为什么某些大学生希望选择这些职业，而另一些大学生却希望选择另一些职业。

以上对研究类型的划分不是绝对的，现实中的大多数研究常常是描述和解释兼而有之。

定量研究常用的具体研究方法有：问卷调查法、访谈法、实验法、文献研究等。

（一）问卷调查法

问卷调查法是通过设计调查问卷，抽取一定数量的样本填写问卷，通过样本的数据分析结果推论到总体的一种研究方法。这种方法与访谈法具有互补作用。在设计调查问卷时，可以根据不同的目的与需求，针对不同的调查对象，设计相应的调查问卷。使用问卷调查法有一些技巧和注意事项，可以采用巧妙的问卷设计避免社会赞许性（social desirability）给被试带来的影响，也可以采用多轮数据收集避免同源方法偏差。

问卷调查采用的可以是一般的问卷或者标准等级量表。一般问卷可根据调查目的任意设计，不符合科学研究的要求。而量表的开发则经过科学的步骤和方法，结果分析也可以参照明确的、标准化的等级结果评定，使调查结果便于统计分析，具有较高的科学性和严谨性。

（二）访谈法

访谈法是访谈者与被访谈者以面对面交谈的方式获取有关信息和资料，并据此描述现状，以构建新的理论的方法。访谈法是调查者获取第一手资料的有效方法。访谈法与问卷调查法具有互补的效果。访谈可以核实调查问卷的内容，讨论填写不清或没有反映在问卷中的问题。问卷调查法可以在访谈结果的基础上，提出假设、收集数据,并检验假设,得出相关结论。在使用访谈法时要注意营造良好的访谈氛围,尊重访谈对象,并注意使用适当的访谈技巧,引导、启发被访谈对象对问题进行全面、充分的回答。

问卷调查法和访谈法有三个主要特征:① 运用抽样的方法从某个调查总体中抽取一定规模的随机样本,这种随机抽取的、有相当规模的样本特征是其他研究方式所不具备的;② 资料收集需要采用特定的工具,即调查问卷,并且有一套系统的特定程序要求;③ 研究所得到的是庞大的量化资料,必须在计算机的辅助下完成资料的统计分析,才能得出研究的结论(风笑天,2009)。可见调查研究的基本要素包括抽样、问卷、统计分析和计算相关关系等,这种方法可以兼顾到描述和解释两种目的。它既可以用来描述某一总体的概况、特征,以及进行总体各部分之间的比较,同时又可以用来解释不同变量之间的关系。由于调查研究方法严格规范的操作程序,使得其研究结果具有较高的信度,又由于通过样本可以反映总体的特征,使得其应用范围十分广泛。

(三) 实验法

实验研究方法是一种重要的定量研究方法,主要包括实验室实验和现场实验两种。在职业决策、职业成熟度和职业性别刻板印象的相关研究中,有一些学者就采用了"实验法"或者将量表与实验相结合的研究设计。将实证与实验相结合的研究最早出现于 2003 年对职业刻板印象的研究。于泳红(2003)要求大学生被试分别评价专业技术工作人员和服务业工作人员,积极评价为 2 分,消极评价为 1 分,两者都有则为 0 分,以此检验被试的外显职业偏见,同时采用内隐联想测验检验被试的内隐职业偏见和职业性别刻板印象,结果表明大学生中普遍存在内隐职业偏见和职业性别刻板印象。现有文章中采用实验和定量相结合的研究方法非常少见,并且这类研究关注的主题较少。定量加实证的研究方法不仅有利于深入探讨这一交叉领域的各个研究主题,还可以减少同源偏差。

1. 实验室实验

实验程序的基本思路是控制自变量或刺激变量以观察因变量或反应变量的变化,从而确定自变量和因变量之间的因果关系。它有三个基本要素:① 实验者——通过基于心理统计的严格的实验设计,控制或者排除种种无关的刺激变量,而使感兴趣的刺激变量凸显出来;② 被试者——作为社会行为的研究对象,在刺激的作用下发生种种的反应;③ 实验情景——绝大多数是在模拟自然的社会环境的实验室中进行的。一般来说,实验室情景是对日常社会生活情景的模拟或缩微的现实世界,往往能在一定程度上实现真实的社会情景。但实验室实验在借助严格的实验控制而获得高度的研究内在效度外,其外在效度也在同等程度上丧失了。

因为在实验室这种特殊的情景下,实验者-被试者之间的相互作用、被试者的代表性以及被试者意识到正被研究而刻意采取某些行动,这些都将影响实验结果对真实世界的概括性。

2. 现场实验

虽然我们很容易将实验与实验室的实验画等号,但并不是所有的实验法都是在实验室内进行的,因为许多重要的社会科学实验通常发生在受控制的情景之外,发生在一般社会事件的进展之中。现场实验与实验室实验最大的区别就在于它的情景不是人为设计的,而是自然发生的。例如,一家大公司的管理人员想要了解 4 天内每天工作 10 小时与传统的 5 天内每天工作 8 小时相比,缺勤率是否会有所降低。于是,他们选择了两家规模相同又在同一地区的工厂进行实验。其中一家工厂为实验组,工人们按 4 天工作制开始工作,另一家工厂则是控制组,即工人们每天仍旧按 5 天工作制工作。两家工厂分别记录 18 个月内的缺勤情况。18 个月后,管理人员发现,实验工厂的缺勤率下降了 40%,而控制工厂却只下降了 6%。基于实验设计的可行性,管理人员认为引起实验工厂缺勤率大幅度下降的原因是工作日的压缩。

可见,现场实验除了在真正的组织中进行实验外,与实验室实验没有多大差别。自然的场景比实验室更真实,这就增加了实验的有效性,但难以对实验条件、实验对象等进行控制。

(四) 文献研究

文献研究是一种通过收集和分析现存的,以文字、数字、符号、画面等信息形式出现的文献资料,来探讨和分析各种社会行为、社会关系及其他社会现象的研究方法(风笑天,2009)。文献研究的研究对象是文献资料,由研究者根据研究目的采用量化的方法对现有某个领域的文献资料进行搜集、整理、分析,以了解某个领域或某个主题现有研究的发展现状和趋势走向。

文献研究一般包括内容分析、编码与解码、二次分析、现有统计分析等内容,常常被用于帮助研究者探讨那些既不会引起研究对象的任何反应,又是其他方式在时间和空间上无法达到的社会现象。相比其他研究方法,文献研究法避免了研究者的主观臆断,结果具有较高的客观性和准确性。但是文献资料收集的完整性、分析方法的可靠性和合理性则会对研究结果有较大的影响。

在文献研究中,元分析(meta-analysis)是比较常见的一种统计分析方法。它是对现有实证研究文献的再次统计。通过相应的统计公式对某一研究主题相关文献中的统计指标进行再一次的统计分析,根据获得的统计显著性等数据来分析两个变量之间的真实相关关系。例如,主观幸福感经常作为变量出现在职业生涯领域的相关研究中,而愤怒、焦虑、抑郁和消极情绪经常被作为员工主观幸福感的指标。学者通过基于491项研究的元分析数据,验证这四个情绪变量的收敛假设和发散假设,即这四个变量是否可以相互转换(Thomas W. H. Ng, Kelly L. Sorensen, Ying Zhang & Frederick H.K. Yim., 2019)。此外,创业这一话题也受到了广泛的关注,关于情绪智力(EI)与创业意向之间的关系在不同的实证研究中有着不同的结论。因此,有学者也就这一问题进行了元分析,提出了影响两者之间关系的调节变量,如集体主义或个人主义、男权主义与女权主义、权力距离、不确定性规避和放纵程度(Miao, Humphrey, Qian & Pollack, 2018)。翁清雄、彭传虎、曹威麟和席酉民(2016)就采用了元分析的方法对大五人格与主观职业成功的关系进行了讨论。结果表明,大五人格均能正向预测职业满意度,并且这一关系受到测量工具、区域文化、岗位类型等调节变量的影响。

二、定性研究方法

定性研究也称质的研究。如果说定量研究有浓厚的科学主义特征,那么定性研究就具有强烈的人文主义色彩。它假定人类行为是一种有意义的行动,可以通过人的意识和情感作用来完成一切认知。人的行动是社会取向的,人不仅通过自我来追求意义,同时也必须通过他人来赋予世界意义。定性研究侧重于对事物的含义、特征、隐喻、象征的描述和理解。

简言之,定性研究方法是由访问、观察、案例研究等多种方法组成,原始资料包括场地笔记、访谈记录、对话、照片、录音和备忘录等,目的在于描述、解释事物、事件、现象、人物,并更好地理解所研究的问题。

20世纪80年代以来,国外关于定性与定量研究的定义和区分出现了争议。有相当一部分推崇定性研究的学者在结果是否量化的问题上作淡化处理,却从另外的角度来重新定义定性研究与定量研究。这就使得西方多年来所尊崇的研究传统受到了挑战。国外近些年来给定性研究下定义主要是通过列举其基本特征,其中获得一致认可的主要有以下几个特征:① 定性研究是从被研究者的角度来描述、分析人类及其群体的文化和行为;② 定性研究强调对所研究的社会背景做出全面的、整体的理解;③ 定性研究采用的是一种灵活而可重复的研究策略。

在定性研究的各种新定义中,意见最一致也最受强调的就是从被研究者的角度进行研究。即在当时当地收集第一手资料,从当事人的视角理解他们行为的意义和对事物的看法。也就是说,研究者在没有获得确实的证据之前,绝不能先入为主,绝不能从主观想象、推测、臆断出发,而必须深入被研究的人群中间去看他们怎样做,听他们怎样说,对他们的说法和做法加以描述和分析,再据此提出假设或理论。根据上述特征还可以看出,定性研究与定量研究之分,已不再是具体运用技术上的不同。定性研究通常也使用一些定量的方式，但是对资料的统计分析并不是它的主要手段。定性研究与定量研究的区分是方法论意义上的，它们分别代表了两条不同的研究思路。

定性研究的最主要的方法是实地研究。简单地说，实地研究就是在完全没有外界控制的纯自然条件下，深入研究现象的生活背景中，去观察、访谈以收集资料的研究方法。这种方法的应用非常普遍，我们每个人在日常生活中都持续地进行着现场调查，无论何时何地，当我们观察或参与某一社会行为并试图了解它时，实际上就是在无意识地进行现场调查了。现场调查与其他观察方法的不同之处在于它不仅仅是资料搜集，也是典型的理论生成活动。调查者很少带着需要加以检验的、已明确定义的假设去进行调查，而是试图从事先无法预测的进程中发现有意义的东西，推理出尝试性的一般结论，然后再用这些结论启发进一步的观察或访谈，逐步地修正结论。因此，这种方法看似简单随意，但要想得出可靠的结论，要求调查者具备敏锐的洞察力和深厚的方法论基础。按照不同的标准，实地研究常被区分为个案研究和参与观察。

（一）个案研究

个案研究是一种运用历史数据、档案材料、访谈、观察等方法收集数据，并运用可靠技术对一个事件进行分析，针对单独的群体或社会进行案例式考察，从而得出带有普遍性结论的研究方法。当研究的问题是"如何""为什么"时，调查者不能控制事件的发生或进程，而当研究的问题是现实生活背景下的现象时，个案研究就有明显的优势。个案一般是社会中真实的事件，是实践的仿真和缩影。因为它是从实际生活中提取出来的，所以它提供了对一种情境的深层次分析。个案的原始资料来源于观察、访谈，有时也借助于记录和文件获得支持证据。个案研究可划分为四个阶段：① 第一阶段为开放式阶段。研究者不做事先判断，阅读历史卷宗、档案材料，运用访谈法、直接观察法、参与式观察法等了解事实真相——事件是如何进行的、为什么如此进行。② 第二阶段为重点突破。这一阶段要更为系统、全面地收集资料、证据，但目的是发现事件或重要人物的本质特征，而不是无的放矢，收集杂乱无章的资料。③ 第三阶段是写作。好的个案报告不仅反映作者严谨的科学精神，而且要求作者有高超的文学素养。④ 第四阶段为检查阶段。所谓检查，是指将报告初稿送交被采访者、被调查者或事件的当事人阅读，由他们提出报告是否与事实有出入或修改意见。

（二）参与观察

参与观察是指研究者必须深入事件和行动发生的地点，去看、听、问、想、体验和感受。参与观察的优势在于,不仅能观察到被观察者采取行动的原因、态度、努力程度、行动决策依据,通过参与,研究者还能获得特定社会情景中某一个体的感受,因而能更全面地理解行动。通过观察和访谈法所获得的资料,采用归纳法,使其逐步由具体向抽象转化,以至形成结论。

总而言之,"量的研究和质的研究各有其优势和弱点。一般说来,量的研究比较适合在宏观层面对事物进行大规模的调查和预测;而质的研究比较适合在微观层面对个别事物进行细致、动态的描述和分析。量的研究证实的是有关社会现象的平均情况,因而对抽样总体具有代表性;而质的研究擅长于对特殊现象进行探讨,以求发现问题或提出新的看问题的视角。量的研究将事物在某一时刻凝固起来,然后进行数量上的计算;而质的研究使用语言和图像作为表述的手段,在时间的流动中追踪事件的变化过程。量的研究从研究者事先设定的假设出发,收集数据对其进行验证;而质的研究强调从当事人的角度了解他们的看法,注意他们的心理状态和意义建构。量的研究极力排除研究者本人对研究的影响,尽量做到价值中立;而质的研究十分重视研究者对研究过程和结果的影响,要求研究者对自己的行为进行不断的反思。"①

两种研究方法本身并不存在"是"与"非"或"对"与"错"之分,只有与研究的问题以及研究过程中其他因素相联系时才能衡量出其是否适宜。在职业生涯管理研究领域,我们应注意根据研究问题的不同来选用不同的研究方法。

本 章 小 结

(1)职业一般是指人们在社会生活中所从事的以获得物质报酬作为自己主要生活来源并能满足自己精神需求的、在社会分工中具有专门技能的工作。经济性、社会性和技术性是职业的三个重要特征。

(2)职业分层,就是按照职业的社会地位和社会对职业的价值取向所做的职业等级排位。职业活动的内容不同、工作的复杂程度不同、所需付出的体力脑力不同、工作的环境不同、所需要的任职资格条件不同、在组织结构中的权利不同、收入水平不同等,这必然使不同职业的社会地位不一样,这是职业分层的依据。

---

① 陈向明,《质的研究方法与社会科学研究》,教育科学出版社,2000年,第10页。

（3）职业分类是指特定的国家采用一定的标准和方法，依据一定的分类原则，对从业人员所从事的各种专门化的社会职业进行全面、系统的划分与归类。职业分类是职业社会化管理的平台，也是职业自身发展的需要。

（4）社会分工是职业产生的基础，社会分工的发展和变化决定和制约着职业的发展和变化。未来职业的变化有两个非常重要的特点：① 新的职业种类层出不穷，传统的职业种类消亡和迁移方兴未艾；② 终身依附一个组织的固定职业不断消解，独立的、不依赖于任何组织的自由职业不断产生。

（5）职业生涯是指一个人一生在职业岗位上所度过的、与工作活动相关的连续经历，它不仅表示职业工作时间的长短，而且内含着职业发展、变更的经历和过程，包括从事何种职业工作、职业发展的阶段、由一种职业向另一种职业的转换等具体内容。要充分了解一个人的职业生涯必须从主观和客观两个方面进行考察。表示一个人职业生涯的主观内在特征是价值观念、态度、需要、动机、气质、能力、性格等，表示一个人职业生涯的客观外在特征是职业活动中的各种工作行为。

（6）职业生涯管理可分为个人职业生涯管理和组织职业生涯管理。从个人的角度讲，职业生涯管理就是一个人对自己所要从事的职业、要去的工作组织、在职业发展上要达到的高度等作出规划和设计，并为实现自己的职业目标而积累知识、开发技能的过程，它一般通过选择职业，选择工作组织，选择工作岗位，在工作中技能得到提高、职位得到晋升、才干得到发挥等来实现。从组织的角度对员工的职业生涯进行管理，集中表现为帮助员工制定职业生涯规划、建立各种适合员工发展的职业通道、针对员工职业发展的需求进行适时的培训、给予员工必要的职业指导、促使员工职业生涯的成功。

复习思考题

1. 如何从职业产生、发展的角度定义职业这一概念，它有什么特点？
2. 如何理解职业分层与分类的必要性？
3. 常见的国内外职业分类标准有哪些？
4. 你怎样看待职业未来的发展趋势？

案例分析　大为择业

李大为坐在火车上，眼睛望着车窗外。一座座高楼、一排排树木从他眼前飞速掠过，他似乎都没有看见。他的目光是那样的专注，但他并不是在观赏风景，而是怀着兴奋又有几分不安的心情，注视着自己的未来。

是啊，他此刻怎么能平静下来呢？他刚刚离开了就读四年的大学，带着行装，也带着知识和理想，正在走向社会、走向工作岗位。他要到国有大型企业某钢铁公司报到。

成长道路

大为生长在南方一个偏僻的小山村里。父亲是"文化大革命"前的大学生，"文化大革命"期间由于言论问题被遣送回乡，成了一个农民，后来当了民办教师。大为是这个家庭的独生儿子，上面有一个姐姐，下边还有两个妹妹。于是，怀才不遇的父亲把自己的全部希望都寄托到了儿子的身上。

大为天资聪颖，6岁就在父亲任教的小学读书，成绩总是名列前茅。11岁以优异的成绩考入县城中学，成了一名住校的中学生。父亲不断教导儿子，要刻苦学习，一定要考上大学，飞出这个小山村，只有这样，才能改变自己的命运。外面的天地很广阔，在那里才能有一番作为。这构成了大为努力学习的一股动力。平日里，大为喜欢独自学习、思考，不大善于与人交往，性格有些内向。但他突出的学习成绩，使他成为老师喜爱、同学尊敬的学生。从小学到中学，他一直担任班干部，年年都是三好学生。1990年，他考上了一所全国著名的大学，成为全县为数不多的大学生之一。这使他对自己充满了信心。

职业选择

1990年9月份，大为来到北京，正式开始了他的大学生涯。北京——这个繁华的都市和缤纷多彩的校园生活，带给大为前所未有的激动兴奋和隐隐约约的自卑，他不如城里的孩子见多识广，不如他们那样家庭条件优越，性格也不如他们那样开放、无拘无束。第一学期，在老师指定的班干部中没有他的名字，后来，他也曾鼓足勇气参加了班干部和学生会的竞选，但都以失败告终。在强手如林的大学里，他不再是中学时代那个引人注目的明星，而只是一名极为普通、容易受到忽视的大学生，这种地位的落差，使他内心极不平衡，也使他很不服气。他想，大学时代是积累知识、增长才学的大好时机，将来能否有所作为要到社会上看。现在学校里的活跃人物并不代表将来事业上的成功,而现在的默默无闻也不意味着失败。所以他下决心要到社会上做出一番成绩,以证明自己的才干。

进入大学三年级,他就开始设计自己的职业生涯。大为的专业是管理学,他根据课堂上老师讲授的霍兰德的个性和职业的理论,对自己的性格进行了分析。他认为,自己的性格虽然有些内向,但情绪体验深刻,善于思考问题,有独立见解,争强好胜,积极进取,渴望影响他人,又有一定的语言和文字表达能力,将来从事管理工作是适合的。特别是最近一段时期,他对国有企业的改革问题非常关注,积累了大量的资料,写过的几篇论文也受到老师的赞赏,其中一篇经老师推荐公开发表了。

临近毕业分配,同学们都开始像热锅上的蚂蚁坐卧不宁,有关系的拉关系,有门路的找门路,什么都没有的也不甘心,开始四处出击。总之,大家都把毕业分配看成决定自己一生命运的时机,谁都想尽力拼搏,找个理想的工作。

一天,大为在一家报纸上看到一条启事。某国有钢铁公司地处偏远,历年分配到那里的大学生,有很多根本就不去报到。这里急需人才,求贤若渴,特别还提到管理方面的人才极缺。公司总裁登报亮相,承诺一定为来到这里工作的大学生提供更好的条件,使他们大有作为。这条启事深深地打动了大为的心,他立即给总裁写了一封长信,谈自己的抱负、理想、对国企改革和管理的看法,以及自己到钢铁公司工作的决心。很快,他就收到了总裁热情洋溢的回信,信中夸赞他有学识、有气魄、有能力。信的末尾,总裁写道:"来吧,这里需要你,我们张开双臂欢迎你。"

这封信使大为激动不已。他觉得自己好比千里马,这回遇到伯乐了。于是,他放弃本来可以回南方工作的机会,郑重向学校提出申请,愿意到这个别人都不愿去、条件艰苦的钢铁公司。

这一决定在学校引起了轰动,学校表彰,同学们钦佩。这时,大为感到自己似乎找到了中学时代的辉煌。

理想受挫

坐了一夜一天的火车,大为于晚上七点到达了终点。他想象着站台上一定会有人来接他。然而,等到站台上的人都走完了,也没有见到有人接他。他只好拖着大包小包的行李,按照报到通知书上的地址,找到了单位。此时,人们早已下班,传达室的老大爷将他领到了新分的宿舍,房间陈设简单,面积也不大,而且一个房间住三个新分来的大学生,另外两个还没有来报到。这种局面与他的想象反差很大,他开始失望了。

第二天,他到人事处去报到。更出乎他意料的是,人事处分配他下车间锻炼。

他以为人事处弄错了,问道,我学的是管理专业,让我到车间干什么？人事处的同志解释说：凡是新分来的大学生,一律到车间锻炼,这是公司的决定。

大为进的是炼钢车间,和工人一样三班倒。站在炼钢炉前,大为身上冒着汗,心里却一阵阵发冷。"我上了四年的大学,难道就是为了来到这里炼钢吗？在这里,我的知识、我的才能可以派上什么用场？"他越来越苦恼,而且还有种上当受骗的感觉。于是,他不顾车间纪律,跑去找人事处,要求重新分配,以使他学以致用。人事处回答,我们无法改变公司的决定,而且我们也认为大学生先到基层锻炼一番,对你今后的发展是有好处的。大为强调说,这一条对学钢铁专业的工科大学生适用,对我则不合适,我要找总裁。

大为根据自己来到钢铁公司几天的观感,又结合自己原来学到的管理理论,写出了一份钢铁公司人事制度方面的改革建议,转交给了总裁。总裁看后找他谈话,肯定了他积极参与的热情,又指出他的许多想法不切实际。大为再次向总裁提出他的工作安排不当,与他们原来的承诺不一致。而总裁也强调说："你们大学生对实际了解太少。先从车间干起就是为了让你们多掌握些实际情况,以便更好地发挥作用。在车间里多干一段,我看没什么不好的。"这时,大为的火一下子冒了出来："下车间、下车间,我已经在车间干了半个月了,还要让我干到什么时候,你们简直是浪费人才。你们说重视人才,怎么个重视法,纯粹是骗人！"他气冲冲地走了,总裁为此也很生气。

大为认为是这里的人对他的才能还不了解,他应尽快将自己的才华展示出来。于是,他不断找车间主任,找人事处领导,也找总裁谈他的想法和建议,他认为这些都是中肯的、有分量的。但领导都觉得他的想法是空想,有人还觉得可笑。这再次大大挫伤了他的自尊心和积极性。大为的情绪变得极为消沉。三班倒他又很不习惯,常常迟到。这也引起了工人们的不满,他们议论说："现在的大学生,眼高手低,只会纸上谈兵。大事做不来,小事又不做。"

大为痛苦极了,他觉得自己的理想彻底破灭了,眼前是一团漆黑,未来的路不知该怎么走下去。

案例提示

这是一个带有一定综合性的案例。对刚踏入社会的大学生大为来说,涉及职业设计、职业发展的问题。而对钢铁公司来说,则涉及怎样管好、用好、培养好新人,使他们在职业生涯中顺利发展,以开发人力资源的问题。

资料来源：本书主编编写。

思考题

1. 从对大为个性的分析入手,评价大为对自己职业设计的方案。

2. 怎么看大为来到钢铁公司的一系列做法？如果是你，你会怎么做？

3. 当理想和现实发生强烈冲突时，应怎样调整自己？面对大为现在的处境，你能对他提出什么建议，怎样说服他接受你的建议？

4. 钢铁公司的领导者在这个问题上有什么值得改进的地方？

5. 学完本书后再重新阅读此案例，你对上述问题的回答和初学时相比有什么进步和提高？

第二章

职业生涯管理的基本理论

【重要概念】

职业选择、职业生涯发展阶段、职业生涯管理模型

【内容提要】

本章主要介绍了职业生涯管理的几种基本理论,即职业选择理论、职业生涯发展阶段理论以及职业生涯管理模型;在职业选择理论部分的介绍中,重点分析了特质-因素理论、人格类型理论、心理动力理论、社会学习理论以及职业锚理论;关于职业生涯发展阶段的理论主要介绍了舒伯的生涯发展观、金斯伯格的职业生涯发展阶段理论、格林豪斯的职业生涯发展阶段理论、施恩的职业生涯发展阶段理论以及加里·德斯勒对他人职业生涯发展阶段划分的总结;最后,详细介绍了格林豪斯的职业生涯管理模型。

【学习目标】

1. 了解特质-因素理论提出的背景以及发展历程;
2. 掌握霍兰德的人格类型理论;
3. 熟悉施恩的职业锚理论;
4. 掌握格林豪斯的职业生涯管理模型。

【开篇案例】

周迅的故事

18岁之前,女孩是个不知道自己想要什么的人,每天就在艺校里跟着同学唱唱歌、跳跳舞,偶尔有导演来找她拍戏,她就会很兴奋地去拍戏,无论角色大小。直到1993年的一天,教她专业课的老师突然找她谈话,问道:"你能告诉我未来的打算吗?"女孩一下子愣住了,她不知道该怎样回答。

老师又接着问:"现在的生活你满意吗?"她摇摇头。老师笑了:"不满意的话证明你还有救。你现在想想,10年以后你会怎样?"她脑海里顿时开始风起云涌。沉默许久后她说:"希望10年以后我能成为最好的女演员,同时可以发行一张属于自己的音乐专辑。"

老师问她:"你确定了吗?"她咬紧嘴唇吐出一个字"是",而且拉了很久的音。"好,既然你确定了,我们就把这个目标倒着算回来。10年以后你28岁,那时你是一个红透半边天的大明星,同时出了一张专辑。那么你27岁的时候,除了接拍各种名导演的戏以外,一定还要有一个完整的音乐作品,可以拿给很多的唱片公司听,对不对?25岁的时候,在演艺事业上你要不断进行学习和思考。另外,你还要有很棒的音乐作品开始录制。23岁必须接受各种各样的培训和训练,包括音乐上和肢体上的。20岁的时候开始学习作曲作词,并在演戏方面要接拍大一点的角色……"

老师的话说得很轻松,她却感到一丝恐惧。这样推下来,她应该马上着手为自己的理想做准备了,她觉得一种强大的压力忽然向自己袭来。老师平静地笑着说:"要知道,你是一棵好苗子,但是你对人生缺少规划,如果你确定了目标,希望你从现在就开始做。"

从那时起,她就始终记得10年后自己要做最成功的明星。所以,毕业后,对角色她开始认真地筛选。渐渐地,她被大家接受了,她慢慢地尝到了成功的快乐。2003年4月,恰好是老师和女孩谈话的10周年,不知道是偶然还是必然,她居然真的拥有了属于自己的第一张专辑——《夏天》。

这个女孩就是如今红遍全国、驰名海内外的大明星周迅。毫无疑问,这些成就的取得,正是周迅牢记老师的话,孜孜以求、奋斗不止的结果。周迅的故事告诉我们,要拥有成功的职业生涯,就必须提前开始准备,选择适合自己的职业、设定自己的目标并不懈努力,这正是本章讨论的主题。

资料来源:吴才智,《生涯规划与管理》,重庆大学出版社,2017年。

第一节 职业生涯管理理论的历史演进

一、心理学角度的理论演进

职业生涯管理的实践最初是以职业指导形式出现的,所谓职业指导就是由专门的机构帮助择业者确定职业方向、选择职业、准备就业,并谋求职业发展的咨询指导过程。有学者认为,指导人们该如何去规划自己职业生涯的历史可以追溯到 15 世纪的欧美国家。职业指导作为一项重要的社会活动,它是西方国家由于经济发展、职业分化、技术进步而产生一系列社会矛盾后,社会为解决就业问题而作出努力的产物。职业指导的正式形成一般以美国波士顿大学教授帕森斯(Frank Parsons)在 1908 年创立地方职业局为标志,他首次提出了"职业指导"这一概念,并使职业指导成为具有组织形态的专业性工作。因而,帕森斯被誉为"职业指导之父"。随后,职业指导在苏联、日本、德国、加拿大等国发展起来,并受到社会各界的重视。

在职业指导活动的初期,并无任何成熟的理论可以遵循。职业指导工作者在大量积累实践经验的基础上,开始进行理论的提炼。他们先是推演出若干基本原则与假设,然后加以总结和验证,进而建立起初步的理论框架,再不断地进行修正和完善。职业生涯管理理论的奠基人帕森斯根据多年的工作实践经验总结出了职业选择的三大要素:"一种明智的职业生涯选择需要具备三个条件:① 首先必须要对你自身、你的天赋、能力、兴趣、志向、资源、限制条件,以及种种原因考虑清楚;② 其次就是要对不同行业工作的要求、成功要素、优缺点、薪酬水平、发展前景以及机会有较为明确的认识;③ 最后在这两组要素之间进行最佳搭配。"[①]

严格地讲,帕森斯提出的这种"三步范式法"还不能算是一种真正的理论,但是他的这种思想却为后来出现较为系统的职业生涯管理理论奠定了良好的基础,也为许许多多的职业咨询师和专家提供了最初理论上的指导。例如,帕森斯提出,如果人们在选择他们的职业时表现得积极主动,按照"三步范式"去行动,而不是简单地被动去寻找的话,他们就会对自己的职业更为满意,雇主的成本也会更小,而雇员的工作效率也会相应提高。这些简单的思想直到现在还是现代职业生涯选择理论中的核心内容。霍兰德等著名的职业生涯指导专家已经将这种思想视为他们进一步进行实践和理论研究的基石。

心理学的发展特别是心理测量的兴起,为职业生涯管理理论的丰富和成熟奠定

---

① D. Brown, *Career Choice and Development*, John Wiley & Sons, 2002.

了重要基础。在20世纪的前半叶,职业生涯咨询专业指导的实践主要集中在帕森斯"三步范式法"的第二步——也就是加深人们对工作场所的认识和了解。然而在第一次世界大战期间,美国的心理测量技术得到了长足的发展和广泛的运用。心理测量(主要是智力测验)首先应用于军队中的人才选拔,很快便被普遍用于工业部门和其他领域的人才选拔和安置。职业指导工作者和一些社会学家也开始将心理测量技术引入职业指导工作。这是由于20世纪初开始,大量的新移民涌入美国,形成了一个较大的劳动力供应市场,用人机构有机会在比较大的人群中进行挑选。开始是智力测验,后来这种测验扩大到了对于人们其他方面情况的测验,其中包括20世纪20年代对人们的兴趣、特殊的天赋以及个性等的测验;这些测验一直沿用到今天。这种技术的广泛运用给帕森斯的"三步范式"赢得了一个新的名称——"特质-因素理论"。美国职业指导专家威廉姆森(E. G. Williamson)又进一步发展了这一理论,但它基本上还是一种以经验为导向的职业生涯指导模式,核心是强调择业过程中的人-职匹配。特质-因素理论在20世纪二三十年代一直占据着绝对的主导地位。虽然也有极个别的学者对这一理论提出了一些质疑,但最终还是没有动摇它的优势地位。

1951年,金斯伯格(Eli Ginzberg)等人提出了一种全新的、心理学视角的职业生涯发展理论,这种理论突破了处于静止状态的特质-因素理论。他们指出职业生涯开发是一种终其一生的过程;同时他们也指出,职业生涯选择中也充满了妥协,一旦做出决定绝大多数是不可逆转的。金斯伯格和其他研究者的理论开创了对职业生涯开发进行动态研究的先河,但当时在实践中占主导地位的仍然是特质-因素理论。

1953年,D.舒伯(Donald Super)发表了他的职业生涯选择和发展理论,他的理论包括对特质-因素理论、发展心理学以及人格结构理论的阐述。舒伯从对这些理论的研究中,引出了他对于自我认知理论和社会学理论的观点。舒伯的理论着重于从生命周期角度来考虑职业的发展,他描述了变化的职业任务,并关注了不同的生命阶段的职业发展状况。总之,他认为职业发展和个人发展是相互作用的,通过生活角色和工作角色的共同作用来决定个人的职业发展模式。

1956年,安妮·罗伊(Anne Roe)出版了一本具有划时代意义的书——《职业心理学》,在这本书中,她基于马斯洛的需求理论和个性特征理论,提出了一种职业发展理论。她认为,早期孩童时期的成长环境对于"预言"他们将来进入某一职业领域是有用的。她也通过兴趣和职业两个维度将职业进行了划分,罗伊的理论引发了大量研究分支和项目,但是在实践中却始终没能占据主导地位。

1959年,霍兰德(John Holland)提出了一种关于职业选择的人格类型理论,该理论将20世纪三四十年代的特质-因素理论从一种静态的模式扩展到了动态模式。其后,他分别于1973年、1985年和1999年三次修改了他的理论,并开发了两种重要的测量工具,使人格类型理论变得更为成熟和完善。霍兰德的理论推动了后来者成百上千的相关研究。最为重要的是,这一理论在实践中产生了巨大影响,这是因为他所开发的工具是迄今为止在职业选择中最有影响的模型。

自 20 世纪 50 年代以来,各种关于职业生涯管理与开发方面的理论纷纷浮出水面。1963 年,鲍亭、纳奇曼和西格尔(Bordin,Nachmann & Segal,1963)基于心理动力学理论发展出一种职业生涯发展理论。1969 年,洛夫奎斯特(Lofquist)和戴维斯(Dawis)出版了他们的第一本关于工作适应理论的书。美国麻省理工学院斯隆管理学院的施恩(E. H. Schein)教授于 1978 年出版的《职业的有效管理》(Career Dynamics)一书,率先从职业发展观出发,勾勒出了个人与组织相互作用的基本图式,为我们认识个人成长和发展、组织发展与变革、管理角色与管理功能等领域的一系列问题提供了有效的工具。该书由于首次提出了职业锚的概念而成为职业生涯开发与管理的经典著作。1979 年,克鲁姆波兹(Krumboltz)提出了职业生涯选择中的社会学习理论。两年后,戈特弗里德森(Gottfredson)出版了关于职业激励理论的著作,美国著名人力资源管理专家、犹他州立大学管理学系教授勃鲁克林·德尔(C. Brooklyn Derr)在 1986 年出版了专著《管理新职业者——当代工作者的多种职业生涯成功导向》(Managing the New Careerists—The Diverse Career Success Orientations of Today's Workers)。书中论述了职业生涯的多样化,将职业生涯定位分为进取型、安全型、自由型、攀登型和平衡型五种类型,并对这五种类型职业者的特点及管理进行了研究。1991 年,彼得森(Peterson)、桑普森(Sampson)和里尔登(Reardon)提出了他们的职业生涯发展理论,该理论基于认知理论,通过一种信息生成模式来解释职业生涯发展中遇到的问题。美国学者罗斯威尔(William J. Rothwell)和斯来德尔(Henny J. Sredl)在 1992 年再版的《专业化的人力资源开发角色与能力》(Professional Human Resource Development Roles & Competencies)一书中论述了职业生涯开发与管理工作的一些基本概念和方法。1994 年,兰特(Lent)、布朗(Brown)和哈克特(Hackett)发表了他们的职业生涯抉择模式理论。

2002 年,美国俄亥俄大学职业心理学教授马克·L.萨维卡(Mark L. Savickas)提出了生涯建构理论(Career Construction Theory),并于 2005 年、2013 年进一步补充与完善(Savickas,2005;2013)。该理论回答了个人建构和社会建构如何形成个人的生涯世界(Savickas,2005)。生涯构建理论由人生主题(life theme)、职业人格(vocational personality)、生涯适应力(career adaptability)三个主要成分构成。人生主题由个人过去的记忆、当前的经历以及未来的愿望构成,个人通过赋予其个人意义而构建自己的主观生涯(subjective career)。职业人格是指与个人职业生涯相关的需求、能力、价值观和兴趣。职业生涯适应力包含三个层次:① 最高层次也最为抽象,包括生涯关注(career concern)、生涯控制(career control)、生涯好奇(career curiosity)和生涯自信(career confidence)四个维度。生涯关注帮助个体考虑未来,生涯控制要求个人深思熟虑、谨慎行动,生涯好奇帮助个体积极探索,生涯自信帮助个人克服困难。② 中间层次也被称为生涯构建的 ABCs,即态度(attitudes)、信心(beliefs)和技能(competencies)。③ 最后一个层次最为具体,是个人的职业行为(vocational behavior),即个体在职业生涯中的一系列反应(reflection)与行动。生涯构建理论不仅帮助个人理解整个生命周期中的职业行为,还有助于职业生涯咨询师为咨询者提供更好的职业建议与策略。

二、社会学角度的理论演进

社会学家认为职业是一种重要的社会现象,对个人生活和社会发展有不可忽视的作用。他们对职业生涯选择和发展之所以感兴趣,主要是因为选择和发展的结果源于社会经济发展的不平衡。这也对一个人的财富获得、收入、人际关系、生活方式都有重要的影响。在某种程度上,年轻一代的职业选择与上一代有密切关系,但代际肯定会出现差异。而社会学者们对于职业生涯选择和发展的关注最初主要集中在研究代际的动态变化上。例如,对父子之间的职业选择问题的研究,20 世纪 60 年代就有人提出,教育是存在于父子之间职业选择的一个很重要的调节变量。后来一系列的研究结果都表明,性别、种族、民族、社区规模以及一些家庭特征,如整体特征、子女数量、出生的先后顺序等都会影响到一个人的职业选择。

20 世纪 80 年代,社会学派理论也开始研究个人在特定的社会环境中如何择业的问题,比较有代表性的是戈萨德(W. P. Gothard)的职业决策社会学模式。他把影响职业选择的八个因素分为两个层次:第一层次包括社会-经济阶层因素、性别因素、种族因素、身体素质因素和智力因素;第二层次包括教育因素、职业知识、职业指导因素和就业可能性因素等。这个理论认为职业决策必须在个人因素和社会因素之间保持平衡。

社会学家认为,一个人所处的社会环境对于其做出职业生涯的选择是非常重要的,主要包括以下几个方面。

- 家庭。家庭所处的独特的社会经济地位决定了它在决定一个人的职业价值观方面有着重要的作用,这种价值观决定了一个人对待工作中所获得奖励和报酬的态度。社会学在这方面研究的一个重要发现就是父母对其工作环境的评价对子女职业选择产生的影响。他们认为,父母的工作特征会影响到自身的价值观和个性特征,继而塑造出他们的行为。而父母的言传身教以及他们的工作状况会影响到子女的职业发展兴趣、价值观和激情。
- 实习经历。青少年的实习经历也是职业社会学研究者关注的内容。经过粗略的估计,在美国,大约 20% 的高中高年级学生在上学期间每周有 20 小时花在实习上。在很多方面,青少年的实习经历对于他们的择业有着很重要的影响。早期的实习经历为以后的就业起到了指导作用,使他们有机会来塑造自己的工作习惯、职业兴趣和从业态度。举例来说,实习经历能够帮助青少年认识到自己的工作兴趣和价值观,鼓励他们去思考自己到底善于做什么的问题。就连那些不太令人满意的工作也能够促使他们去思考自己到底喜欢什么样的工作,以及要想获得满意的工作需要具备哪些条件。另外,工作经历能够增加人力资本,这是因为他们知道如何寻找工作并很好地去把握,这就使得年轻人在他们想"跳槽"的时候能有较高的起点,而且使他们在变换工作时有一个良好的"缓冲器"。最后,青少年的工作经历也能通过学校表现来影响职业的选择和发展。如果一项有酬工作影响到了青少年在学校的表现或是几乎将他们"拽"出了学校的话,职业机会就会消失。很多人认为他们早期的实习经历对于今后整个的职业生涯发展都有好处,比如可以培养他们的责任感、独立性,以及良好的工作态度和习惯,还能够帮助他们学到很多无法从学校获得的技能,比如社交技能、服从指挥以及守时习惯。当然也有一些人谈到了实习经历的一些负面影响——娱乐时间的减少、身体的疲惫等。另外,实习经历还可以教会青年人寻找工作的技能,比如说如何或者去哪里找工作以及怎么才能在面试中有良好的表现等。随着年轻人工作经验的不断积累,他们的报酬也会不断增加。

- 地域。职业的选择受到当地劳动力市场状况的影响。这些影响在劳动力进入阶段显得尤为重要,这是因为最初的就业情况会影响到后续的职业生涯中的一系列抉择。某个地方的就业率以及工资水平一般都会受到当地的失业率、平均小时工资数,以及种族或民族的构成等因素的影响。一般来说,社会学家更关注那些生活在贫困地区的青年们的就业状况和职业发展。他们认为,就全世界而言,制造业中的工作机会越来越少,更多的就业机会出现于服务业中,而这种职业数量和种类的变化带给城市居民更多的就业机会,因为他们较之生活在偏远地区的青年受过更多的教育。而偏远地区的青年由于地域条件的限制,可能只能接触到很少的信息,他们不能像城市同龄人那样得到各种教育和培训的机会。这些因素对于他们提高自身的就业能力来说无疑是一个很大的障碍。

- 科技与社会发展。20世纪90年代后,互联网逐渐兴起,全球化的浪潮席卷全世界。在此时代背景下,产生了无边界职业生涯与易变性职业生涯两个新概念。德·费利佩和亚瑟首次提出无边界职业生涯的概念(DeFillippi & Arthur,1994),他们将无边界职业生涯定义为一种不限于单一雇佣范围的一系列职业路径。这里的雇佣范围不仅指当前的组织,还包含不同的岗位、专业、职能、角色,甚至是国别、文化等。亚瑟(Arthur,1994)在另一篇文章中提出,无边界职业生涯具有以下六个特点:第一,无边界职业生涯跨越了不同雇主的界限,典型的如硅谷员工;第二,无边界职业生涯可从当前雇主之外获得认可和市场价值,如学者或木匠;第三,无边界职业生涯由组织外的网络或信息支撑,如房地产经纪人;第四,无边界职业生涯打破了传统的组织职业界限,尤其是层级汇报和晋升原则;第五,一个人可因为个人或家庭原因拒绝现有的职业机会;第六,职业行动者自身可能会感知到一个没有边界的未来,而不受结构上的限制。霍尔(Hall,2004)提出易变性职业生涯的概念,认为易变性职业生涯模式下,员工根据自身的核心价值做出职业决策、管理自己的职业生涯,其职业生涯路径不再受到组织的约束,而是更加追求心理上的成功感。

- 不同社会群体。丽莎·梅尼埃洛和雪莉·沙利文(Lisa Mainiero & Sherry Sullivan,2005)提出了生涯万花筒理论。她们在进行广泛的网上问卷调查和在线访谈之后发现,女性和男性在如何发展、创造和利用职业生涯上具有巨大的差异,女性更喜欢非传统的、适合自身需要的职业,她们对职业如何适应生活更感兴趣。因此梅尼埃洛和沙利文提出生涯万花筒模型(The Kaleidoscope Career Model)来理解职业选择中的性别和环境差异。生涯万花筒模型认为女性选择职业时必须考虑真实性、平衡和挑战三个因素,即在工作中是否能够保持真实的自我、是否能够保证工作与非工作的平衡以及该职业是否具有一定的挑战性。

社会学家们对于职业生涯选择和发展的种种研究,将有助于我们去理解那些存在于现代社会中对个体的职业生涯选择和发展产生重要影响的社会的、地域的以及各种微观环境的因素。同时,他们的研究也有助于我们认识到代际的变化以及各种社会经济状况对于个人职业生涯选择所产生的影响。

影响个体职业生涯选择的环境因素复杂多样,需要一个能够将这些因素系统地归纳整合的理论。普莱尔和布莱特(Robert Pryor & Jim E. Bright,2003)将动力系统的概念应用于个人职业发展领域,提出了生涯混沌理论。他们认为影响职业发展的因素包括个人因素和环境因素,而混沌理论能够将复杂性、联系性、变化性、偶然性等概念有机地结合起来,用复杂的动力系统描述个体的职业发展。该理论主要观点有:① 生涯发展是一种自我组织或自我再生;② 生涯发展是非线性的;③ 生涯发展中不同时期有不同的吸引因子;④ 生涯发展是阶段转换的变化过程。

第二节 职业选择理论

职业选择是指人们从对职业的评价、意向、态度出发,依照自己的职业期望、兴趣、爱好、能力等,从社会现有的职业中挑选其一的过程,其目的在于使自身能力素质和职业需求特征相符合。英国哲学家罗素曾说:"选择职业是人生大事,因为职业决定了一个人的未来……选择职业就是选择将来的自己。"那么,应该怎样选择自己的职业呢?职业选择理论就为我们提供了这方面的答案。在本节中,我们着重介绍几种有代表性的职业选择理论。

一、特质-因素理论

特质-因素理论(Trait-Factor Theory)是职业生涯管理理论中历史最为悠久的一种。它源于19世纪官能心理学的研究(卢荣远等,1994),随后美国职业指导之父帕森斯将其运用在职业指导方面,提出了职业选择的"三步范式法"。美国另一个职业指导专家威廉姆森进一步发展了帕森斯的理论。其后,由于差异心理学、心理测量技术的发展,职业信息资料的建立、充实、丰富了特质-因素理论,使之成为职业生涯管理中的奠基理论。

特质-因素理论的核心是人与职业之间的匹配,其理论前提是:每个人都有一系列独特的特性,并且可以对其进行客观而有效的测量;每个人的独特特质又与特定的职业相关联;为了取得成功,不同职业需要配备具有不同个性特征的人员;个人特性与工作要求之间配合得愈紧密,职业成功的可能性也就越大。因此,帕森斯的"三步范式法"强调在职业选择中要做到:① 必须要对你自身、你的天赋、能力、兴趣、志向、资源、限制条件,以及种种原因考虑清楚;② 要对不同行业工作的要求、成功要素、优缺点、薪酬水平、发展前景以及机会有较为明确的认识;③ 在这两组要素之间进行最佳搭配。"三步范式法"被认为是职业选择和职业设计的至理名言,并得到不断的发展和完善,形成职业选择和职业指导过程中广泛运用的三个步骤:第一步,进行人员分析,评价个体的生理和心理特征;第二步,分析职业对人的要求,并向求职者提供有关的职业信息;第三步,人职匹配,个人在了解自己的特点和职业要求的基础上,借助职业指导者的帮助,选择一项既适合自己特点又有可能获得的职业。

由于对自己和职业缺乏了解,人们在职业选择的过程中存在很多问题,威廉姆森将这些问题概括为四种:① 没有选择——求职者处在一种混混沌沌的状态中,不知道也无法表达自己要选择的职业;② 不确定的选择——求职者虽然能说出自己希望选择的职业名称,但不知道是否适合自己;③ 不明智的选择——求职者所选择的职业与自身的能力、人格特征等不相符合;④ 兴趣与能力相矛盾——对某项工作兴趣高但能力低,或者能力适合某项工作但兴趣不大,兴趣与能力不在同一个工作领域。他强调在职业指导的过程中,对于职业选择有困难的人,必须进行仔细的诊断,通过各种各样的途径,包括进行心理测验,收集有关求职者的个人资料,如个人兴趣、职业能力、职业态度、家庭背景、教育程度、工作经验等,然后综合整理这些材料,分析求职者的个人特点,将个人的情况与职业要求相对照,分析其匹配程度,协助求职者做出职业选择。

特质-因素理论之所以受到广泛的重视、产生深远的影响，成为后来许多理论的基础，就在于这种理论为人们的职业选择提供了最基本的指导原则——人职匹配原则。这一原则清晰明了、简便易行，加上当时各种心理测量工具和美国出版的大量职业信息书刊也为之提供了良好的支持，因此它具有很强的可操作性。当然，特质-因素理论模式也有其自身局限性，该理论只强调个人特质应和工作要求相匹配，忽视了社会因素对职业选择的影响和制约作用，而且，它以静态的观点看待个人的特质，忽略了个人和职业都是不断变化的这一基本事实。

二、人格类型理论

人格类型理论（Personality Typology Theory）是美国约翰·霍普金斯大学心理学教授、著名的职业指导专家霍兰德（Holland）于20世纪60年代创立的。这是一种在特质-因素理论基础上发展起来的人格与职业类型相匹配的理论，它一方面吸取了人格心理学的重要概念，认为职业选择是个人人格的反映和延伸；另一方面它还是霍兰德本人职业咨询经验的结晶。

（一）个人与环境之间的关系

大多数社会科学家都认为，一个人生理上和社会环境的特征都会影响到个体的行为。这些环境特征不仅中和了个体的行为，而且在相当长的一段时间内还中和了亚文化以及社会环境。我们在考察一个人的时候，不仅要考察他或她先天的个性特征，而且还要考察这个人成长或生活的环境特征。"人格类型理论"从一开始就强调个人与环境之间的匹配，霍兰德认为，"一个人做出职业选择的依据就是寻找那些能够满足他或她成长的环境"。他还认为，"对自己的工作环境知道得越多，他或她就越容易做出正确的职业选择"。"职业的选择应该是慎重的，它反映了这个人的动机、知识、个性和能力。职业代表了一种生活方式，它是一种环境而不是一系列相互孤立着的工作项目和技能。一种职业不仅意味着要有某种特定的形象——社会角色，而且还意味着要有某种特殊的生存方式。从这层意义上来讲的话，一种职业的选择代表着一系列信息：某人的工作动机、对于职业的看法，以及对自身能力的认识。简单来说，专门的职业选择思考虽然不全面，但对于人们做出正确的抉择来说确实是有益的。"

（二）理论假设

人格类型理论是建立在以下一系列假设的基础上的：

（1）在我们的文化环境中，大多数人的人格类型可以归为以下六种之一：现实型（realistic）、研究型（investigative）、艺术型（artistic）、社会型（social）、企业型

(enterprise),以及传统型(conventional);每一种特定人格类型的人,只会对相应职业类型中的工作或学习感兴趣。

(2) 现实中存在与上述人格类型相对应的六种环境类型:现实型、研究型、艺术型、社会型、企业型,以及传统型。

(3) 人们在积极寻找那些适合他们的职业环境,在其中他们能够充分施展自己的技能和能力,表达他们的态度和价值观,并且能够完成那些令人愉快的使命和任务。

(4) 一个人的行为是其个性特征和环境特征共同作用的结果。

(三) 人格类型与职业类型匹配模型

在上述理论假设的基础上,霍兰德进一步提出了人格类型与职业类型的匹配模型。霍兰德认为,同一类型的劳动者与职业互相结合,便能够达到适应状态,其结果是劳动者找到适宜的职业岗位,职业岗位获得了合适的人才,劳动者的才能与积极性便会得到很好发挥。霍兰德划分的六种人格类型以及六种职业类型的具体内容,如表2-1所示。

表2-1 人格类型与职业类型的匹配模型

类　　型	劳动者的人格特点	相对应的职业类型
现实型 R	(1) 愿意使用工具从事操作性强的工作; (2) 动手能力强,做事手脚灵活,动作协调; (3) 不善言辞,不善交际。	主要指各类工程技术工作、农业工作。通常需要一定体力,需要运用工具或操作机器。主要职业有:工程师、技术员;机械操作、维修安装工人、木工、电工、鞋匠等;司机;测绘员、描图员;农民、牧民、渔民等。
研究型 I	(1) 抽象能力强,求知欲强,肯动脑,善思考,不愿动手; (2) 喜欢独立和富有创造性的工作; (3) 知识渊博,有学识才能,不善于领导他人。	主要指科学研究和科学试验工作。主要职业有:自然科学和社会科学方面的研究人员、专家;化学、冶金、电子、无线电、电视、飞机等方面的工程师、技术人员;飞机驾驶员、计算机操作人员等。
艺术型 A	(1) 喜欢以各种艺术形式的创作来表现自己才能,实现自身价值; (2) 具有特殊艺术才能和个性; (3) 乐于创造新颖的、与众不同的艺术成果,渴望表现自己的个性。	主要指各种艺术创作工作。主要职业有:音乐、舞蹈、戏剧等方面的演员、编导、教师;文学、艺术方面的评论员;广播节目的主持人、编辑、作者;绘画、书法、摄影家;艺术、家具、珠宝、房屋装饰等行业的设计师等。
社会型 S	(1) 喜欢从事为他人服务和教育他人的工作; (2) 喜欢参与解决人们共同关心的社会问题,渴望发挥自己的社会作用; (3) 比较看重社会义务和社会道德。	主要指各种直接为他人服务的工作,如医疗服务、教育服务、生活服务等。主要职业有:教师、保育员、行政人员;医护人员;衣食住行服务行业的经理、管理人员和服务人员;福利人员等。
企业型 E	(1) 精力充沛、自信、善交际,具有领导才能; (2) 喜欢竞争,敢冒风险; (3) 喜欢权力、地位和物质财富。	主要指那些组织与影响他人共同完成组织目标的工作。主要职业有:企业家、政府官员、商人、行业部门和单位的领导者、管理者。
传统型 C	(1) 喜欢按计划办事,习惯接受他人的智慧和领导,自己不谋求领导职位; (2) 不喜欢冒险和竞争; (3) 工作踏实、忠诚可靠,遵守纪律。	主要指各类与文件档案、图书资料、统计报表之类相关的各类办公室工作。主要职业有:会计、出纳、统计人员;打字员、办公室人员、秘书和文书;图书管理员;旅游、外贸职员、保管员、邮递员、审计人员、人事职员等。

(四) 六种人格类型与职业类型的内在结构关系

霍兰德、惠特尼、科尔和理查兹(J. L. Holland, D. R. Whitney, N. S. Cole and J. M. Richards)于1969年提出六种人格类型与职业类型的环形结构模型，早期作为假设提出时也曾叫推演假设，如图2-1所示。

在深入研究的基础上，霍兰德等人对上述六边形结构模式附加了一种限制，即相邻、相隔、相对，这个六边形结构模式表现出如下所示的规律性：

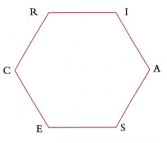

图2-1 六边形结构模式图

- R、I、A、S、E、C的顺序是可以预测的。最为理想的职业选择就是个体能够找到与其人格类型重合的职业环境，如现实型人格的人在现实型的职业环境中工作，这种情况就是"和谐"(congruence)或"一致"(consistency)。一个人在与其人格类型相一致的环境中工作，容易获得满足感和体会到工作的乐趣，并最有可能充分发挥自己的才能。

- 相邻职业环境与人格类型间的相关最大。如R与C、I或I与R、A等就属于相邻，相邻的类型具有较多的共同性，其一致性高。霍兰德在实验中发现，尽管大多数人的人格类型可以主要归为某一类型，但每个人又有广泛的适应能力，其人格类型在某种程度上相近于另外两种，因此也能适应另外两种职业类型的工作。如现实型就与其相邻的传统型和研究型高度相关。现实型的人在传统型和研究型的职业环境中经过努力，能够适应职业环境。

- 相隔职业环境与人格类型间的相关次之。如R与A、E等之间就是既有一致性又有不同性。在这里，职业环境和人格类型有很多不一致，但还不是完全相斥。

- 相对职业环境与人格类型间的相关最小。在六边形中处于对角线位置的职业类型和人格类型基本上属于相斥关系，两者之间没有共同之处。如R与S、C与A、I与E就是如此。个人如果选择与其人格类型相排斥的职业环境，就可能很难适应，甚至无法胜任工作。

以上几种关系，用霍兰德的话来说，即"职业类型与人格类型之间的相关与它们的距离成反比关系"。

特蕾西和朗兹(T. J. Tracey & J. Rounds, 1993)检验了霍兰德六边形结构模式的普遍性。他们分析了1965—1989年间由11种职业兴趣测量工具在6个国家获取的104个相关数据矩阵，结果支持了霍兰德的六边形结构模式，而且不同性别、不同年龄对它都无太大影响，这在一定程度上说明了该结构的普遍性和代表性。

(五) 测量工具

霍兰德为了测量不同的人格类型，先后编制了职业偏好量表(Vocational

Preference Inventory，VPI)和自我导向搜寻量表(Self-Directed Search，SDS)两种测量工具，关于这两种测量工具的具体内容我们将在第三章中加以介绍。

霍兰德的人格类型理论框架完整、逻辑结构严谨，充分体现了人格与环境交互作用的观点，其所开发的测量工具可以对个体的人格类型作出有效的评估，操作方便，实用性强。按照霍兰德的理论，一个人的职业兴趣是其人格的体现，那么不同的职业兴趣类型(人格类型)与职业环境的交互作用就可以帮助人们在职业选择中解决下面三个普通而又根本的问题：什么样的个人与环境特点会带来令人满意的职业决策、职业投入和职业成就；什么样的个人与环境特点会导致无法决策、不满意的决策和缺乏成就感？什么样的个人与环境特点会导致人们终身职业的稳定或变动？帮助人们解决职业问题的最有效的方法是什么？因此，霍兰德的理论是职业生涯管理理论中最完整、最受重视的一种。

三、心理动力理论

20世纪早期，西格蒙德·弗洛伊德(Sigmund Freud)与他的学生和同事们开始在一份周刊上讨论关于人类动机和本能驱动的问题。从他们的讨论中延伸出了大量的理论概念，用来解释人类的行为，例如，很多在孩童时期产生的兴趣和爱好对于成年后的行为有影响。这些讨论包括很多主题，比如本能驱动、进攻型行为以及对社会和家庭问题的反应等。

弗洛伊德认为，性欲及其能量(libido，或译为"力比多")与生俱来，贯穿于人的肉体生命和人格成长的全过程。特别是儿童时期四个阶段——口腔阶段、肛门阶段、生殖器阶段和生殖阶段——性欲力比多的发展情况对于人的一生有着不可估量的巨大影响。他强调了儿童时期的俄狄浦斯(Oedipus)情结(又称"恋母情结")的重要性，认为儿童的第一个性欲对象往往是异性的双亲之一，而同性的父亲或母亲则被儿童视为第一个情敌。以后由于阉割情结的威胁，这种"杀父娶母"①的愿望被压抑进无意识从而深刻地影响到人的心理和人格。

弗洛伊德等人的这些讨论后来被应用到职业生涯开发行为中，美国心理学家爱德华·鲍亭(Edward Bordin)和他的同事们将这一理论发扬光大。鲍亭等人以弗洛伊德的个性心理分析为基础，吸取了特质-因素理论和心理咨询理论的一些概念和技术，对职业团体进行了大量的研究，于20世纪60年代后期提出了一种以强调个人内在动力和需要等动机因素在个人职业选择过程中的重要性的职业选择与职业指导理论，故称之为"心理动力论"(Psychodynamic Approach)。

---

① 希腊神话传说中记载过俄狄浦斯杀父娶母的故事。

鲍亭等人依据精神分析学派的观点，探讨职业发展的过程，将工作视为一种升华，而影响个体职业选择的动力则来源于个人早期经验所形成的适应体系、需要等人格结构。它们影响个人的能力、兴趣及态度的发展，进而左右其日后的职业选择与适应。个人在人格与冲动的引导下，通过升华作用，选择能够满足自身需要与冲动的职业。个人生命的前六年决定着他未来的需要模式，而这种需要模式的发展则受制于家庭环境；成年后的职业选择就取决于早期形成的需要，旨在满足个人的这些需要，如果缺少职业信息，职业期望可能因此受挫，在工作中会显示出一种婴儿期冲动的升华，一旦个人有自由选择的机会，则必然选择既能满足其需要又可免于焦虑的职业。

心理动力论者认为，社会上所有职业都能归入代表心理分析需要的、分属以下范围的职业群：养育的、操作的、感觉的、探究的、流动的、抑制的、显示的、有节奏的运动等，并认为这一理论除了那些由于文化水平和经济因素而无法自由选择的人之外，可以适用于其他所有的人。

心理动力论注重从个人职业发展的观点以及个人内在因素来探索职业选择，强调发展当事人的自我概念，通过当事人个人人格的重建来达到职业选择，重视当事人在职业选择中的自主作用。但是，它过于偏向个体内在因素的作用，而忽视当事人所处的现实社会环境方面的因素，未免失之偏颇。职业选择具有很强的个人特征，同时也具有鲜明的社会特征，尤其对于我国目前的职业选择而言，社会环境因素起着极其重要的作用，是不可忽视的（卢荣远等，1994）。

四、社会学习理论

职业生涯选择中的社会学习理论（Social Learning Theory）是克鲁姆波兹（Krumboltz）在班杜拉（Bandura）的社会学习理论的基础上建立起来的，克鲁姆波特和他的同事们探讨了个体是如何做出职业生涯选择的，强调了人们的行为和认知在职业生涯选择中所起的重要作用。这种理论不同于其他许多的职业生涯选择理论，它着重告诉人们进行职业生涯选择的各种方法，帮助他们在做职业生涯选择时有效地利用这些方法或手段。为了进一步理解克鲁姆波特职业生涯选择中的社会学习理论，我们有必要简要介绍一下班杜拉的理论。

（一）班杜拉的社会学习理论

对于人类学习的研究已经成为理论、试验以及教育心理学领域中比较重要的组成部分。班杜拉（1969，1977，1986）的大量研究支持了人类行为中表现出来的社会学习理论，而这种社会学习行为是基于观察学习和社会强化理论的。班杜拉认为，人们的个性特征更多是从不断的学习中获得的，而不是通过基因遗传的途径获得的。班杜拉不仅告诉我们,行为在社会学习中的作用,而且还指出在心理作用过程中思想和形象的重要作用。他谈道,环境因素、个人因素(比如记忆力、信仰、偏好以及自我认知),以及实际行为表现三者之间是相互关联的,其中任何一个因素都会影响到其他两个因素。班杜拉在他的理论中强调了人们通过认真观察来学习,从而改变自身行为的重要性。他认为,对这三种因素进行规范是一个人自我认知系统的一种表现。而一个人如何规范他的行为,主要在于他是如何处理其生活中的各种困难的。

班杜拉认为我们应该探讨个人认知、行为与环境因素三者及其交互作用对人类行为的影响,其意义有三个方面:① 就认知而言,人类的行为受该行为的结果影响,通过觉察行为与结果的关系,人类不仅会因过去的事件调整、控制行为,更会以前瞻的眼光决定行为,这就是说学习因为认知而变得方便、容易;② 就社会而言,人类的学习发生于社会的情境中,学习之所以产生,不仅因为直接经验,更有许多替代性的经验是通过观察他人的行为而产生的;③ 就认知与社会的联结而言,认知是人类学习他人的工具,社会则是学习的情景。当人类看到他人的学习以及酬赏,往往会产生"有为者亦若是"的想法,这种观察作用是会产生学习效果的。

显然地,班杜拉认为行为是生理与社会交互作用下的产物,而观察学习是获取新反应形式的重要方法。同时,他认为一个完整的行为理论,应能解释行为的发生、发展、维持和改变,而社会学习理论是能够兼顾这些因素的。

(二) 克鲁姆波特的社会学习理论

克鲁姆波特的社会学习理论考虑到了基因遗传、环境条件、学习经历和各种任务处理技巧。基于这一点,他在理论上对做出职业生涯选择时需要注意的一些认知和行为表现都给予了详细的解释。比如说,强化和模仿都是很重要的。这些技巧对于职业生涯咨询师和咨询者本人来说都是很有帮助的。

人们为什么选择他们现在的职业?人们为什么选择了一种专业而不是另一种专业?他们为何选择了某所大学而不是其他大学?克鲁姆波特通过研究四种基本的因素试图对这些问题做出回答,这些因素包括:遗传因素、环境条件、学习经历以及完成任务的技能。他认为,这四种因素在一个人做出职业生涯选择时都会发生作用。一项选择的最终做出是这四种因素共同作用的结果。尽管有很多理论强调了先天的遗传因素以及后天的环境因素的重要作用,但还没有一种理论像社会学习理论一样同时强调了学习经历和任务完成技能对于职业生涯选择的重要性。下面就让我们分别来看一下这四种重要因素。

1. 遗传因素

遗传因素是指人们先天所获得的各种因素,而不是通过后天的学习获得的。这些因素包括各种生理特征,比如身高、头发的颜色和肤色;这些因素对于今后的各种生理疾病以及其他的特征有预示作用。另外，有些人天生就在艺术、音乐、书法、体育等方面有天赋。一般来说，人们在某方面越是有天赋，那么他们就越是在那些方面或领域中有可塑性。举例来说，一个在音乐方面有先天缺陷的人（比如说五音不全），不论他或她在这方面做出多大努力，我们都很难想象他或她能够对各种乐器做出积极反应。那么，一个人的才能或成功到底在多大程度上是由他或她的先天条件来决定的，又有多大程度是通过他或她的后天学习获得的？这个问题比较复杂，社会学习理论并没有直接作出回答，但是它格外强调了学习以及强化技能和能力的作用。

2. 环境条件

大量的环境因素会影响到个体的职业生涯选择。这些因素一般来说是超出个体能力控制范围的，包括社会、文化、政治以及经济的因素。另外，像气候和地理环境这样的因素在很多方面也会影响到个体。生活在一种受污染的环境中或是生活在一种经常发生地震或气候非常寒冷的环境中，对于人们进行职业生涯选择有着重要影响。克鲁姆波特和他的同事们把这些影响因素归纳为几种主要的类型：社会因素、教育因素以及职业因素。这些因素可以是人们事先计划好的，也可以是未计划好的，经常超出了个体的能力控制限度。

（1）社会因素。

社会中的很多变化对个人的职业生涯选择有着重要影响。比如说，技术上的进步极大地改善了交通运输工具，使汽车和飞机的速度更快，而这些变化又为人们创造出了很多新的就业机会。在很多领域中，人们已经将计算机作为加工和储存信息的手段，而这种变化会对劳动力市场产生巨大的影响。技术的大量运用，又使得环境工程和废弃物处理领域出现了很多新的工作或工种，而这些变化无疑对于劳动力市场也产生了不小的影响。与此相对的是，人们对于石油等一些自然资源的需求还在继续增加，而这种需求的满足必须通过运用新技术、新手段才能将它们从地下开采出来。除此之外，社会上的很多社区和福利事业团体也会创造出很多就业机会。在某种程度上，不同的社区在需求人员的结构上也会有所不同，比如，草原及农村地区就需要很多牧场主和农场主，而城市里边则需要大量的服务人员和生意人。社会条件也会影响到对教育资源的供给和需求。

（2）教育因素。

教育的可获得性同时受到社会和个人因素的影响，比如，一个人所受的教育程度既受到家庭对于教育所持态度的影响，同时也跟家庭的经济条件或状况有很大关系。另外，学校的教育体制和制度以及老师和其他教育资源对学生兴趣和能力所产生的影响也是非常重要的。不同的教育机构和组织会向学员提供不同的培训项目，大学、技校、军队以及工厂提供的教育内容或培训技能肯定是不同的，而获得必要的技能，以便胜任某项工作正是职业决策中必须考虑到的重要因素。

(3) 职业因素。

劳动力市场上有很多因素是个体无法控制的,但是对于人们做出职业生涯决策却有很大影响。其中最重要的是工作机会的数量和工作性质:工作可能是季节性的,可能会受到地理环境的影响,比如伐木业和捕鱼业,或者也可能受到不断变化着的经济条件的影响。教育需求也是各种各样的:职业资格证书、驾照、大学毕业证或是其他任职条件。有些工作可能要求具备大学学位或是其他的专项培训,但实际上对于这些岗位来说这些条件可能并不是必备的。另外,工作的薪水和声誉都是不同的,依供给、需求和文化价值观的不同而不同。而且劳动法或工会法也会限制某个领域中的人数。安全感和其他要求也可能影响到某个工作的可获得性。

3. 学习经历

一个人的职业偏好是其先前各种学习经历共同作用的结果。一个人可能会有许多学习经历,这些经历最终会影响到他或她的职业选择。整天在学校里边的学生会接触到很多信息,需要他或她做出反应,或是喜欢,或是迷惑,也有可能是感到气馁。在职业选择中有两种基本的学习经历类型——工具性的学习经历以及协作性的学习经历。

(1) 工具性的学习经历。

工具性的学习经历包括三个方面的内容:先天条件、行为以及结果。先天条件几乎包括所有的条件——基因遗传、特殊的能力和技能、环境状况或事件、任务或问题。这些先天条件需要人们用行为来对其做出反应。这些行为可能非常明显,也可能很细微。与之相对应的,行为的结果可能是很明显的,也可能是很细微的。另外,行为可能会对他人产生影响,也可能没有什么影响。也许理解工具性的学习经历的重点就在于理解个体的行为。举例来说,工具性的学习经历包括参加考试、为考试而学习、阅读某一领域中的东西,或是跟某人谈论他或她的工作。行为的结果越是积极正面,个体就越容易重复这种行为或是表现出类似的行为。比如说,如果一个人在某次考试中获得了"A",那么他或她就容易倾向于在这一领域或与之相近的领域中继续学习,而不是选择那些他或她并不擅长的领域。

(2) 协作性的学习经历。

当一个人有过与别人合作的经历,而这种合作产生了正面的或是负面的影响时,协作性的学习经历就产生了。协作性的学习经历包括两种类型:个人观察和经典的条件反射。当经典的条件反射被归为某一类事件中时就属于协作性的学习经历。比如说,一个人有一次在乘坐电梯时被困在其中了,从此他对所有的电梯都产生了恐惧感。而这种恐惧感只有在未来的某个时间再次安全乘坐电梯时才有可能消除。不太强烈的协作性学习经历可以通过观察他人来获得,比如可以观察一个邮递员向你投递邮件或教师给你教授知识。更多被动式的协作性学习经历是通过阅读和倾听来获得的。阅读相关的职业信息,倾听有关职业选择的讨论是获取工作信息时经常使用的方式。有关职业的刻板效应可以从大量的协作性学习经历中获得。举例来说,如果一个小孩听说"牙医喜欢伤害他人"或是"银行家想偷你的钱"时就会获得不准确的信息,从而对以后很长一段时间内的思想或行为产生影响。

4. 完成任务的技能

了解一个人是如何完成一项任务的对于职业生涯决策来说非常重要。任务完成技能包括目标设定、价值观归类、想法的产生,以及获取职业信息。而遗传基因、环境状况以及学习经历都会培养做事技能。一个人的学习技能、工作习惯、学习途径,以及感性的应对方法是基因特征、特殊能力、环境状况,以及工具性的学习经历和协作性的学习经历共同作用的结果。一个人完成一项任务的方法与他先前的经历有关系,这当然也会影响到最终任务的完成情况。举例来说,一个人如果要想完成一项法语作业,这既要看她先天的学习能力,还要看别人是如何教授她学习法语的,最后还要看她已经学到了多少。这些因素与她是如何准备法语考试的共同作用就会影响到最终的考试结果(也就是她的法语成绩)。特定的任务技能在职业生涯选择中显得尤为重要。这些因素包括目标的设定、价值观的分类、对未来的预言、萌生各种想法,以及寻找工作信息。这些完成任务技能的培育在克鲁姆波特对于职业决策的社会学习方法中是被重点强调的。

五、职业锚理论

职业锚理论是美国麻省理工学院斯隆管理学院教授、哈佛大学社会心理学博士埃德加·H.施恩最早提出的。施恩的主要研究范围是管理者的职业发展和社会化过程,以及组织文化和领导力。其多以朴实、自然的质化研究方法(例如个人访谈、实地观察和团体访谈)为主。施恩的职业锚理论在美国社会心理学界和组织行为学界有着广泛而深入的影响。

"职业锚"概念最初形成于对斯隆管理学院毕业生职业发展的纵向研究中。1961—1963年斯隆管理学院的44名毕业生,自愿形成了一个专门小组,愿意配合和接受施恩所进行的关于个人职业发展和组织职业管理的调查与研究,并且在1973年返回麻省理工学院,就他们经历过的职业与生活接受面谈和调查。施恩在对他们的跟踪调查和对许多公司、个人及团队的调查中,形成了自己的观点,并提出了职业锚的概念。用施恩自己的话来说,"设计这个概念是为了解释那些当我们在更多的生活经验的基础上发展了更深入的自我洞察时,我们的生命中成长得更加稳定的部分"。

施恩所谓的 职业锚，是指个人经过搜索所确定的长期职业定位。因此，我们也可以把它视为一种职业选择的理论。施恩教授认为，一个人的职业锚由三个部分组成：自己认识到的自己的才干和能力（以各种作业环境中的实际成功为基础）；自己认识到的自我动机和需要（以实际情境中的自我测试和自我诊断以及他人的反馈为基础）；自己认识到的自己的态度和价值观（以自我与组织和工作环境的价值观之间的实际状况为基础）。它的特点是：① 通过个人的职业经验逐步稳定、内化下来；② 当个人面临多种职业选择时，职业锚是其最不能放弃的自我职业意向。他认为个人不可能在最初就业就很明确自身所向往的工作的特点，而是需要通过一段职业经历才能确定个人的职业价值观或所关注的工作焦点。施恩前期的研究发现了五种，后来又补充了三种，共有八种"职业锚"，即技术/职能型、管理型、自主/独立型、安全/稳定型、创造型、服务型、挑战型和生活型。

【相关链接】

职业锚的类型及特点

1. 技术/职能型

技术/职能型的人，追求在技术与职能领域的成长和技能的不断提高，以及应用这种技术、职能的机会。他们对自己的认可来自其专业水平，他们喜欢面对来自专业领域的挑战。

2. 管理型

管理型的人追求并致力于工作晋升，倾心于全面管理，独自负责一个部分，可以跨部门整合其他人的努力成果，他们想去承担整个部分的责任，并将公司的成功与否看成自己的工作。

3. 自主/独立型

自主/独立型的人希望随心所欲安排自己的工作方式、工作习惯和生活方式。追求能施展个人能力的工作环境，最大限度地摆脱组织的限制和制约。他们宁愿放弃提升或工作扩展机会，也不愿意放弃自由与独立。

4. 安全/稳定型

安全/稳定型的人追求工作中的安全与稳定感。他们可以预测将来的成功从而感到放松。他们关心自身的财务安全，例如，退休金和退休计划。稳定感包括诚实、忠诚以及完成老板交代的工作。

5. 创造型

创造型的人希望使用自己能力去创建属于自己的公司或创建完全属于自己的产品(或服务),而且愿意去冒风险,并克服面临的障碍。他们想向世界证明公司是他们靠自己的努力创建的。他们可能正在别人的公司工作,但同时他们在学习并评估将来的机会。一旦感觉时机到了,他们便会走出去创建自己的事业。

6. 服务型

服务型的人指那些一直追求他们认可的核心价值,例如,帮助他人,改善人们的安全,通过新的产品消除疾病。他们一直追寻这种机会,即使这意味着要变换公司,他们也不会接受不允许他们实现这种价值的工作变换或工作提升。

7. 挑战型

挑战型的人喜欢解决看上去无法解决的问题,战胜强劲的对手,克服无法克服的困难、障碍。对他们而言,参加工作或职业的原因是工作允许他们去战胜各种不可能。新奇、变化和困难是他们的终极目标。如果事情非常容易做,它将马上变得令人厌烦。

8. 生活型

生活型的人喜欢允许他们平衡并结合个人、家庭和职业的需要的工作环境。他们希望将生活的各个主要方面整合为一个整体。正因为如此,他们需要一个能提供足够的弹性让他们实现这一目标的职业环境。

资料来源:李扬,"职业锚理论在 HRM 中的应用",《企业改革与管理》,2012年第 10 期。

在个人的工作生命周期和组织的管理过程中,职业锚都发挥着重要的作用。职业锚是个人经过搜索确定的长期职业定位,它清楚地反映出个人的职业追求和抱负,组织可以通过员工的职业锚判断员工在职业选择与发展上的偏好。透过职业锚,组织获得了员工个人正确信息的反馈,从而可以有针对性地对员工发展设置可行、有效、通畅的职业通道;个人则因为组织有效的职业通道,自身的职业需要得到满足,必然会深化对组织的感情认同;于是,组织与个人双方相互深入了解,达到深度、稳固的相互接纳。同时,由于职业锚是个人职业工作的长期贡献区,相对稳定地从事某项职业,必然增长工作经验,也使个人职业技能不断增强,直接产生提高工作效率的明显效益(张勉,2002)。

第三节 职业生涯发展阶段理论

一旦选择了自己的职业,就意味着个人的职业生涯从此开始了。每个人的职业生涯发展过程各不相同,但有共同的规律可循。很多专家学者对职业生涯发展的过程进行了专门的研究,将人们生命周期中的职业生涯划分为不同的发展阶段,假设每一个阶段都有自己独特的问题和任务,并提出了解决这些问题、完成这些任务的方法与对策。实际上,职业生涯发展阶段理论以心理学为理论基础,综合差异心理学、职业社会学及人格理论的有关原理,从发展的角度来研究个体的职业行为。

一、舒伯的职业生涯发展观

舒伯的职业生涯发展观是综合许多流派而建立起来的,他根据布尔赫勒(Buehler,1933)的生命周期理论和列文基斯特(Lavighurst,1953)的发展阶段论,发展出一个诠释职业生涯发展概念的模式。他提出了12个基本主张(1953,1957):

(1)职业是一种连续不断、循序渐进且不可逆转的过程;

(2)职业发展是一种有秩序、有固定形态,而且可以预测的过程;

(3)职业发展是一种动态的过程;

(4)一个人的自我观念在青春期以前就开始产生和发展,在青春期渐渐明朗,并于成年期转化为职业概念;

(5)自青少年至成人期,随着时间及年龄的渐长,现实因素如人格特质及社会因素,对个人职业的选择愈加重要;

(6)父母的认同,会影响个人角色的发展和各个角色间的一致与协调,以及对职业计划及结果的解释;

(7)职业升迁的方向及速度与父母的社会地位,个人的聪明才智、地位需求、价值观、兴趣、人际技巧以及经济社会中的供需情况有关;

(8)个人的兴趣、价值观、需求、学历、态度以及所处的社会职业结构,父母的认同,社会资源的利用等均会影响个人职业的选择;

(9)虽然每种职业均有特定要求的能力、兴趣、人格特质,却有一定的弹性,所以允许不同类型的人从事相同的职业,或一个人从事多种不同类型的工作;

(10)工作满意度视个人能力、兴趣、价值观等个人特质是否能在工作中得到适当发挥而定;

(11) 工作满意度与个人在工作中实现自我观念的程度有关；

(12) 对大部分人而言，工作及职业是个人人生的重心。

舒伯认为可以根据年龄将每个人生阶段与职业发展配合，且每个阶段各有其发展任务。他将生涯发展分为五个阶段：成长（growth）、探索（exploration）、建立（establishment）、维持（maintenance）、衰退（decline），每个阶段还有次阶段，见表 2-2。

表 2-2　生涯发展的五个阶段及次阶段与发展任务

阶段	年龄		主要任务
成长阶段	出生—14 岁		经由家庭、学校中重要任务的认同，而发展出自我概念。此阶段的一个重点是身体与心理的成长。通过经验可以了解周围环境，尤其是工作环境，并以此作为试探选择的依据。
	次阶段	幻想（fantasy，4—10 岁）	需求占决定性因素；角色扮演在此阶段很重要。
		兴趣（interest，11—12 岁）	喜欢是从事活动的主要原因。
		能力（capacity，13—14 岁）	能力占的比重较大，也会考虑工作要求的条件。
探索阶段	15—24 岁		自我概念和职业概念的形成、自我检视、角色尝试、学校中的角色探索、休闲活动与兼职工作。
	次阶段	试探（tentative，15—17 岁）	会考虑自己的需要、兴趣、能力、价值观和机会，并通过幻想、讨论、课程、工作等尝试做试探性的选择，此时的选择会缩小范围，但对自己的能力、未来的学习与就业机会还不是很确定，此时的一些选择以后并不一定会被采用。
		过渡（transition，18—21 岁）	较为考虑现实的状况，并试图实施自我概念。
		尝试（trial，22—24 岁）	已经确定了一个似乎是较适当的领域，找到一份入门的工作后，并尝试将它作为维持生活的工作。此阶段所选择的工作范围会小，只选择可能提供重要机会的工作。
建立阶段	25—44 岁		主要任务是：通过尝试以确定前一阶段的职业选择与决定是否正确，若感到选择正确，就会努力经营，打算在此领域内久留。
	次阶段	尝试（trial，25—30 岁）	原本以为适合的工作，后来可能发现不太令人满意，于是会有一些改变，此阶段是定向后的尝试，不同于探索阶段的尝试。
		稳定（stabilization，31—44 岁）	当职业的形态都很明确之后，便力图稳定，努力在工作中谋求一个安定的位置。
维持阶段	45—64 岁		守住这份工作，继续将它做好，并为退休做计划。
衰退阶段	65 岁至死亡		体力与心理能力逐渐衰退时，工作活动将会改变，亦必须发展出新的角色，先是变成选择性的参与者，然后成为完全的观察者。
	次阶段	减速（deceleration，60—70 岁）	工作速度减慢，工作责任或职业性质发生变化，以适应逐渐衰退的体力和心理。许多人也会找一份代替全职的兼职工作。
		退休（retirement，71 岁至死亡）	有些人能很愉快地适应完全停止工作的境况；有些人则适应困难、郁郁寡欢；有些人则是老迈而死。

（资料来源：徐娅玮，《职业生涯管理》，海天出版社，2002 年。）

舒伯的职业生涯发展阶段理论比较全面完整，他所提出的 12 项基本主张，阐述了将个人特征与职业匹配的动态过程，并将制约个人职业选择和发展的心理因素和社会因素有机地结合在一起，对职业生涯发展的研究具有较高的理论价值和一定的实际指导意义。

二、金斯伯格的职业生涯发展阶段理论

金斯伯格是职业生涯发展理论的典型代表人物之一，也是职业生涯发展理论的先驱者。他研究的重点是从童年到青少年阶段的职业心理发展，研究的对象是美国富裕家庭的年轻人，通过对比他们从儿童起到成年早期的成熟过程中的各个关键点上有关职业选择的想法和行动，金斯伯格把人的职业选择心理的发展分为三个主要时期。

（一）幻想期（11 岁以前）

这个时期，儿童往往会想象他们将来会成为什么样的人，并且在儿童角色中扮演他们所喜欢的角色。在这个时期，儿童的职业期望是由其兴趣决定的，并不考虑也不可能考虑自己的能力和社会条件。

（二）尝试期（11—17 岁）

初高中阶段，是由少年向青年过渡的时期。在这个时期，年轻人开始有规律地扩大对自己职业选择因素的考虑，不仅注意自己的职业兴趣，而且能够较客观地认识到自己的能力和价值观，并意识到职业角色的社会意义。金斯伯格按照年轻人考虑择业因素的顺序，把尝试期又分为以下四个阶段。

(1) 兴趣阶段（11—12 岁）：开始注意并培养起对某些职业的兴趣。

(2) 能力阶段（13—14 岁）：开始以能力为核心考虑职业问题，衡量并测验自己的能力，然后将能力表现在各种职业相关活动上。

(3) 价值阶段（15—16 岁）：逐渐了解职业的价值性，并能兼顾个人和社会上的需求，以职业的价值性选择职业。

(4) 综合阶段（17 岁）：将前三个阶段进行综合考虑，并综合相关的职业选择资料，以此来正确了解未来的发展方向。

（三）实现期（17 岁以后）

这一时期为 17 岁以后的成年期，基于现实做出选择，它又包括以下三个阶段。

(1) 试探阶段。根据尝试期的结果，进行各种试探活动，试探各种职业机会和可

能的选择。

(2) 具体化阶段。根据试探阶段的建立做进一步的选择,进入具体化阶段。

(3) 专业化阶段。依据自我选择的目标,做具体的就业准备。

金斯伯格的职业生涯发展阶段论,事实上是关于职业生涯发展前期的不同阶段,即就业前人们职业意识或职业追求的变化发展过程的理论。金斯伯格为了完善上述理论,1983年对他的职业选择理论进行了重新阐述,其中着重强调的一点就是:对于那些从工作中寻找满足感的人来说,职业选择是一个终生的决策过程,是他们不断重新增进自己正在变化的职业目标和工作现实之间匹配的过程。这一过程受三个方面因素的影响:最初的职业选择、最初的选择与随后工作经验所给予的反馈以及经济与家庭状况。这就是说,如果一个人最初的职业选择没有达到所期望的职业满意度,他很可能要重新进行一次职业选择,而再次的职业选择依然受到家庭和经济状况所允许的自由度的制约。

三、格林豪斯的职业生涯发展阶段理论

格林豪斯研究人生不同年龄阶段职业发展的主要任务,并将职业生涯发展分为以下五个阶段。

(一) 职业准备

处于此阶段的典型年龄段为0—18岁。这一阶段的主要任务是发展职业想象力,对职业进行评估和选择,接受必需的职业教育。一个人在此阶段所做的职业选择,是最初的选择而不是最后的选择,主要目的是建立起个人职业的最初方向。

(二) 进入组织

18—25岁为进入组织阶段。这一阶段的主要任务是在一个理想的组织中获得一份工作,在获取足量信息的基础上,尽量选择一种合适的、较为满意的职业。在这个阶段,个人所获得信息的数量和质量将影响个人的职业选择。

(三) 职业生涯初期

处于此阶段的典型年龄段是25—40岁。这一阶段的主要任务是学习职业技术,提供工作能力;了解和学习组织纪律和规范,逐步适应职业工作,适应和融入组织;为未来职业成功做好准备。

(四) 职业生涯中期

40—55岁是职业生涯中期阶段。这一阶段的主要任务是对早期职业生涯重新评

估,强化或转变自己的职业理想;选定职业,努力工作,有所成就。

(五) 职业生涯后期

从55岁直至退休为职业生涯后期。继续保持已有的职业成就,维持自尊,准备引退,是这一阶段的主要任务。

四、施恩的职业生涯发展阶段理论

(一) 施恩的生物社会周期的阶段和任务

施恩根据人的生命周期的特点及年代的顺序,对人的生活与发展阶段进行了划分。以下是各个发展阶段的详细列表(参见表2-3)。

表2-3 生物社会周期的阶段和任务(男子)

年龄范围	面临的广义问题	特定任务
青少年至30岁伊始	1. 进入成人世界; 2. 对各种成人角色做出暂时性承诺; 3. 发展个人的自我意志; 4. 获得与自己和朋友亲密相处的能力; 5. 变得更能辨别个人的各种关系; 6. 建立个人自身的生活结构和方式。	1. "拔腿而走",脱离个人的原生家庭(8—24岁); 2. 凭借同辈群体的力量,获得支持而不是依赖支持; 3. 做出有效的教育和职业选择; 4. 学会与配偶相处; 5. 不靠父母支持和原有的住房条件,建立自己的住房和家庭; 6. 确立新的个人和群体成员资格,和社区承诺; 7. 发展未来的一种自我图像,一个人的"梦"; 8. 寻找良师,消化从他们身上学到的东西; 9. 克服全知全能,自信早期选择不可改变和唯一有效的感情。
20大几到30多岁;过渡	1. 应付30岁的过渡,不论它对个人有什么样的特定意义; 2. 第一次进行重估的时期,面临"我是自己所要成为的那种人吗?"和"我对生活有什么样的要求?"的问题; 3. 第一次认识到人终有一死。	1. 复查个人在职业、婚姻、子女和社会参与方面的全部暂时性承诺; 2. 开始做出更多的最终选择,这些选择将导致长期持久的成人承诺; 3. 如果必要,做出选择方向上的重要变化。
30岁	1. "而立之人"——扩展、深化和稳定个人承诺; 2. 承认"时间有限"的事实; 3. 从个人的幻想中成熟起来; 4. 从观念和感情上为40岁做准备。	1. 安常处顺,立足于成人世界; 2. 承认自己的职业和一生——或者加倍努力工作,"上得去",或者放弃部分梦想,满足于安全; 3. 承认个人的婚姻,以一种现实的评估取代20岁的理想图像; 4. 管理家庭和职业要求之间的潜在冲突; 5. 让配偶接受自己实际上是怎么回事; 6. 管理一味沉湎于家庭与工作之间的潜在冲突,继续参与社区和朋友活动; 7. 学会承认子女实际上是怎么回事; 8. 学会承认父母实际上是怎么回事,开始感到为自己的灾难、命运和个性负责; 9. 结束与良师的关系——渐渐清醒起来,终止非现实的交往,代之以自身的价值观,开始为自己成为一名良师做准备。

续表

年龄范围	面临的广义问题	特 定 任 务
30大几到40岁伊始；中年过渡或危机	1. 面临个人梦想与实际之间的不一致——青春期冲突复活； 2. 认识到体力下降的征兆，接受"衰老"；更强烈地意识到人终有一死。	1. 复查和承认个人梦想的要素、实际现状以及两者之间的不一致——更能意识到自我和他人，认识更好的未来选择的依据； 2. 做出新的选择——或接受和寻找工作、家庭和自我的新意义，或朝新的方向前进。
40岁	1. 一个重估和潜藏着烦恼的时期，但是，如果对策适当，也是发现幸福和内心平静的时期； 2. 查找个人自身的生活目标和价值观，取得一种更加整合的生活结构，摆脱以往的角色模式或压力； 3. 一个时期的封闭之后，向世界重新开放自我； 4. 开始懂得子女业已成人，承认他们的成人角色； 5. 父母角色完成之后，确立与配偶的亲密模式，开始新的生活； 6. 与下属或其他人有更多的交往。	1. 增强自主意识和自愿承诺，这是一种自己做出选择的意识； 2. 应付明显的抑郁，承认抑郁感是生命的组成部分——"木已成舟"； 3. 承认生命只有一次； 4. 做出最终的职业决策——继续往上爬，讲求安稳，或重新选择职业； 5. 成为一名良师——给人以监护、教诲和支持； 6. 应付"空巢综合征"——帮助配偶适应父母角色的消失，向其他角色过渡； 7. 应付能力丧失的恐惧和"崭露头角"的年轻人的竞争； 8. 应付年纪大和亲生父母的去世； 9. 开发自我发展的具体计划，使这种发展与职业家庭的需要相均衡。
50岁至退休	1. 一个相对稳定的时期，但对"时光飞逝"惴惴不安，身体衰退； 2. 一个成熟、宽厚，珍视配偶、子女和朋友的时期； 3. 最终承认自我的本来面貌，不会为自己的问题而责怪父母； 4. 复查个人的工作生活和对世界的贡献； 5. 日益关心广泛的社会和社区问题，专业化丧失，智慧增长。	1. 保证自己处于朋友的交往中，没有兴趣建立新的交往和友谊； 2. 适应社交能力的总衰退，沉浸在自我核心建立的模式中； 3. 使生活更简单、更舒适——避免感情负担； 4. 与子女建立承认关系，礼尚往来； 5. 学会做祖辈。
60岁至逝世	1. 应付退休； 2. 体力、脑力和社会角色发生变化，一个过渡和不确定的时期； 3. 应付健康和精力下降以及出现的内在偏见； 4. 适应配偶的逝世； 5. 适应对孩子、朋友或机构的依赖； 6. 为自己的去世做准备。	1. 适应简化的地位和工作角色； 2. 接受退休和简化的角色终究反映了个人简化的精力和动机的事实； 3. 根据身体和健康条件，学会改变个人的生活方式； 4. 适应日益内向与外界沟通简化的情况； 5. 适应一种日益简化的生活标准，应付新的财务问题； 6. 过多动用判断、谋略和积累的经验，学会弥补速度和体力的丧失； 7. 为去世做好具体准备——拟定和审核遗嘱，决定丧葬安排； 8. 息事宁人——取得某种合一意识，避免失望； 9. 优雅静穆地离开人世。

（资料来源：[美] E.H.施恩著，仇海清译，《职业的有效管理》，生活·读书·新知三联书店，1992年。）

（二）职业周期的阶段和任务

职业生涯周期的阶段和任务与生物社会生命周期的阶段和任务紧密相关，因为两者都与年龄和文化准则连接在一起。所以，施恩教授根据职业周期的特点，对职业生涯发展阶段进行了划分，并指出了每个阶段所面临的主要任务。职业生涯周期的阶段和任务详见表2-4。

表2-4 职业生涯周期的阶段和任务

阶　　段	面临的广义问题	特　定　任　务
1. 成长、幻想、探索（0—21岁）（角色：学生、候选人、申请人）	1. 为进行实际职业选择打好基础； 2. 将早年职业幻想变为可操作的现实； 3. 对基于社会经济水平和其他家庭境况所造成的现实压力进行评估； 4. 接受适当的教育和培训； 5. 开发工作世界中所需要的基本习惯和技能。	1. 发展和发现自己的需要和兴趣； 2. 发展和发现自己的能力和才干； 3. 学习职业方面的知识，寻找现实的角色模型； 4. 从测试和咨询中获得最大限度的信息； 5. 查找有关职业和工作角色的可靠的信息源； 6. 发展和发现自己的价值观、动机和抱负； 7. 做出合理的教育决策； 8. 在校品学兼优，以保持尽可能开放的职业选择； 9. 在体育活动、业余爱好和学校的各项活动中寻找机会进行自我测试，以发展一种现实的自我意向； 10. 寻找试验性工作和兼职工作的机会，做出早期职业决策。
2. 进入工作世界（16—25岁）（角色：应聘者、新学员）	1. 进入劳动力市场，谋求可能成为一种职业基础的第一项工作； 2. 达成一项正式可行的心理契约，保证雇主和个人的需要都能满足； 3. 成为一个组织或一种职业的成员——穿越第一个主要的边界。	1. 学会如何找一项工作，如何申请，如何度过一次工作访谈； 2. 学会如何评估一项工作和一个组织的信息； 3. 通过挑选和目测； 4. 做出现实、有效的第一项工作选择。
3. 基础培训（年龄：16—25岁）（角色：实习生、新手）	1. 应付职业和成员资格实际上是怎么回事的现实冲击； 2. 尽快成为一名有效的成员； 3. 适应日常的操作程序； 4. 作为正式的贡献者被承认，穿过下一个边界。	1. 克服缺乏经验带来的不安全感，发展一种信任感； 2. 理解文化，尽快"了解内情"； 3. 学会与第一个上司或培训者相处； 4. 学会与其他受训者相处； 5. 负责地接受和承认正式符号：制服、徽章、身份、停车证、公司手册。
4. 早期职业的正式成员资格（年龄：17—30岁）（角色：新的正式成员）	1. 承担责任，成功地履行与第一次正式分配有关的义务； 2. 发展和展示自己的特殊技能和专长，为提升和进入其他领域的横向职业成长打基础； 3. 在自己的独立需要与组织约束和一定时期附属、依赖的要求之间寻求平衡； 4. 决定是否要在这个组织或职业中干下去，或者在自己的需求和组织约束和机会之间寻求一种更好的配合。	1. 有效地工作，学会如何处事，改善处事方式； 2. 承担部分责任； 3. 接受附属状态，学会如何与上司、与自己的同事相处； 4. 在有限的作业区内发展进取心和现实水平的主动性； 5. 寻找良师和保护人； 6. 根据自己的才干和价值观，以及组织中机会的约束，重估当初决定追求的工种； 7. 准备做出长期承诺和一定时期的最大贡献或者流向一个新职位和组织； 8. 应付第一项工作中的成功感和失败感。

续表

阶　　段	面临的广义问题	特　定　任　务
5. 正式成员资格（年龄：25岁以上）（角色：正式成员、任职者、终身成员、主管、经理）（个人有可能停留在这个阶段）	1. 选定一项专业，就成为一名多面手和/或进入管理部门，决定如何保证成为一名专家； 2. 保持技术竞争力，在自己选择的专业（或管理）领域内继续学习； 3. 在组织中确定一种明确的认同，成为人所共知的人； 4. 承担较高水平的责任，包括对他人和对自己的工作； 5. 成为职业中的一名能手； 6. 根据抱负、所寻找的进步类型、用以衡量进步的指标等，开发个人的长期职业计划。	1. 取得一定程度的独立； 2. 发展自己的业绩标准，相信自己的决策； 3. 慎重评估自己的动机、才干和价值观，决定要达到的专业化程度； 4. 慎重评估组织和职业机会，依此一次制定下一步的有效决策； 5. 解除自己与良师的关系，准备成为他人的良师； 6. 在家庭、自我和工作事务间进行一种适当调整； 7. 如果业绩平平、任职被否定，或失去挑战，应付失败情绪。
6. 职业中期危机（年龄：35—45岁）	1. 针对自己不得不求安稳、换工作或迎接新的更大的挑战的想法，着重重估自己的进步； 2. 就中年过渡的更为一般的方面——一个人的梦想和希望与现实，估价职业抱负； 3. 决定工作和个人职业在自己的一生中究竟有多大的重要性； 4. 适应自己成为他人良师的需要。	1. 开始意识到自己的职业锚——个人的才干、动机和价值观； 2. 现实地估计个人职业锚对个人前途的暗示； 3. 就接受现状和自己看得见的前途做出具体的选择； 4. 围绕所做出的具体选择，与家人达成新的调整； 5. 建立与他人的良师关系。
7. A 非领导者角色的后期（年龄：40岁—退休）（角色：骨干成员、有贡献的个人或管理部门的成员，有效的贡献者）	1. 成为一名良师，产生影响力，指导、指挥别人，对他人承担责任； 2. 扩大兴趣以及那些以经验为基础的技能； 3. 如果决定追求一种技术职业或职能性职业的话，要深化技能； 4. 如果决定要追求一种全面管理角色的话，要承担更大范围内的责任； 5. 如果打算求安稳，在职业或工作之外寻求成长的话，接受影响力和挑战能力的下降。	1. 坚持技术上的竞争力，或者学会用以经验为基础的指挥代替直接的技术能力； 2. 发展所需要的人际和群体技能； 3. 发展必需的监督和管理技能； 4. 学会在一种政治环境中制定有效决策； 5. 应付"崭露头角"的年轻人的竞争和进取； 6. 应付中年危机和家庭的"空巢"问题； 7. 为高级领导角色做准备。
8. B 处于领导者角色的后期（可能在年轻时获得，但仍会被看作是在职业"后期"）（角色：总经理、官员、高级合伙人、企业家、资深幕僚）	1. 为组织的长期发展发挥自己的才干和技能； 2. 学会整合别人的努力和扩大影响，而不是进行日常决策和事必躬亲； 3. 挑选和发展骨干成员； 4. 开阔视野，从长计议，现实地评估组织在社会中所起的作用； 5. 如果身为有贡献的人或企业家，学会如何推销理念。	1. 从主要关心自我，转而更多地为组织福利承担责任； 2. 负责操纵组织机密和资源； 3. 学会适应、操纵组织内外环境； 4. 学会在持续增长的职业承诺与家庭，特别是配偶的需要之间谋求平衡； 5. 学会行使高水平的责任和权力，而不是软弱无力或意气用事。

续表

阶　段	面临的广义问题	特　定　任　务
9. 衰退和离职（年龄：40岁—退休，不同的人在不同的年龄衰退）	1. 学会接受权力、责任和中心地位的下降； 2. 基于竞争力和进取心下降，学会接受和发展新的角色； 3. 学会管理很少由工作支配的一种生活。	1. 在业余爱好、家庭、社交和社区活动、非全日制工作方面，寻找新的满足感； 2. 学会如何与配偶更亲密地生活； 3. 评估整个职业生涯，着手退休。
10. 退休	1. 适应生活方式、角色和生活标准的急剧变化； 2. 运用自己积累的经验和智慧，以及各种资源角色对他人进行传帮带。	1. 在失去全日制工作或组织角色之后，保持一种认同感和自我价值观； 2. 在某些活动中依然尽心尽力； 3. 运用自己的智慧和经验； 4. 回首过去的一生，感到有所实现和满足。

（资料来源：[美]E.H.施恩著，仇海清译，《职业的有效管理》，生活·读书·新知三联书店，1992年。）

（三）职业生涯发展过程中的职业变动模式

1971年，施恩通过研究发现个人在特定组织内的有以下三种职业流动方式：

（1）横向流动模式：这种流动方式是组织内部个人的工作或职务沿着职能部门或技术部门的同一等级进行发展变动。这种流动方式可以培养掌管全局的管理人员，为以后的纵向发展做准备；同时可以满足工作丰富化的需要，以平衡部门之间的人员。

（2）向核心地位流动模式：由组织外围逐步向组织内圈方向变动。通过这种流动，成员对组织情况的了解会更多，承担的责任也会更重大，并且经常会参加重大问题的讨论和决策。

（3）纵向流动模式：组织内部的个人工作等级或职位的升降。这种流动模式与传统观念中的最佳流动模式很相似，在一般的观念中，只有纵向的上行流动，才能得到发展和肯定。

五、加里·德斯勒职业生涯五阶段的概括

与上述学者不同，美国著名人力资源管理专家加里·德斯勒在其代表作《人力资源管理》一书中，综合其他专家的研究成果，将职业生涯划分为五个阶段。

（1）成长阶段（出生—14岁）：在这一阶段，个人通过对家庭成员、朋友、老师的认同以及与他们之间的相互作用，逐渐建立起了关于自我的概念，并形成了对自己的兴趣和能力的基本看法，到这一阶段结束的时候，进入青春期的青少年就开始对各种

可选择的职业进行某种带有现实性的思考了。

(2) 探索阶段(15—24岁)：在这一时期，个人将认真地探索各种可能的职业选择。他们试图将自己的职业选择与他们对职业的了解以及通过学校教育、休闲活动和业余工作等途径所获得的个人兴趣和能力匹配起来。在这一阶段开始的时候，他们往往做出一些带有实验性质的较为宽泛的职业选择。随着个人对所选择的职业以及自我的进一步了解，他们的这种最初选择往往会被重新界定。到了这一阶段结束的时候，一个看上去比较恰当的职业就已经被选定，他们也已经做好了开始工作的准备。人们在这一阶段需要完成的最重要的任务就是对自己的能力和天资形成一种现实性的评价，并尽可能地了解各种职业信息。

(3) 确立阶段(25—44岁)：这是大多数人职业生涯中的核心部分。人们通常希望在这一阶段的早期能够找到合适的职业，并随之全力以赴地投入到有助于自己在此职业取得永久发展的各项活动中。然而，大多数情况下，在这一阶段人们仍然在不断地尝试与自己最初的职业选择所不同的各种机会。

确立阶段本身又由三个子阶段构成：第一，尝试子阶段(25—30岁)。在这一阶段，个人确定当前所选择的职业是否适合自己，如果不适合，就会更改自己的选择。第二，稳定子阶段(30—40岁)。在这一阶段，人们往往已经定下了较为坚定的职业目标，并制定较为明确的职业计划来确定自己晋升的潜力、工作调换的必要性以及为实现这些目标需要开展哪些学习活动等。最后，在30多岁到40多岁之间的某个阶段上，人们可能会进入职业中期危机阶段。在这一阶段人们往往会根据自己最初的理想和目标对自己的职业进步状况做一次重要的重新评价。他们有可能发现自己并没有朝着所梦想的目标靠近，或者已经完成了他们所预定的任务后才发现，过去的梦想并不是自己所想要的全部东西。在这一时期，人们还有可能会思考工作和职业在全部生活中的重要性到底有多大。通常情况下，在这一阶段人们不得不面对一个艰难的抉择，即判定自己到底需要什么，什么目标是可以达到的，以及为了达到这一目标自己需要做出多大的牺牲。

(4) 维持阶段(45—65岁)：在这一阶段，人们一般都已经在自己的工作领域中获得了一席之地，因而他们的大多数精力就主要放在保有这一位置上了。

(5) 下降阶段：当临近退休的时候，就意味着到了职业生涯中的下降阶段。在这一阶段，许多人都不得不面临这样一种前景：接受权力和责任减少的现实，学会接受一种新角色，学会成为年轻人的良师益友。再接下去，就是几乎每个人都不可避免地要面对的退休，这时人们所面临的选择就是如何去打发原来用在工作上的时间。

上述各种职业生涯发展阶段理论对职业发展阶段的划分并不完全一致，但其出发点和基本思路是相同的：他们都假设生命的发展阶段和职业的发展阶段是高度相关的，所以他们都是以年龄作为划分职业生涯发展阶段的一个重要依据。他们都认为个人的职业心理在童年时代就开始逐步产生，随着年龄的增长，受教育程度的提高、经验的积累和社会环境的变化，人们的职业心理也会发生变化。职业生涯的发展常常伴随着年龄的增长而变化，尽管每个人从事的具体职业各不相同，但在相同的年龄阶段往往表现出大致相同的职业特征、职业需求和职业发展任务，据此可以将一个人的职业生涯划分为不同的阶段。认识职业生涯发展的不同阶段有哪些任务和发展趋势，可以帮助个人更有效地管理自己的职业生涯，也可以帮助组织管理和开发它们的人力资源。但我们同时也不要忘记对职业生涯发展阶段的划分，只是一个大概的区间而不是一个绝对的标准。我们的目标不仅仅是把某一个人划分到某一个阶段中去，更重要的是要了解他们的职业生涯是如何发展的。人生的丰富和变化无常使每个人的职业生涯发展都会遇到许多十分独特的问题，特别是现代的职场环境变化很快，职业流动更加频繁，职业发展的模式更加复杂多样，因此就不能简单地去套用这些理论。理论任何时候描述的都是最一般的情况，它永远不能穷尽现实的无限丰富性。

第四节　职业生涯管理模型

在社会科学里，模型是现实的摹写或代表。一个模型包含了一系列在某一方面互相关联的变量，以使我们能够更好地理解这个世界的一角。本节介绍的职业生涯管理模型，是美国职业生涯管理专家格林豪斯等在借鉴、综合他人研究成果的基础上开发的，该模型描绘的是人们应如何管理他们的职业生涯，即职业生涯管理过程。这是一个理想的模型，虽然在现实生活中并不是每个人都按照这样的范式来进行职业生涯管理，甚至大多数人并没有有意识地对自己的职业生涯进行管理，但模型中的活动可以为个人带来他们想要的结果。随着模型的展开，这种假设将会变得更加清晰。

一、职业生涯管理模型的一般阐释

受特质-因素理论、人格类型理论等的影响，职业生涯管理模型的基本假设是，当人们的工作和生活体验与本人的愿望和要求一致时，他们会感到更有成就感并具有更高的生产率。当人们的工作经历与个人的需要、价值观、兴趣和生活方式偏好相符时，他们会对职业选择更加满意。当工作所需的恰好是个人所具有的技能时，职业的绩效会有提高。基于这些理由,职业生涯管理模型试图将这种一致性或者说人职匹配最大化。

格林豪斯的职业生涯管理模型如图2-2所示。

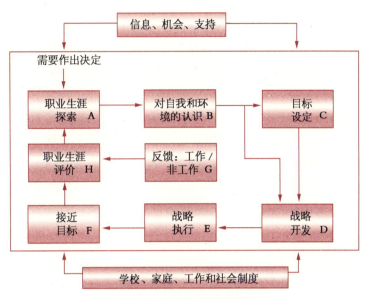

图2-2 职业生涯管理模型

让我们通过一个假想的案例来对这个复杂的模型做一个简单的阐释。

某年轻的化学工程师正在认真考虑她在公司的未来,尽管她并不厌倦工程师这个普通的岗位,她可以这样待下去,遵循公司对她的"安排",但目前一份从事公司管理工作的职位强烈地吸引了她。她决定在自己的职业管理中扮演一个积极的角色,于是决定采取行动进行决策。

职业生涯管理模型中的第一步显示这位工程师应该开始职业探索(图2-2中的步骤A)。也就是说,她应该开始收集信息,包括她自己的(她喜欢做什么,她的天赋在什么方面,这份工作在她整个生活中的重要性)、组织内或组织外可供选择的其他工作(一名管理者真正要做的工作是什么?经验丰富的化学工程师的工资如何?)以及作为一个整体系统(在这个组织是否可能从普通员工晋升至管理人员?怎样才能获得提升?)的她所在的组织(或其他组织)。

职业探索将会使这位工程师对自己和环境有一个更全面的认识(步骤B)。她会更清楚她的价值观、兴趣爱好以及在工作和非工作生活中的才能所在,也会对工作的选择及相关要求、环境中存在的机遇和障碍都更加了解。

这种逐步深化的认识可以帮助这位工程师选择工作的目标(步骤C)。目标也可能在某个特定时期为她获得经理助理的职位,或者帮助她成为项目工程师,或者在可预见未来的情况下留在目前的岗位。

可实现的目标的建立有利于职业战略的发展和执行(步骤 D 和 E)(如一系列有计划的活动以达到期望的职业生涯目标)。比如说,如果这位工程师的目标是成为经理助理,她可能会参加公司组织的管理发展论坛,并尽量从目前的老板那里争取到更多的管理性任务,更多了解整个公司的运作。

一个合理的职业生涯战略的执行直接带来向职业生涯目标的接近(步骤 F)。如果这位工程师选择了一个明智的行动计划,那将比没有执行战略或执行一项不当的战略更容易达到她的目标。

职业生涯战略的执行还可以为个人提供有用的反馈信息。这种反馈与来自他人的工作和非工作来源的反馈一起(步骤 G),可以帮助这位工程师正确评价她的职业(步骤 H),从职业生涯评价中得到的信息又反过来促进职业生涯探索(见步骤 H 到 A 的箭头),从而开始职业生涯管理新的循环。比如,这位工程师也许会发现她在所需管理技能方面表现很差,这样的评价会使她更改自己的目标,也许她就不再希望进入管理层,或者她保留这个目标但要对战略进行修订(见 B 到 D 的箭头),她也许会选择攻读一个管理学的硕士学位。

总之,职业生涯管理模型提供的是一个解决问题进行决策的过程。个人通过收集信息来认识自己和周围的环境,然后建立目标,制定并执行战略计划,获得反馈信息后继续职业生涯管理。

遵循这种职业生涯管理方法的人并非生活在真空中,正如图 2-2 中的边框所示,职业生涯探索、目标设定、战略和反馈的有效性往往取决于来自不同人和组织的支持。比如,学校提供的实习和咨询项目,或者由工作组织提供的绩效评估、自我评估和导师培训项目,以及来自家庭的建议、关爱和支持都会有助于有效职业生涯管理的实现。

职业生涯管理模型的成功应用不仅取决于个人,也取决于组织。它需要员工之间的、目前和将来的老板之间的、同事之间的、朋友以及家庭的信息系统。个人必须愿意对他们的职业生涯采取积极和负责任的行动,也需要收集做出正确决定所需要的信息。研究表明,获得家庭和朋友支持的个人感到更加安全,也能够更好地实现职业生涯发展。组织必须愿意并善于与员工分享信息,提供必需的资源并支持员工在职业生涯管理中的尝试。

二、职业生涯管理模型中的关键概念

格林豪斯等人在论述其职业生涯管理模型时,对该模型涉及的概念进行了解释。了解这些关键概念,是理解这一模型的重要基础。下面我们将逐一介绍这些概念。

(一) 职业生涯探索

职业生涯探索是收集并分析与职业有关的信息的过程（见图2-3）。

图2-3 职业生涯探索过程

1. 职业生涯探索与自我意识和环境意识

大多数的人都需要收集信息以便对自己的价值观、兴趣和才能以及环境中的机会和障碍有一个更好的认识。假设职业生涯探索涉及的范围越广泛越合理，人们就更可能看到自己和工作环境的不同方面。

为什么职业生涯探索能够提高自我意识和环境意识？格林豪斯等人认为，首先，人们并不像他们认为的那样对自己有一个清楚的认识。他们可能并不知道自己在工作或生活中真正想要的是什么，或许他们从来没有认真思考过这个问题，或许他们过去的决定都是根据别人的期望而非自己的愿望而做出的。因此人们往往需要收集必要的信息来认识自己，同时人们对自己能力的认识也不全面。比如说，他们可能从来没有想过一名成功的高校学报的广告经理意味着超强的说服力和人际能力，或者完成一项特殊的工作显示了他们具备潜在的领导特质。通常，人们对性别与工作的联系有一种定性思维，哪些工作适合男性、哪些工作适合女性似乎都事先规定好了。因此，我们在分析自己的能力时可能会落入偏见而非实际的情况。另外，在某些方面人们可能会过高估计自己的优势，并认为自己的能力比实际表现的更强。反之，一些人也许总是低估自己的能力。因此，职业生涯探索能够为人们提供更加全面准确的自我形象，提高自我认识的能力，即通过工作中表现出的行为和技能准确评价自己的能力。类似的，对不同职业、不同组织和职业机会的了解也受益于对环境的积极探索，关于环境的全面认识有助于弄清各种选择及尽快地适应环境。

2. 职业生涯探索的类型

格林豪斯将职业生涯探索划分为自我探索和环境探索两种类型（如表2-5所示），他强调划分类型有助于理解职业生涯探索。自我探索能够对自己的人格特征有更好的了解。人们会更深地理解自己的兴趣所在。他们会知道自己期望从工作中获得什么（比如，挑战、安全感或金钱），即工作价值观。自我探索还能提供个人的潜在信息，如优势、劣势、才能和局限。最后，自我探索可以对自己喜欢的生活方式、工作、家庭的平衡有一个更好的把握。

表 2-5　职业生涯探索的类型

自 我 探 索	环 境 探 索
• 兴趣 • 才能 　　优势 　　劣势 • 工作价值观 　　工作挑战 　　工作自主度 　　安全 　　工作/生活平衡 　　金钱 　　工作条件 　　帮助他人 　　影响力	• 职业类型 • 行业类型 • 所需工作技能 • 工作选择 • 公司选择 • 家庭对职业生涯决定的影响

环境探索,能够让人更加了解环境中的各个方面。对一个学生来说(或者正在考虑更换职业的人),环境探索会更集中在职位上。一个系统分析师是做什么的?电子工程师这一职业需要什么技能?面向私人的会计和面向公众的会计有什么区别?对已经工作的人来说,环境探索更注重某个组织中可选择的工作。这种情况下,环境探索可以提供给他有关目前工作或将来可能的工作的信息。在两三年内我能胜任什么工作?从现在的直线岗位跳到一个特定职能岗位需要什么经验?我目前的职业路径在几年内会不会走到尽头?环境探索也能为员工提供他们现在组织的信息,组织中什么人愿意成为我的支持者?谁在这个组织中获得了真正的奖励?我可以获得哪些训练和发展机会?环境探索还包括了解家庭对职业生涯决定的影响。例如,知道你的配偶愿意搬家会有助于你决定接受一个 2 000 公里之外的工作机会。因此,通过环境探索,个人可以知道家庭的需要、配偶的职业价值观以及工作与家庭生活的关系。

3. 职业生涯探索对职业生涯管理的效用

研究表明,职业生涯探索对职业生涯管理有积极的作用。职业生涯探索的直接效用是提高对自己和环境的认识。很多研究都表明,当个人进行越多的职业生涯探索,他们对自己和所选职业的认识就越全面。类似的,职业生涯探索的某些形式会增加人们在工作搜寻过程中的信息总量。研究还表明,尽管职业探索对目标设定的影响不仅取决于数量,还有焦点和质量,但职业生涯探索仍有助于人们开发自己的职业目标。如果人们的决定是在多方面职业生涯探索下进行的,那么它会更合适或更令人满意。例如,格林豪斯和他的同事们在对探索过程多方面的研究中都指出了职业生涯探索对人们从事的工作前景是有用的。研究发现,那些进行了多方面探索的学生能得到更多的工作面试和工作机会,获得更高的工资待遇,并且有更现实的工作预期。职业生涯探索还可以帮助人们制订出多方面的职业生涯战略,并且在工作面试中表现更佳。

简言之,职业生涯探索能够使人们更好地认识自己和工作环境。为完成达到职业目标所需的重要任务和决定做好准备,并能够为此制订出必需的战略。事实上,探索进行得越多,这些活动被认为越有用。这并不是说职业生涯探索能够保证提供深刻而有用的信息,但这意味着如果职业生涯管理建立在准确信息的基础上,将会更加有效。

(二) 意识

意识是指对自己的特质和周围环境特征相对全面而准确的感知(见图2-4)。

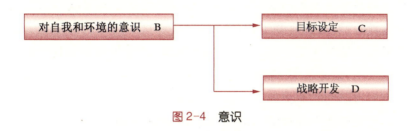

图2-4 意识

从格林豪斯的职业生涯管理模型中可以看出,对自我和环境全面的认识能使人设立适当的职业目标并制订恰当的职业战略,因此,意识——对自我和环境的意识是职业生涯管理的一个中心概念。

如果一个人缺乏对自我和工作的准确认识,确实很难设定可实现的职业目标。事实上,人们的很多职业生涯决策是基于刻板印象、偏见或扭曲的信息而做出的。当人们做决定是建立在对自我和环境准确把握的基础上时,目标往往会更加适当且更加现实。格林豪斯等人的研究结果支持这一观点。他们已经证明那些能够对自己的价值观和所选领域有一个多方面觉察的学生在建立职业生涯目标时比那些相对不清楚自我和职场的学生倾向于设定更加现实可行的目标,建立更现实的工作预期,从而获得更高水平的工作满意度。总之,自我意识和环境意识能够对职业生涯管理产生积极的影响。

(三) 职业生涯目标

格林豪斯等将职业生涯目标定义为个人希望达到的与职业相关的结果(见图2-5)。

图2-5 职业生涯目标

组织行为学文献中最一致的研究结果之一就是,承诺了具体的、有挑战性的任务目标的员工比那些没有目标或承诺低目标的员工表现更加出色(Locke and Latham, 1988)。建立职业生涯目标的好处在于人们可以通过相对集中的方式指导自己的努力方向。一旦目标设定,互补的行为和态度将推动目标的实现。比如说,一位销售代表制订了一个成为地区营销经理的目标,他就可以围绕这一目标开始职业战略的制订。若没有一个明确的目标,行动的计划将很难制订。格林豪斯等指出,职业生涯目标不一定意味着晋升。一个适当的职业生涯目标可以是在同一个或不同组织内的平行移动。实际上,职业生涯目标可以不涉及工作的变换。一个普通工程师的目标可能就是在原有岗位上增加技能和工作责任。

职业生涯目标越是具体,制订有效战略以达到目标的可能性就越大。比方说,一名财务分析师的目标是3年内成为一名部门经理,他就会问要获得这个岗位需要什么样的培训或教育,要完成哪些工作任务以及实现这一目标的可能性。另一名分析师的目标是更加有钱或享受生活,他就会盲目行动,因为他没有确切的目标。格林豪斯等人的研究表明,设立了1—2年内的具体职业生涯目标的经理们比没有设立具体目标的经理们对自己的职业更加乐观。并且,经理们对他们的目标承诺越多,他们越可能制订多方面的职业生涯战略。的确,清晰的职业生涯目标和计划是与职业效用的提高、职业的顺应性、工作参与及成功的工作搜寻相关的。埃德温·洛克(Edwin Locke,1991,1994)和他的助手对部分人绩效高于其他人的原因进行了广泛的调查,这些研究发现当人们设立了具有挑战性但可以实现的目标时,他们会被激励并表现得更好。

【相关链接】

目标的力量

爱因斯坦被誉为20世纪最伟大的科学家,他之所以能够取得如此令人瞩目的成绩,与他一生具有明确的奋斗目标是分不开的。他出生在德国一个贫苦的犹太家庭,小学、中学成绩平平,但他进行了分析与定向:自己虽成绩平平,但对物理和数学有兴趣。爱因斯坦认为只有在物理和数学方面确立目标,才能有出路,因而他读大学时选读苏黎世联邦理工学院物理学专业。因奋斗目标选得准确,爱因斯坦个人潜能得到充分发挥,并在26岁时就发表了论文《分子R度的新测定》。爱因斯坦善于根据目标需要进行学习,使有限的精力得到充分的利用。他创造了高效率的"定向选学法",即在学习中找出能把自己的知识引导到深处的东西,集中力量和智慧攻克选定目标。爱因斯坦正是在 10 多年时间内专心致志攻读与自己目标相关的书,才能在光电效应理论、布朗运动和狭义相对论三个不同领域取得重大突破。

资料来源:武林波,《规划自我,启程远航——大学生职业生涯与发展规划》,宁夏人民出版社,2017 年。

(四) 职业生涯战略

在格林豪斯等人的职业生涯管理模型中,职业生涯战略是指一系列设计出来的以帮助个人达到职业生涯目标的活动。其开发过程如图 2-6 所示。

图 2-6 战略开发过程

不少组织制定出了明确的战略计划使他们成功地实现了目标,这同样适用于个人的职业生涯管理。职业生涯战略的研究可以追溯到梅尔维尔·道尔顿(Melville Dalton)1951 年的深入观察:一个制造工厂的经理的提升似乎不是受他的正规教育或服务年限的影响,而是因为他采取了一些"战略性"行动,如加入一个有声望的社会或政治组织。詹宁斯(E. Jenning)的分析显示,成功的管理者会积极地参与职业生涯管理,他会制定一系列有目的的战略以进入高级经理层,且从不依赖于对工作的忠诚、做上司的非关键下属和对公司保持永恒的敬畏。正如詹宁斯指出的,这种基于忠诚的方法可能在过去奏效,但现在的公司需要的是有经验和竞争力的员工而不仅仅是在公司中的资历老。组织正在开始将员工视为财富或智力资本。

格林豪斯等的研究试图弄清员工所采取(或认为应该采用)的用以提高职业成功机会的战略种类。这些研究显示有以下七种主要的职业生涯战略:

- 现有工作的竞争力;
- 扩大工作参与(长时间努力地工作);
- 技能开发(通过培训和工作经验);
- 机遇开发(通过自我推荐、可见的任务和网络);
- 支持性关系的开发(顾问、赞助者、同龄人);
- 形象树立(以传递一个成功者的形象);
- 组织政治。

(五) 职业生涯评价

职业生涯评价是人们获得并利用相关职业反馈的过程,它在格林豪斯的职业生涯管理模型中处于非常重要的地位。职业生涯评价过程如图2-7所示。

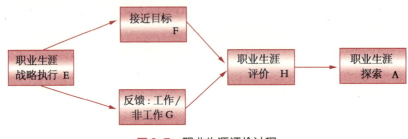

图2-7 职业生涯评价过程

工作同生活中的其他方面一样,人们需要知道他们表现得如何。建设性的反馈使人们能够确定他们的目标和战略是否仍有意义。职业生涯评价"监督"自己的职业生涯过程,在职业生涯管理中起着协调、反馈的作用。

反馈可以来自不同方面,执行职业生涯战略的行动就能提供工作和非工作的反馈。例如,周末在办公室加班(扩大工作参与)能够赢得老板的赞许。参加一个培训项目或建立一种亲密的导师关系对于人们认识自己和工作组织都是很有价值的。另外,对接近目标的过程的反馈还能从指导和绩效评估、部门上司、同事以及其他重要人员那里获得。来自职业生涯评价的信息完成了一个循环,作为新的职业生涯探索信息继续下一个循环,然后又提高个人对自己和环境的认识。

正如前面提到的,职业生涯评价过程可能导致对职业生涯目标的重新审核。来自工作和非工作方面的反馈可能促使或导致目标的修订。比如说,对一次培训的强烈反应或在新项目中的出色表现可能会说服员工进入上一级管理层的目标仍是可以实现的。但如果这些活动的结果令人失望,将会促使员工改变自己的目标。职业生涯评价同样可以影响战略性行为。比方说,在绩效反馈的过程中,一个员工和他/她的上司也许会认为额外的正式培训是不必要的,但对完成新的任务来说,这种培训却是必不可少的。这样一来,目标是没有变化,战略却不一样了。有一点已经被证明,即个人自我监控和修订职业生涯战略的能力能够带来更高的职业流动——包括更多跨公司的提升和公司内的晋升(Kildiff,1994)。

总之,职业生涯评价提供了一个反馈圈,使职业生涯开发和整个职业生涯管理永远循环。对学习和绩效任务的反馈是有用的,这在很多研究中已经得以证明。作为一种自我纠正机制,反馈功能同样适用于职业生涯管理。

三、职业生涯是一个持续解决问题的过程

为什么职业生涯管理应该是一个规律的、持续的过程？格林豪斯等认为：由于工作是生活中如此重要的一个部分，一份满意的职业能够提高人们的成就感；相反，一连串糟糕的职业生涯选择会对人的自信产生灾难性的影响。另外，要对我们在工作环境中所处的位置有一个深入的了解并不是一件容易的事情。目标常常是不现实的，战略也往往让人无法信服。若没有持续的、有意识的、积极的职业生涯管理，以往的错误也许很容易重现。说得更复杂一点，人们往往对先前的决定继续承诺——即使他们将面临重复的失败和谴责——以向他们自己和他人证明最初的决定是正确的。这些人会使自己愚信他们以前的失败可以挽回并且先前的努力会有公正的回报。事实上，他们可能为证明最初决定的正确构造出另外的解释或进一步的自我辩护。持续的、积极的职业生涯管理，包括来自各方面的反馈对于避免继续挖掘也许从不会出现的洞是必要的。进一步说，变化的环境也需要持续的职业生涯管理，在制定新的商业战略时，组织面临新的环境，要为新的流动渠道清除旧的职业路径。技术的革新、重组、缩减、合并和习得的知识都会影响一个人在特定组织中的职位。同时，人也在改变。在一段时期内显得如此重要的目标过一阵后也许要重新审核。30岁时令人兴奋的工作在50岁时可能变得令人讨厌甚至反感。随着年龄的增长、人的成熟和经历的丰富，新的才能和价值观也会出现。家庭环境的改变也许会对职业提供限制或机遇。于是，对自身变化不敏感的人，将会失去选择更加适应目前的价值观和生活方式偏好的职业的机会。

基于这些原因，职业生涯管理就应该是一个持续地解决问题的过程。这并不是说人们应该每周每日随时不断地评价自己的行为或修订自己的目标或战略，但是人们应该与自己及环境的改变大体保持一致。工作搜寻的过程，专业化还是扩大化经验的决定，对失业的反应以及重新评价工作参与和家庭角色的决定都需要有效的职业生涯管理。

四、有效职业生涯管理的特征

人们如何得知他们的职业生涯管理是否有效呢？由于职业生涯管理是一个解决问题、进行决策的过程，可以尝试通过考察某一时点的职业决策的结果来评估职业生涯管理活动的效果。比如，一个人通过观察职位名称、职责及工作绩效水平方面的改进来估量职业生涯管理的有效性。同时，由于职业生涯管理是一个持续的、可调整的过程，仅靠快速浏览一个人的绩效、地位还不足以了解他管理自己职业生涯的方式。格林豪斯等人提出下列四个有效职业生涯管理的特征，并以此作为对职业生涯管理模型的总结。

（1）有效的职业生涯管理需要对自我和环境有深入且准确的把握。一些人几乎不了解自己和工作环境中的其他选择，也许一个人可以不了解但仍有足够幸运坠入一个恰好适合自己且允许能力发挥的工作。然而从长期来看，一个人不能单靠运气，职业生涯是由一生中很多决定组成的，对自我和环境的准确理解能够让人在恰当时机扮演积极的角色。

（2）有效的职业生涯管理要求制定现实的目标，它符合个人的价值观、兴趣、能力及向往的生活方式。对自我和环境的准确理解，是有效职业生涯管理的必要但非充分条件。这些信息必须转化为制定一个目标的决定。也就是说，当这个目标达成时应该符合个人的需要。对一些人来讲，他们倾向于选择别人（父母、配偶、教授、上司）认为合适的目标，而不管这些目标是否能满足自己的需要，而目标与个人需要和价值观的一致才是有效的职业生涯管理的特征。

（3）有效的职业生涯管理要求制定并执行适当的职业生涯战略。制定有效的职业生涯目标是一回事，按照计划尝试实现它又是另一回事。另外，即使一个人在没有意识到战略计划的情况下偶然达成了目标，这样的好运也不会总是重现的，因为职业生涯需要长期的很多不同类型的决策，制定并执行职业生涯战略的技能对有效的职业生涯管理来说是必不可少的。

（4）也许最重要的是，有效的职业生涯管理要求一个持续的反馈过程，在面临有挑战的环境时做出调整；没有人能完全准确地掌握关于自己和环境的信息，尤其是在人与环境都发生变化时；并且，目标和战略本身可能也需要改善甚至彻底推翻。在实际生活中，人们常常能感受到职业生涯中的停滞或者觉得好像碰到了天花板或"路障"的现象。这种情况可能会使我们认识到职业生涯计划在这种有挑战性的工作环境中是不合适的。认识的不全面和目标战略的不合适并不是无效职业生涯管理的信号，真正的问题在于一个人缺乏对这些困难的觉察力且无法进行一些建设性改进。因此，有效的职业生涯管理是一个斗争的过程，是不完善的信息和决策被更好的（仍不完善）信息和决策不断取代的过程。

从以上的论述中我们可以看到，职业生涯管理模型是建立在理性思维和行动的基础上的。格林豪斯等专家建议个人用系统的方法探索自我和环境，选定职业生涯目标，有意识地制定战略并密切关注自己和周围环境的变化。事实上，大量的研究也都表明，用理性的方法进行职业生涯管理是非常有用的，积极、自信的职业生涯管理能使个人受益无穷。然而，职业生涯管理应该是理性系统并不意味着这是机械的、无感情的或一刀切的。格林豪斯等特别指出，从本质上讲，职业生涯管理是"零乱"的努力，信息从来都是不完整的，获得准确的自我意识和环境意识是非常困难的；目标和战略也可能不得不修改很多次才起作用。个人在进行职业生涯管理时不应该是一个机器人，某些时候，内心情感还是应该先于技术和程序的。

本章小结

（1）职业选择是指人们从对职业的评价、意向、态度出发，依照自己的职业期望、兴趣、爱好、能力等，从社会现有的职业中挑选其一的过程。职业选择的目的在于使自身能力素质和职业需求特征相符合。

（2）帕森斯的特质-因素理论的核心是人与职业之间的匹配，其理论前提是：每个人都有一系列独特的特性，并且可以对其进行客观而有效的测量；每个人的独特特质又与特定的职业相关联；为了取得成功，不同职业需要配备具有不同个性特征的人员；个人特性与工作要求之间配合得越紧密，职业成功的可能性也就越大。

（3）霍兰德将人格类型划分为现实型、研究型、艺术型、社会型、企业家型、传统型六种。他强调每一种特定人格类型的人，会对相应职业类型中的工作或学习感兴趣。而现实中恰恰存在与上述人格类型相对应的六种职业环境类型。人们在职业选择中总是积极寻找那些适合他们的职业环境，在其中他们能够充分施展自己的技能和能力，表达他们的态度和价值观，并且能够完成那些令人愉快的使命和任务。这也就是说，当人格类型与职业环境协调一致时，就会产生更高的工作满意度和更高的工作绩效。

（4）施恩的职业锚是指个人经过搜索所确定的长期职业定位。一个人的职业锚由三个部分组成：自己认识到的自我才干和能力；自己认识到的自我动机和需要；自己认识到的自我态度和价值观。职业锚的特点是：通过个人的职业经验逐步稳定、内化下来；当个人面临多种职业选择时，职业锚是其最不能放弃的自我职业意向。施恩认为共有八种职业锚，即技术/职能型、管理型、自主/独立型、安全/稳定型、创造型、服务型、挑战型和生活型。

（5）各种职业生涯发展阶段理论都假设生命的发展阶段和职业的发展阶段是高度相关的，所以它们都是以年龄作为划分职业生涯发展阶段的一个重要依据。职业生涯的发展常常随着年龄的增长而变化，尽管每个人从事的具体职业各不相同，但在相同的年龄阶段往往表现出大致相同的职业特征、职业需求和职业发展任务，据此可以将一个人的职业生涯划分为不同的阶段。但我们同时也不要忘记对职业生涯发展阶段的划分，只是一个大概的区间而不是一个绝对的标准。人生的丰富和变化无常使每个人的职业生涯发展都会遇到许多十分独特的问题，因此不能简单地去套用这些理论。

（6）格林豪斯职业生涯管理模型中的各个要素具有内在的逻辑联系：职业生涯探索，对自我和环境的认识使人们能够设立现实的职业生涯目标；制定具体的职业生涯目标可以帮助个人选择并执行合适的职业生涯战略以达到这些目标；对职业生涯管理的状况进行评估和反馈有助于人们重新审查他们的战略是否有效、目标是否合适。职业生涯管理应该是一个持续的过程。有效的职业生涯管理具有四个特征：了解自我和环境，设定符合价值观、兴趣、才能和向往的生活方式的职业生涯目标，制定并执行适当的职业生涯战略，面临挑战性环境时能做出调整。

复习思考题

1. 请简要列举一下几种主要的职业生涯理论。
2. 简要叙述特质-因素理论的内容以及在现实中的应用。
3. 结合自己的经历，谈谈对施恩职业锚理论的认识和看法。
4. 你目前处在职业生涯发展的哪一阶段？你最迫切需要解决的问题是什么？
5. 你如何理解格林豪斯的职业生涯管理模型？职业生涯管理是否应该是一个理性的、系统的过程？采用高度理性的方法进行职业生涯管理的优势和劣势是什么？

案例分析　凯西

凯西，26岁，是一家大型通信公司的运营经理，手下有15位负责网络运营的部属，年薪5.4万美元。这的确是一份好工作，权责大、潜力无穷，还有一份对26岁的年轻人来说非常优越的待遇。她是如何胜任的呢？

从学校取得文科学位后，凯西进入一家知名的快递公司，担任初级的管理职位。当薪资与权责的成长明显受限时，她开始探讨其他可能性。很快，凯西了解到，如果要得到自己真正想要的工作，就必须进一步提高专业能力。

凯西开始在当地商业学校进修会计及经济学的夜间课程。因为雇主不提供学费补助，于是她自付学费。后来，她以优异的成绩申请到在职进修企管硕士的课程。因为快递公司的工作时间改变，使她无法继续上夜间的课程，所以凯西决定辞掉当时年薪1.8万美元的工作,并通过助学贷款全心全意展开她的企管硕士进修计划。凯西决定主修营销。在选修的一门课中,她和两位同学为当地一家电话公司进行密集的市场研究,以便制订出长途电话预付卡的营销方案。

在25岁获得企管硕士学位后,凯西却很难找到工作,因为与其他人相比,她实在太年轻了。25岁,比多数学生开始念企管硕士时还年轻2岁。但她坚持不懈,凭着学识与实务经验(来自为电话公司进行的市场研究)两者兼具的优势,终于找到了新雇主——一家大型区域通信公司。

思考题

1. 凯西是如何对职业进行探索的?
2. 她是如何实施自己的职业规划的?
3. 你认为凯西之所以能够获得现在这个令很多人羡慕的职位和薪金最重要的因素是什么?

第三章 职业生涯管理的测量工具

【重要概念】
  职业能力、气质、人格、职业适应性、可就业能力

【内容提要】
  本章介绍几种帮助组织了解员工、帮助个人了解自我的心理测量工具。这些工具主要包括特殊性倾向测验、多重能力倾向测验、多项能力与职业意向测验、气质类型测验、艾森克人格测试、卡特尔十六种人格因素测验、明尼苏达多项人格测验、梅耶斯-布里格斯人格类型测试以及职业适应性测量、几种员工可就业性量表。

【学习目标】
  1. 掌握职业能力的概念,并了解与职业能力相关的几种测量工具;
  2. 了解气质的类型;
  3. 了解有关人格的几种测量工具;
  4. 了解可就业能力的定义和测量工具。

【开篇案例】

迷茫的职场新人

小孟曾是某校工商管理专业的大学生,毕业后,他在一家小型企业负责公司日常事务及会务招待等工作。一年之后,他开始心烦意乱,对工作非常不满意。再加上他并不看好公司的发展前景,就通过朋友的引荐,到一家外资企业做行政助理,一干就是三年,各方面几乎没有任何变化。最初,他还计划在这家企业逐步提升自己的职位,可三年来,发现障碍重重。他对自己越来越没有信心,对工作也越来越没有热情。于是,他毅然选择了辞职。小孟在家待了整整一个月,希望冷静地思考一下未来的发展方向。他静下心来仔细想了想,发现自己这几年来一直在做着并不喜欢的事情。那么,自己到底喜欢什么样的工作呢?自己究竟适合做什么样的工作呢?他始终找不到方向。他有时觉得自己在大学时所学的工商管理知识在从事行政工作中用处不大。基于这几年的行政工作经历,他又觉得自己可以胜任人事方面的工作。他认定,只要公司足够大,就一定有适合自己的发展空间。于是,他往很多大公司投了简历,结果却杳无音信。几经周折之后,小孟内心充满极大的挫败感,对未来的职场发展充满疑惑与迷茫。

像小孟这样的情况是普遍存在的。一般来说,工作三到五年,很多职场人士就会面临职业发展方向的困惑。这个时期,职场的现实与残酷已经消磨了他们初涉职场时的雄心壮志,取而代之的是难言的焦虑和沉重的无奈。但更关键的在于,他们缺乏对专业、对职业、对自我的全面了解和定位。

资料来源:中南财经政法大学就业指导服务中心、上海财经大学学生就业指导中心,《未来任我行:财经与政法类大学生的六堂职业必修课》,上海财经大学出版社,2016年。

了解自我、了解工作,使个人的特性与工作的要求合理地匹配起来,是职业生涯管理的重要内容。了解自我,除了内省等其他方法外,运用各种测量工具是一种有效的手段。了解、熟悉这些测量工具,对进行有效的职业生涯管理具有重要的意义。本章所涉及的内容正是为了帮助大家对自我有一个良好的认知,通过一系列的专业测评工具,职场人士可以更加地了解自我、了解工作,从而更好地将自己与工作匹配起来。

第一节 职业能力倾向及测量

一、能力与能力结构理论

(一) 能力的定义

心理学家认为,能力是指直接影响活动效率,使活动顺利完成的个性心理特征。首先,能力总是和人的学习、工作、劳动等具体活动相联系。从活动的观点来考察,如节奏感、乐感是从事音乐活动必备的能力;准确估计空间比例的能力是绘画活动不可缺少的,等等。缺乏这些能力特征,就会影响有关活动的效率,甚至无法顺利完成这些活动。其次,只有直接影响人的活动效率,使活动顺利完成的个性心理特征才是能力。因此,像急躁、活泼、沉静等特征,尽管和活动的顺利进行有一定的间接关系,但并不是能力。最后,能力与知识、技能是不同的。知识是人类社会实践经验的总结概括,技能是在理论或实践活动中经过练习而获得并巩固的某种基本操作或活动方式。知识、技能是社会发展中积累的公共财富,个人通过学习可以掌握其中的部分内容;能力则是个体心理特征之一,是掌握知识、技能的一种主观条件。虽然能力和知识、技能的性质不同,但存在相互影响、相互促进的关系:一方面,一个人的能力是在掌握知识、技能的过程中提高的;另一方面,知识、技能的掌握又以一定的能力为前提,能力在一定程度上制约着知识、技能掌握的深度、广度、难度和速度。一般来说,掌握知识、技能较快,而培养某种能力较慢。

在人的职业生涯中,能力和职业活动密不可分。每一类职业活动都要求特定的能力组合,只有具备这种能力组合,才能很好地胜任这种职业。因此,可以说和职业活动相关的能力就是**职业能力**。职业能力是从职业活动的角度对能力的定义。上述能力的特点也都适用于职业能力。

(二) 能力结构理论

能力构成因素的研究是心理学研究的重要问题,被称为能力结构理论,包括许多探索性的观点。研究能力的结构,分析能力的构成因素,对于深入理解能力的本质,合理设计能力测量的手段,以及科学地拟定能力培养的原则,是十分必要的。由于能力是一种十分复杂的心理特征,因而出现了研究能力结构的不同理论。下面介绍三种比较有代表性的能力结构理论。

1. 二因素结构理论

英国心理学家斯皮尔曼(Charles Spearman),在20世纪初期运用因素分析法,提出了能力的二因素结构理论。他将能力分为一般能力和特殊能力。

所谓一般能力,是指每一个体完成一切活动都必须具备的共同能力。它主要包括:思维能力,指对事物进行分析、综合、抽象和概括的能力,在一般能力中起核心作用;观察能力,指对事物进行全面细致的审视能力,主要指知觉能力;语言能力,指个体描述客观事物的语言表达能力;想象能力,包括再造想象和创造想象,它往往可以升华为特殊能力;记忆能力,是个体积累经验、知识、技能,形成个性心理的重要心理条件;操作能力,指通过人的各种器官,主要是手、脚、脑等并用解决人机协调、完成操作活动的能力。这些一般能力的稳定、有机的综合就是通常所说的智力,智力的核心是抽象概括能力,创造能力是智力的高级表现。

所谓特殊能力,是指个体从事某种专业活动应具备的能力,如教学能力、管理能力、数学能力、音乐能力,等等。这些特殊能力一般与特殊专业活动的内容联系在一起。

一般能力与特殊能力相互联系形成辩证统一的有机整体。一方面,个体从事某种职业或专业活动时,一般能力(智力)在特殊方面的独特发展,就成为特殊能力的组成部分,例如记忆力属于一般能力范畴,但话务员在业务工作中,刻苦训练,能记住2 000个电话号码,这种记忆能力就变成了专业技术方面的特殊能力了。另一方面,在特殊能力得到发展的同时,一般能力也不断提高。这种事例也不胜枚举,具备特殊能力的数学家、科学家、哲学家和音乐家,他们的一般能力也会较快地发展,且普遍地高于平常人。

个体的能力通常是以一两种为主,兼备其他几种能力。特殊能力越精,一般能力越多,一个人所表现出来的才能就越大。

2. 群因素结构理论

美国心理学家塞斯登(L. Thurstone)提出了与二因素结构理论相反的群因素结构理论。他认为,能力是由许多彼此无关的原始能力所构成的。他总结出大多数能力可以分解为七种原始的因素:计算、词的流畅性、词语意义、记忆、推理、空间知觉、知觉速度。他对每种因素都设计了测验内容和方法。然而实验的结果同他设想的相反,每一种能力与其他的能力都有正相关。例如,计算与词的流畅性相关性为0.46,与言语意义的相关性为0.38,与记忆的相关性为0.18等。这说明各能力因素并不是绝对割裂的,而是可以找到一般性的因素。

以上两种理论在历史上对能力结构的认识都有其积极的作用。但是它们虽然看到一般因素与特殊因素的作用,却把两者绝对地对立起来,没有从人的实际活动中认识一般能力与特殊能力的辩证关系。

3. 智慧结构理论

近年来，美国心理学家吉尔福特（J. P. Guilford）提出了一种新的能力结构设想，被称为智慧结构学说。他认为智慧因素是由操作、材料内容和成品三个变项构成的，像一个由长、宽、高三个维度组成的方块。每一变项由一些相关要素组成，因此，他以排列组合的方法提出智慧可能由120种因素组成。

吉尔福特认为，能力的第一个变项是操作，它包括认知、记忆、分散思维、复合思维和评价五种能力类型；能力的第二种变项是材料内容，它包括图形、符号、语义和行动四种能力类型；能力的第三种变项是成品，即能力活动的结果，它包括单元、门类、关系、系统、转换和含蓄六个方面能力类型。每个变项中的任何一个项目与另两个项目相结合，就可以得到总共120种组合。每一种组合代表一种能力因素。

另外，20世纪90年代初，美国心理学家彼得·沙洛维（Peter Salovey）和约翰·梅耶（J. Mayer）把"情绪智力"从人类的智慧中分离出来，并把它界定为人的社会智能的一种类型。这一理论受到了社会各界的广泛关注。两人提出情绪智力的内容结构主要包括：情绪知觉、评价和表达能力；思维过程中的情绪促进能力；理解情绪知识的能力；对情绪进行有效调控的能力等。沙洛维和梅耶认为，情绪智力以自我意识为基础，包括乐观、同情心、情绪自制、情绪伪装等，情绪智力影响和支配着人的决策和行为，对人的成就具有决定性的意义。

二、能力的影响因素

影响能力的因素是很多的，其中以素质、知识和技能、教育、社会实践、勤奋的影响最显著。

（一）素质

素质是有机体天生具有的某些解剖和生理的特征，主要是神经系统、脑的特征以及感官和运动器官的特征。素质是能力发展的自然前提，离开这个物质基础就谈不到能力的发展。天生或早期聋哑的人难以发展音乐能力，双目失明者无从发展绘画才能，严重的早期脑损伤或脑发育不全的缺陷是智力发展的障碍。素质是能力发展的自然基础，但不是能力本身。素质作为先天生成的解剖生理结构，不能现成地决定能力。刚出生的婴儿没有能力，只是由于他（或她）具有一定的解剖生理特点，因而他（或她）具有能力发展的一般可能性。只有其在以后的生活实践中，解剖生理素质在活动中显露并发展起来，才逐渐形成类似能力的心理特征。

（二）知识和技能

知识是人类社会历史经验的总结，从心理学的观点来说，是头脑中的经验系统，它以思想内容的形式为人所掌握。技能是操作技术,是对具体动作的掌握,它以行为方式的形式为人所掌握。知识、技能与能力有密切的关系。知识是能力形成的理论基础;技能是能力形成的实践基础。能力的发展是在掌握和运用知识、技能的过程中实现的;同时,能力在一定程度上决定着一个人在知识、技能的掌握上可能取得的成就。能力和知识、技能密切地联系着,它们之间既相互联系,又互相制约,这种关系主要体现在:掌握知识、技能以一定的能力为前提;能力制约着掌握知识技能的快慢、深浅和巩固程度;而知识的掌握又会导致能力的提高。当然,知识、能力的发展与技能的发展不是完全一致的。

(三) 教育

教育是掌握知识和技能的具体途径与方法。教育不仅在儿童和青少年的智力发展中起着主导的作用,而且对能力的发展同样也起着主导的作用。教育不但使学生掌握知识和技能,而且通过知识和技能的传授,还能促进心理能力的发展。例如,教师运用分析概括的方法去讲授课程的内容,并且引导学生把这样的方法作为遇到问题进行思维的手段,把外部的教学方法逐渐转化为内部概括化的思维操作。

儿童、青少年的在校教育,对能力的培养是至关重要的,但是,当人们走上工作岗位以后,原来已经掌握的知识和技能,就显得不够用,有些甚至是已经过时的,尤其是技能更加如此。因此,在职员工的职业教育,对现代企业的员工来讲就显得特别重要。他们必须掌握多种知识、多种技能,并能进行综合的运用。

(四) 社会实践

能力是人在改造客观世界的实践活动中形成和发展起来的。劳动实践对各种特殊能力的发展起着重要的作用。不同职业的劳动,制约着能力发展的方向,如纺织厂的验布工人,辨别布面疵点的能力比一般人高。这是同从事这一职业的特殊要求分不开的。不同的实践向人们提出不同的要求,人们在实践和完成任务的活动中,不断地克服薄弱环节,从而使能力得到相应的发展和提高。

(五) 勤奋

勤奋是获得成功的必由之路。要使能力获得较快和较大的增长,没有主观的勤奋努力是根本不可能的。世界上许多政治家、科学家和发明家,无论他们从事的领域有多么大的不同,他们的共同点是长期坚持不懈、刻苦努力、顽强地与困难做斗争;没有刚毅顽强、百折不挠的意志力,任何成就都不可能取得,能力的发展也就无从谈起。

此外,营养状况、个人的爱好、兴趣等,对能力的提高也有重要的影响。

三、职业能力倾向及测验

所谓能力倾向,是一种潜在的、特殊的能力,它与经过学习训练而获得的才能是有区别的,它本身是一种尚未接受教育训练就存在的潜能。而职业能力倾向主要是指与个体成功地从事某种工作有关的能力因素,是一些对于不同职业的成功、在不同程度上有所贡献的心理因素。职业能力倾向测验是一种测量人们从事某种职业或活动潜在能力的评估工具,它具有诊断功能和预测功能,可以判断一个人的能力优势与成功发展的可能性,为人员甄选、职业设计与开发提供科学依据。

(一) 特殊性倾向测验

这个测验是系列式的,包括四大类多个小测验,是国外企业常用的职业能力倾向性测验。这四类分别是:机械倾向性测验,主要测量人们对机械原理的理解和判断空间形象的速度、准确性以及手眼协调的运动能力,该测验应用最广,有效的对象是机械工、设计师、修理工、工程师和技工等,典型的有明尼苏达空间关系测验、贝内特机械理解测验等;文书能力测验是专门了解个人打字、速记、处理文书和联系工作能力的测验,适合于科室和文职人员能力测量,常用的是明尼苏达文书测验、一般文书测验;心理运动能力测验,主要测验许多工作所需的肌肉协调、手指灵巧性或眼与手精确协调等技能;视觉测验,利用双目镜或美国鲍希罗眼镜公司设计的视力分类机等,对视力的多种特征进行测验,以评定其是否符合一定工作的要求。

(二) 多重能力倾向测验

这个测验主要用来测量与某些活动有关的一系列心理潜能,能同时测定多种能力倾向。其中,普通能力成套测验(GATB)是较有代表性且常用的。GATB 由 8 个纸笔测验和 4 个仪器测验组成,可以测量 9 个因素:言语能力倾向(V),要求被试者在词汇测验中指出每组词中哪两个词是意义相同或相反的;数字能力倾向(N),要求被试者进行计算和算术推理;空间能力倾向(S),由三维空间测验测量,包括理解三维物体的二维表示和想象三维运动的结果;一般学习能力(G),由测量 V、S、N 因素中的三个测验的分数相加而得;形状知觉(P),包括两个测验,一个是匹配画有同样工具的图画,另一个是匹配同样的几何形状;文书知觉(Q),与 P 类似,但要求匹配名称,而不是匹配图画或形状;运动协调(K),由一个简单的纸笔测验测量,要求被试者在一系列方框或圆中,用铅笔做出特定的记号;手指灵巧性(F),由装配和拆卸铆钉与垫圈的两个测验来测量;手的敏捷性(M),要求被试者完成在一个木板上传递和翻转短木桩的两个测验。全套测验需要 2.5 个小时。这 9 个因素中不同的因素组合代表着不同的职业能力倾向,如数字能力、空间能力和手的敏捷性较好的人适于从事设计、制图作业及电器职业,因此,GATB 也常用来测定应聘者的职业倾向,进行职业辅导。

(三) 多项能力与职业意向测验

本测验选取了和社会大多数职业活动有密切关系的六个维度进行测评,即语言理解和组织能力、概念类比能力、数学能力、抽象推理能力、空间推理能力、机械推理能力。六个维度的具体定义为:

(1) 语言理解和组织能力,考察对语言表达的基本理解,对语法规则、语义、语言习惯的熟练掌握程度;

(2) 概念类比能力,考察对概念关系、逻辑的理解和进行类比的能力;

(3) 数学能力,考察对数量关系的理解和掌握,对各种运算规则的熟练运用和对各种数学现象的敏感力;

(4) 抽象推理能力,考察对事物变换所反映出的内在规律的敏感性和对事物的抽象、概括的逻辑分析能力;

(5) 空间推理能力,考察对图形进行表象加工、旋转的能力,尤其考察人们通常所指的空间认知和形象思维的能力;

(6) 机械推理能力,考察人们对一般自然常识、物理现象的认识水平,考察人对基本的物理规律和机械规则的敏感性和掌握程度。

这六个维度组成了六个分测验,其中语言理解和组织能力有 20 道题目,要求 8 分钟完成;概念类比能力有 50 道题目,22 分钟完成;数学能力有 40 道题目,22 分钟完成;抽象推理能力有 45 道题目,25 分钟完成;空间推理能力有 60 道题目,25 分钟完成;机械推理能力有 70 道题目,22 分钟完成。测验有两种实施方式:纸笔作答和计算机实测。本测验的结果不是一个总分,而是一组不同能力倾向的分数,它提供了一种智能剖面图,显示了个体在以上六项能力上的强弱分布。根据剖面图上的强弱分布,给出适宜的职业排序,并指出最适宜的职业应具备的教育水平和关键能力,从而为职业咨询提供依据。本测验可用于测量中学生、大学生和社会上的一般人员的能力素质水平,不适合管理人员的招聘和选拔。

【相关链接】

关于职业能力倾向的描述

以下是一些职业能力倾向及描述。

(1) 抽象推理：能够脱离具体实物的存在理解思想的能力；不是用词汇和数字，而是用符号或图像表达概念。

(2) 听觉辨别：区分不同声音（对音乐家尤为重要）的能力。

(3) 文书能力：记录、复制、存档、校对、识别细节、避免拼写和计算错误的能力。

(4) 颜色辨别：察觉颜色的相似性与不同以及感知不同深浅的颜色的能力；观察颜色之间的协调性的能力。

(5) 眼—手—足协调：在视野范围内手—足协调运动反应的能力。

(6) 手指灵活性：手指迅速、敏捷、精确地操纵微小物体的能力。

(7) 形状感知：进行视觉对比、观察物体和图画的形状及阴影的细小差别的能力。

(8) 语言使用：使用词汇、语法、标点的能力。

(9) 机械推理：理解物理定律、机械、工具、机器设备的能力。

(10) 记忆：回忆已发生事件或保留学习信息的能力。

(11) 运动协调：四肢和身体在保持一定速度、姿势和精确性的情况下，有节奏地精确运动的能力（对运动员和舞蹈演员很重要）。

(12) 数字能力：迅速、准确地理解数字和进行数学推理的能力。

(13) 说服能力：提供可信服的理由或劝说他人采纳自己观点的能力。

(14) 身体力量：运用身体肌肉去完成搬、运、抬举重物的能力。

(15) 敏捷：思维敏捷，或身体以一定速度、灵敏度和准确性运动的能力。

(16) 社会技能（同感）：理解他人和与人相处的能力，感同身受地体会他人处境的能力。

(17) 空间能力：在头脑中描绘各种形状和大小的三维对象的能力。

(18) 文字推理：理解文字表达的思想或概念的能力；使用文字思维和推理的能力。

(19) 词汇：理解和准确使用词语含义的能力。

资料来源：李莉，《大学生职业生涯规划实训教程》，北京理工大学出版社，2015年。

第二节 气质、人格及测量

一、气质的类型、测量与作用

(一) 气质的类型

气质是指一个人心理活动的动力特点，即心理活动的强度、速度、稳定性、灵活性、指向性等。这种特点是个体与生俱来的高级神经活动类型在情感和动作方面的表现，是一种稳定而典型的心理特征。人的气质虽然表现在所有的心理活动中，但在情感和情绪这类心理活动中表现得特别鲜明，最易为人所觉察。比如，有的人情感和情绪产生迅速、运行猛烈、易于变化，而且喜怒形之于色；而有些人情感和情绪则产生缓慢、运行稳定，并且不易于外显。具有某种气质特征的人，常常在不同内容的活动中都会表现出同样的心理活动特点。

人的气质可以划分为几种类型。最早对人的气质进行分类的是古希腊的医生希波克拉底（Hippocrates，前460—前377年），后经罗马医生盖仑（Galen，约130—200年）的验证修订，正式成为气质类型学说。他们认为人体内有四种体液：血液、黏液、黄胆汁和黑胆汁。四种液体在人体内的含量决定了人的气质类型。人的气质类型可以分为四种，即多血质、黏液质、胆汁质和抑郁质，其一般特征为：

- 胆汁质：情绪兴奋性高，反应迅速，心境变化剧烈，抑制能力较差；易于冲动，热情直率，不够灵活；精力旺盛，动作迅猛，性情暴躁，脾气倔强，容易粗心大意；感觉性较低而耐受性较高，外倾性明显。
- 多血质：情绪兴奋性高，思维言语动作敏捷，心境变化快但强度不大，稳定性差；活泼好动，富于生气，灵活性强，乐观性强，乐观亲切，善交往；浮躁轻率，缺乏耐力和毅力；不随意反应性强，具有可塑性；外倾性较强。
- 黏液质：情绪兴奋性和不随意反应性都较低，沉着冷静，情绪稳定，深思远虑，思维语言动作迟缓；交际适度，内心很少外露，坚毅执拗，淡漠，自制力强；感受性较低而耐受性较高，内倾性较高并且明显。
- 抑郁质：感受性很强，善于觉察细节，见微知著，细心谨慎，敏感多疑；内心体验深刻但外部表现不强烈，动作迟缓，不活泼；易于疲劳，疲劳后也易于恢复；办事不果断和缺乏信心；内倾性明显。

没有任何一种气质类型是完美无缺的，也没有任何一种气质类型是一无是处的。每一种气质类型既有为人们所乐于接受的一面，也有为人们所不赞成或不易接受的一面。但是气质不同对职业的适应性就不同。如果一个人具备了他从事的职业所要求的气质特点，就可以为所从事的这项工作提供有利的条件。气质类型虽然不能决定一个人社会价值和成就的高低，但它往往能够影响一个人工作的性质和效率，以及他与职业的适应性程度。因此在职业选择中，气质应作为重要参考因素之一。

（二）气质的测量

我国学者刘仲仁等根据多血质、胆汁质、黏液质和抑郁质的特点，参照国内外各种测试方法，设计了一套气质测量表，由四个分量表组成，即多血质因素测试表、胆汁质因素测试表、黏液质因素测试表和抑郁质因素测试表①。

如果想了解自己的气质,可对这四组测试题(参见表 3-1、表 3-2、表 3-3、表 3-4)一一认真回答,本着实事求是的原则,平时怎么想、怎么做就怎么填。读完一道题后,如果认为该题与你平时所想和所做的事情"完全符合",则可为该题计 3 分;如果处于模棱两可之间,"既符合又不太符合",则应为该题计 2 分;如果是大部分"不符合",则计 1 分;如果差之千里,则只能记 0 分。

表 3-1　多血质因素测试表

序号		记分
1	假如工作枯燥无味,马上就会情绪低落	
2	反应敏捷,大脑机智	
3	在人群中不觉得过分拘束	
4	在多数情况下情绪是乐观的	
5	希望做变化大、花样多的工作	
6	能够很快忘记那些不愉快的事情	
7	疲倦时只要短暂的休息,就能精神抖擞地投入工作	
8	能够同时注意几件事务	
9	讨厌做那些需要耐心、细致的工作	
10	符合兴趣的事情,干起来劲头十足,否则就不想干	
11	接受一件任务后,就希望把它迅速解决	
12	工作和学习时间长了,常常感到很厌倦	
13	理解问题比别人快	
14	善于和人交往	
15	到一个新的环境很快就能适应	

统计的最后得分超过 30 分的是典型的多血质类型的人。

表 3-2　胆汁质因素测试表

序号		记分
1	做事有些莽撞,常常不考虑后果	
2	兴奋的事情常常使自己失眠	
3	做事总有旺盛的精力	
4	羡慕那些能够克制自己感情的人	
5	宁愿侃侃而谈,不愿窃窃私语	
6	别人说我"出语伤人",可我并不觉得这样	
7	喜欢运动量大的剧烈运动,或参加各种文体活动	

---

① 刘仲仁,《大学生择业指南》,中国物资出版社,2000 年。

续表

序号		记分
8	情绪高昂时,觉得干什么都有趣;情绪低落时,又觉得干什么都没有意思	
9	认准一个目标就希望尽快实现,不达目的,誓不罢休	
10	遇到可气的事情就怒不可遏,想把心里的话一吐为快	
11	喜欢参加气氛热烈的活动	
12	爱看情节起伏跌宕、激动人心的小说或其他文学作品	
13	和周围人的关系总是相处不好	
14	对学习、工作、事业怀有很高的热情	
15	和别人争吵时,总是先发制人,喜欢挑衅	

总分超过30分,则为典型的胆汁质;如果该得分介于15与30分之间,则为一般型的胆汁质类。

表3-3　黏液质因素测试表

序号		记分
1	喜欢安静的环境	
2	做事力求稳妥,不做无把握的事	
3	理解问题时常比别人慢	
4	遇到令人气愤的事,能很好地自我控制	
5	当注意力集中于一事物时,别的事情就难以使自己分心	
6	能够长时间做枯燥、单调的工作	
7	与人交往不卑不亢	
8	喜欢有条理而不甚麻烦的工作	
9	喜欢有规律,很少违反制度	
10	别人讲授新知识、新技术时,总希望他讲慢些,并且多重复几遍	
11	不能很快地把注意力从一件事情转移到另一件事情上去	
12	在学习和生活中,常常因为反应慢而落后于人	
13	认为墨守成规比冒风险强	
14	对工作抱着认真、严谨、始终如一的态度	
15	不喜欢长时间谈论一个问题,愿意实际动手干	

总分超过30分,则为典型的黏液质。

表3-4　抑郁质因素测试表

序号		记分
1	别人说我总是闷闷不乐	
2	别人讲新概念,我常常听不懂,但是听懂后就很难忘记	

续表

序号		记分
3	碰到陌生人觉得很拘束	
4	遇到问题时常常举棋不定,优柔寡断	
5	小时候会背的诗歌,我似乎比别人记得清楚	
6	爱看感情细腻、描写人物内心活动的文学作品	
7	宁可一个人干事,不愿很多人在一起	
8	心里有事,宁愿自己想,也不愿说出来	
9	同样和别人学习、工作一段时间后,常比别人更疲劳	
10	喜欢复习学习过的知识,重复做已经做过的工作	
11	做作业或完成一件工作总比别人花更多的时间	
12	当我烦闷的时候,别人很难使我高兴起来	
13	一点小事情就能引起情绪波动	
14	碰到危险情况时,常常有一种极度恐惧感	
15	厌恶那些强烈的刺激,如尖叫、噪声、危险镜头	

总分超过30分,则为典型的抑郁质。

值得注意的是,当答完全部问题后,如果某类气质得分明显高出其他三种,均高出4分以上,则可以确定你就是该种气质类型;如果两种气质类型的总分十分接近,两者之间的差数小于3,而又明显高于其他两种类型,其高出部分超过4分以上,则可定为两种气质的混合型;如果有三种气质的总分相差无几,但又明显高于第四者,那么你的气质属于三种气质的混合型。

(三)气质在管理实践活动中的作用

气质对人的实践活动有一定的影响。每个人认识自己和别人的气质特点,学会掌握和控制自己的气质,对于教育工作、组织生产、培训干部等都有重要的意义。

(1)气质类型无好坏之分。气质作为人心理活动和行为动作方面的动力特点的综合,它本身无所谓好坏。在评定人的气质时不能认为一种气质类型是好的,另一种类型是坏的。因为任何一种气质类型都有其积极的一面,又有其消极的一面。例如,胆汁质的人既有积极、生气勃勃等优点,也有暴躁、任性、感情用事等缺点;多血质的人既有灵活、亲切、机敏的一面,也有轻浮、情绪多变的一面;黏液质的人有沉着、冷静、坚毅等优点,也有缺乏活力、冷淡等缺点;抑郁质的人既有情感深刻稳定的优点,也有孤僻、羞怯等缺点。因此,我们要注意培养自己的气质,要认清自己气质的积极部分和消极部分;发扬积极的方面,克服消极的方面,在这样自觉的培养锻炼下,气质就会得到不断的改进。

(2)气质不能决定一个人活动的社会价值和成就的高低。据研究,普希金有明显的胆汁质特征,赫尔岑有多血质的特征,克雷洛夫有黏液质特征,而果戈理有抑郁质的特征,不同的气质类型并不影响他们在文学上取得杰出的成就。

(3) 气质类型影响人的活动效率。虽然气质在人的实践活动中不起决定作用,但是它可能影响活动的效率。例如,要求作出迅速、灵活反应的工作,对于多血质和胆汁质的人较为合适,而黏液质和抑郁质的人则较难适应。反之,要求持久、细致的工作对黏液质、抑郁质的人较为合适,而多血质、胆汁质的人又较难适应。

(4) 气质可以影响人的情感和行动。气质对于形成和改造人的某种情感与行动特点,或个性特征等方面,都具有很大的影响,这就要求做教育和思想政治工作的人重视它。例如,在做教育或人事工作时要进行调查研究,对不同气质的对象要用不同的教育方法,才能取得良好效果。在教育工作中,严厉的批评对于胆汁质和多血质的学生会促使他们遵守纪律,改正错误,但对抑郁质的学生则可能产生使他们更加怯懦的不良后果,这就要求教育工作者在自己的工作中要注意到学生的气质特点,因材施教。不仅教育工作如此,其他如党、政、团组织的宣传教育工作,人员的选拔、调配,特殊工作的挑选,法院的审讯,商业上的买卖,恋爱婚姻,甚至学生分配作业、搭配小组等工作也需要考虑气质类型特点。

总之,气质是影响人的心理活动和行为的动力特点,是人稳定的心理特征之一。但人的心理和行为不是由气质决定的,而是由社会生活条件和个人的具体生活状态决定的。同其他个性心理特征相比,气质不是一个人精神世界最本质的特征,而只具有从属的意义。但由于它是构成人们各种个性品质的基础,因此,也是一个必须充分重视的重要因素。

二、人格的测量

人格是一个人稳定的、习惯化的思维方式和行为风格,它贯穿于一个人的整个心理过程,是一个人独特性的整体反映。人格特征在一定程度上决定了个体适合什么样的工作以及可能取得的成就。人格测验,也称个性测验,主要用于测量个人在一定条件下经常表现出来的、相对稳定的性格特征,如兴趣、态度、价值观等。常用的人格测验有艾森克人格测试、卡特尔16种人格因素测验和麦耶斯-布瑞格斯人格类型指标。

(一) 艾森克人格测试

艾森克人格测试(简称EPQ)是英国心理学家艾森克(H. J. Eysenck)编制的一个专用于人格测量的心理测验工具,经过60多年的发展和反复修订补充,在世界各国都得到了广泛应用,现已成为在心理门诊、精神病院、教育、人才、交通等各个行业都有广泛应用的心理测验工具之一,其应用价值已得到医学心理、心理咨询、婚恋家庭、社会科学、人才等各领域应用心理学工作者的肯定。

EPQ属于标准化心理测验,由内外向(E)、情绪稳定性(N)、神经质(P)和效度(L)四个量表组成,对个性特质和心理健康都能较好地测查,操作简便,易于评分。由于只有88道测试题,因此时间成本小,可靠性高,信度和效度都好,该测验能够较为全面、科学地反映一个人的个性特点和心理健康水平。

- E量表是测量个体内外倾向性的,高分特征为人格外向,具有好交际、渴望刺激和冒险、情感易于冲动等特点;低分特征表现为性格内向,好静,富于内省,除亲密朋友外,对一般人缄默冷淡,不喜欢刺激,喜欢有秩序的生活,情绪比较稳定。
- N量表是测量个体情绪性的,其两极分别是情绪稳定和神经过敏。具有高分特征的人常常焦虑、闷闷不乐、忧心忡忡,遇到刺激有强烈的情绪反应,以至于出现不够理智的行为;具有低分特征的人情绪反应缓慢且轻微,很容易恢复平静,他们通常稳定、性情温和,善于自我控制。
- P量表是测量个体神经质倾向的,并非是指神经病,它在所有人身上都存在,只是程度不同。如果某人表现出明显的程度,则易发展成行为异常。具有高分特征的人可能孤独、不关心他人,难以适应外部环境,不通人情,感觉迟钝,与别人不友好,喜欢寻衅,喜欢奇特的事情,并且不顾危险。
- L量表是测量被试者的掩饰、自身掩蔽或社会性幼稚水平的,它与其他量表的功能相连,本身也代表一种稳定的人格功能。

(二) 卡特尔16种人格因素测验

卡特尔16种人格因素测验,又称卡氏量表(简称16 PF),是美国心理学教授卡特尔编制的一套个性心理测验。卡特尔认为,人的行为之所以具有一致性和规律性,就是因为每一个人都有根源特质。为了测量这些根源特质,他与同事们从词典或精神病、心理学文献中收集了4 500个对人格特质的描述性词汇,并针对生活情景中的各种行为,采用系统观察、科学实验,以及因素分析的方法,经过二三十年的研究,确定了16种人格特质,并据此编制了测验。这16种人格特质分别是:乐群性、敏锐性、稳定性、影响性、活泼性、规范性、交际性、情感性、怀疑性、想象性、隐秘性、自虑性、变革性、独立性、自律性和紧张性。经许多心理学家研究证实,这些因素普遍存在于不同的年龄和文化背景的人群中,这些因素的不同组合便构成了一个人不同于他人的独特人格。本测验由187道题组成,每一人格因素由10—13个测验题组成的分量表来测量,共有16个分量表。16种因素的测验题按序轮流排列,即从第1题到第16题分别按序对应于16个人格因素,然后再转回来,从第17题到第32题再同样按序对应16个人格因素。16 PF已广泛应用于心理咨询、生涯设计、人才选拔、职业指导和潜能开发等应用心理学工作中,它适用于具有中学以上文化程度的测试者。测验时,每人会获得一份答案纸,被测者首先必须把姓名、性别、年龄、测验日期等填写在答案纸上,问卷的封面上有个简单的说明指示,被测者可以自己默读,也可以由主测者朗读,然后进行测验。不论是进行个别测验还是团体测验,主测者必须做好测前的动员工作,使被测者了解测验的意义,以取得被测者的合作。表 3-5 是 16 种人格因素的定义。

表 3-5　卡特尔 16 种人格因素测验

1) 因素 A　　乐群性:表示热情对待他人的水平。

　高分特征:对他人的关注程度高于平均水平,并且很容易与他人交往,热情对待他人。
　平均分特征:对他人的关注与感兴趣的程度处于平均水平上。
　低分特征:对工作任务、客观事物或活动所倾注的关注水平要高于对他人的关心程度。

2) 因素 B　　敏锐性:刺激寻求与表达的自发性。

　高分特征:有很高的自发表达水平,思维活动非常迅速,但同时也表明,在言行之前并不总是深思熟虑。
　平均分特征:表达的自然流露程度和多数人一样,在进行决策时,会进行认真思考。
　低分特征:在决策之前会进行非常仔细的思考,这种深入思考的能力表明他能比大多数人更全面地思考,达到更深刻的理解。

3) 因素 C　　稳定性:对日常生活要求的应付水平。

　高分特征:感到能够控制生活的现实需要,并且能够比大多数人更沉着、冷静地应付这些要求。
　平均分特征:觉得和大多数人一样能平静应付生活中的变化。
　低分特征:觉得自己受到生活变化的影响很大,难以像大多数人一样沉着地应付这些生活要求。

4) 因素 E　　影响性:力图影响他人的倾向性水平。

　高分特征:喜欢去影响他人。
　平均分特征:并不将自己的观点、看法强加于他人。倾向于向他人表达自己的观点,但同时也让他人表达自己的观点。当与己不同的观点正确时,愿意接受它。
　低分特征:不经常表达自己对事物的看法和观点,并倾向于让他人处于领导地位。

5) 因素 F　　活泼性:寻找娱乐的倾向和表达的自发性水平。

　高分特征:通常较为活泼和任性,具有高于平均水平的自发性。
　平均分特征:能量水平、言行的自发性处于平均水平。
　低分特征:是一个认真的人,喜欢全面地思考问题。认为别人会将其看成一位严肃对待生活的人。

6) 因素 G　　规范性:崇尚并遵从行为的社会化标准和外在强制性规则。

　高分特征:崇尚社会强制性标准和规则,并愿意遵从它们。
　平均分特征:倾向于接受外来强制性标准和规则,但并不僵硬地去遵从它们。有时更倾向于灵活地运用规则,而不是逐字逐句地去遵从。
　低分特征:不喜欢遵从严格的规则和外在强制性指导,较之多数人更少地遵从于书本原则。

7) 因素 H　　交际性:在社会情境中感觉轻松的程度。

　高分特征:在社会情境中比大多数人都表现自如,较之其他人更少感受到来自他人的威胁。
　平均分特征:像多数人一样,在社会情境中感到较为轻松。
　低分特征:在社会情境中,尤其是在周围的人都不熟悉的情况下,会感到有些害羞和不舒服。可能自我意识较强,不喜欢被他人关注。

续表

8）因素 I　　情感性：个体的主观情感影响对事物判断的程度。	
高分特征：对事物的判断较容易受到自己的情感和价值观影响。对某个决策的判断更多地基于它看起来是否正确，而不是对它进行冷静的逻辑分析。因此，在对事物进行评价时，更关注自己的品位、价值观和感觉。 　　平均分特征：在需要判断和决策时，倾向于注意事实以及它们的使用意义，同时也意识到有关问题的情绪性后果与价值。实际上，判断事实倾向于在主观与客观之间取平衡。 　　低分特征：在进行决策和判断时，倾向于注重逻辑性与客观性。	
9）因素 L　　怀疑性：喜欢探究他人表面言行举止之后的动机倾向。	
高分特征：有一种自然倾向，认为他人的言行背后隐藏着某种动机，而不是将他人的言行按其表面意义理解。 　　平均分特征：倾向于认为他人是值得信任和真诚的。可能会对值得怀疑的目的较为警觉，但当完全了解他人后，会乐于接受他们。 　　低分特征：通常乐于信任他人，并对他人给予无怀疑的信任。	
10）因素 M　　想象性：个体在关注外在环境因素与关注内在思维过程两者之间寻求平衡的水平。	
高分特征：勤于思考，并不拘泥事件本身的细节信息，而倾向于思考有限事实之外的东西。 　　平均分特征：在关注某一事件时，既关注事件的事实和细节，又会从更广阔的思路去考虑。 　　低分特征：是一个现实主义和脚踏实地的人，更倾向于直接去做某件事情，而不是花时间去论证其可行性。	
11）因素 N　　隐秘性：将个人信息私人化的倾向。	
高分特征：不愿轻易透露个人信息，似乎是一位爱保守个人秘密的人。 　　平均分特征：对大多数人都较为公开地展示自我。 　　低分特征：喜欢待人公平、直率。较之大多数人来说，更乐于解释有关自己的各种信息。	
12）因素 O　　自虑性：自我批判的程度。	
高分特征：觉得自己有很大的困惑，或者觉得自己比别人活得更艰难。自我批判意识较强，对现实中的事物倾向于承担太多的个人责任。 　　平均分特征：对自己的长处和缺陷似乎有较现实的认识，能为自己的失误承担责任，能够从这些失误中吸取教训。 　　低分特征：和大多数人相比，很少自我怀疑。	
13）因素 Q1　　变革性：对新观念与经验的开放性。	
高分特征：对新观念与经验有强烈的兴趣，似乎对变革有很高的开放性。 　　平均分特征：对新观念与经验的开放程度和绝大多数人一样。 　　低分特征：强调按既定方法行事的重要性。和多数人相比，很少倾向于冒险尝试新的做法与观念。	
14）因素 Q2　　独立性：融合于周围群体及参与集体活动的倾向性。	
高分特征：倾向于独立解决问题和做出自己的选择和决定。 　　平均分特征：力求在融合于群体及独立于群体这两个极端中寻找平衡。 　　低分特征：希望成为组织中的一员，并热爱组织活动。	
15）因素 Q3　　自律性：认为以清晰的个人标准及良好的组织性对行为进行规划的重要性程度。	
高分特征：通过对事情的事先计划和准备来对事物进行控制。有十分清晰的个人标准，并认为以此规划自己的行为很重要。 　　平均分特征：对事情进行事先计划和组织的倾向同于多数人。 　　低分特征：不像多数人一样去对事情进行控制和进行事先的计划和组织。更乐于任由事情变化，并可以容忍某种程度上的无组织性。	

续表

16) 因素 Q4	紧张性：在和他人的交往中的不稳定性、不耐心以及由此所表现的躯体紧张水平。
高分特征：和绝大多数人相比，体验到高度的紧张，经常感受到不满和厌烦。	
平均分特征：通常所体验到的躯体紧张水平和大多数人差不多。	
低分特征：和大多数人相比，躯体紧张水平较低，很少感到对别人不耐烦和不满。	

（资料来源：王垒、姚宏、廖芳怡、肖敏，《实用人事测量》，经济科技出版社，1999年。）

（三）麦耶斯-布瑞格斯人格类型指标

麦耶斯-布瑞格斯人格类型指标（Myers-Briggs Type Indicator，MBTI）是在著名精神分析学派心理学家荣格的心理类型学说的基础上，由一对母女凯瑟琳·布瑞格斯（Katherine Briggs）和伊莎贝尔·布瑞格斯·麦耶斯（Isabel Briggs Myers）编制而成。它是一种必选型、员工自报告式的人格测试问卷，用以衡量和描述人们在获取信息、作出决策和生活取向等方面的偏好。这套工具为人们提高自我认识，了解人际差异与相似提供了一种有效的方法。MBTI是世界上使用最为广泛的人格类型测试工具，每年有200多万人使用它。在世界500强企业中有不少高层管理者、高级人事主管在使用MBTI。

荣格认为，世界上有3种人格维度和8种人格类型。布瑞格斯母女在此基础上又发展了一种人格维度（判断—知觉），这样就共有4种人格维度、8种行为风格、16种人格类型。这4种人格维度都可以看作两种极端之间的连续体，每个人在每个维度上都是处于连续体上的某一点，大多数人只是在两种对立的行为风格中相对来讲更偏向其中的一种。

（E）外向—内向（I）　　　　（S）感觉—直觉（N）
（T）思维—情感（F）　　　　（J）判断—知觉（P）

（1）人格类型的第一个维度外向—内向主要测量人们注意力集中的方向。外向型的人把注意力和精力放在身外的世界，主动与人交往，喜欢互动，与人为伴就精神抖擞，常认识很多人。内向型的人专注于自我的内心世界，喜欢独处并陶然其中。他们总是先想后做，心理活动居多。他们不喜欢受人注目，一般比外向型的人更矜持。

（2）人格类型的第二个维度感觉—直觉与人们平时接收信息的方式有关。感觉型的人倾向于通过感觉器官获取真实存在的信息，他们注意自己看到、听到、触到、嗅到和尝到的具体感觉。他们只相信可以测量、能够记录下来的东西，只注重具体细节，比较实际。直觉型的人更相信"第六感觉"（直觉）。他们善于理解字面以外的含义，对一切事情都要寻求一个内在意义。他们富有想象力，倾向于看到事物的整体和抽象性的东西，通常不愿意维持事物的现状，比较有创造性。

（3）人格类型的第三个维度思维—情感涉及人们做决定和结论的方式。思维型的人处理信息和作决策时依赖的是逻辑的因果关系，善于客观地分析一切，不以情感为转移,比较理智公正。情感型的人常依靠自己的喜好和感觉决策,他们容易将自己置于问题情境中,过多考虑情感因素而忽略客观事实。他们很能体贴人、富有同情心,并以此为荣。

(4) 人格类型的第四个维度判断—知觉所关注的是,一个人更愿意有条理还是随意地生活。判断型的人条理性很强,只要生活安排得有条不紊、事事井井有条,他们就快乐无比。凡事他们总要断个分明,喜欢决策。知觉型的人生活散漫随意,生活机动性强时最高兴。他们乐意尝试一切可能的事情,往往理解生活,而不是努力控制生活。

麦耶斯-布瑞格斯人格类型测试中所使用的16种人格类型如表3-6所示。

表3-6 麦耶斯-布瑞格斯人格类型测试

内向型(I)	感觉型(S)		知觉型(N)	
	思维型(T)	情感型(F)	情感型(F)	思维型(T)
判断型(J)	ISTJ 严肃的、沉静的,因专注和执着而取得成功;务实、有条不紊、尊重事实、逻辑严密、现实、可信;能够承担责任。	ISFJ 沉静、友好、可靠尽责,全力以赴承担责任;持之以恒、勤劳、细致;忠诚、周到。	INFJ 凭借毅力、创造力以及做任何事情的强烈愿望而取得成功;稳重、尽责、关注他人;尊重公司的原则。	INTJ 通常富有创造力,有很强的按照个人愿望和目标行事的动机;疑心较重、挑剔、独立性强、坚定,常常较为固执。
知觉型(P)	ISTP 冷眼旁观者——沉静、少言、好分析问题;通常对一些非人际的原则以及事物的运作机制感兴趣;常有创造性的幽默火花闪现。	ISFP 独处、沉静、友好、敏感、友善、能力一般;回避矛盾;忠实的追随者;做事不积极。	INFP 对于学习、思想、语言比较感兴趣,独立制定个人计划;倾向于承担过多的工作,但是会设法完成;待人友善,但是常常过于全神贯注。	INTP 沉静、少言、非感情性;喜欢理论性和科学性的问题;常常是只对思想感兴趣,对于聚会或者闲谈不太喜欢;个人的兴趣范围是严格界定的。
外向型(E)	感觉型(S)		知觉型(N)	
知觉型(P)	ESTP 尊重事实、不慌不忙,能够坦然面对发生的一切;会略显迟钝或不敏感;对于容易拆分或组合的具体问题有较强的处理能力。	ESFP 喜欢交往、易于相处,接受他人、友好,能够根据他人的喜好让事情变得更有意思;喜欢运动和做事;对于他们来说,记住某种事实比掌握某种理论要更为容易。	ENFP 充满热情、精力旺盛、富有创造性和想象力;能够做大多数让他们感兴趣的事情;能够快速找到解决问题的办法,乐于助人。	ENTP 思维敏捷、富有创造性、多才多艺;可能会与某一问题中的任何一方开玩笑;在解决富有挑战性的问题方面能力很强,却常常会忽略一些例行的任务。
判断型(J)	ESTJ 务实、现实、尊重事实,天生就是经商或者从事机械类工作的料;对于他们认为没用的事物不感兴趣;喜欢组织和开展活动。	ESFJ 热心肠、健谈、受人欢迎、负责、善于与人合作;需要和平相处;在受到鼓励时能把事情做得最好;对于抽象思维或者技术性问题不感兴趣。	ENFJ 敏感、有责任心;通常真正关心他人的想法和需要;好交际、受人欢迎;对于表扬和批评很敏感。	ENTJ 热心、坦诚、坚定的领导者;通常比较擅长需要推理和机智交谈的工作;有时候在某些领域显得比他们的正式工作领域还更为活跃。

第三节　职业适应性测量

一、职业适应性测量的目的与功能

职业适应性测量主要从个体的兴趣、需求、动机等方面入手考察人与职业或职位之间的匹配关系。通过这一类测验，可以帮助个体了解自己对工作的期望、生活目的、追求或者愿望，对于职业决策有重大意义。

二、职业适应性测量的内容和方法

（一）生活特性问卷

生活特性问卷是为评定个体的动机水平而编制的。本测验从近代激励理论关于员工行为动机的基本概念出发，由风险动机、权力动机、亲和动机以及成就动机四个维度构建而成，每种动机选定 11—15 道题目加以测试，每道题目陈述一个观点，应试者根据他对此观点的同意程度用 7 分量表评分，如"完全同意"评 7 分，"完全不同意"评 1 分，将题目随机排列编成生活特性问卷，问卷由 51 道题目组成。测验不限定时间，要求应试者凭直觉答题，一般在 20 分钟左右可以完成该测验。它广泛应用于各行业、各层次人员，用于评估其动机与职业的匹配程度。

动机，是行为的内在原因，主要指发动一定的行为满足某种需要的意愿，它由需求产生，为行为提供能量，具有目标指向性。个人不同的动机需求模式决定他们对自己在组织中的责任、职权和利益三者的认识、具体相互关系的构造，特别是决定了个体对待这三者的方式。因此上述四种动机在个体层次上的定位以及组合模式，与个人工作绩效和职业匹配程度关系紧密。使用动机测量工具可以揭示个体的动机模式特征，进而评估其动机与职业的匹配度。

- 亲和动机：指人对于建立、维护、发展或恢复与他人或群体的积极情感关系的愿望。其结果是引导人们相互和睦、关心，形成良好的人际氛围。亲和动机强的人能很容易地与他人沟通、交流，并且促进团体中积极的社会交往；他们富有同情心，容易接纳他人，减少冲突，避免竞争，有利于合作气氛。亲和型的领导受下属的接受和拥护，团队合作密切。但亲和动机过于强烈时可能有副作用，如回避矛盾、害怕被拒绝、过于求同、忽视个性，甚至息事宁人、放弃原则。这一类型的人适合担当团队的组织者和社交性职务。

- 风险动机：指决策时敢于冒险，敢于使用新思路、新方法，不惧怕失败的动机。高风险动机的人可能过于莽撞，对可能的危险和损害估计不足，缺乏足够的大局意识和责任感，缺乏对失败的应变策略；低风险意识的人则过于保守、谨慎、优柔寡断、缺乏决断。
- 成就动机：指人们发挥能力获取成功的内在需要，这是一种克服障碍完成艰巨任务，达到较高目标的需要。这种动机是对成功的渴望，它意味着人们希望从事有意义的活动，并在活动中获得圆满的结果。由于成就动机具有行为驱动作用，在智力水平和其他条件相当的情况下，高成就动机的人获得的成功更大、绩效更突出。但成就动机过高也有逆反现象：人们对目标的设置降低难度，倾向于回避失败，结果是动机的行为驱动力减退，工作任务未必尽善尽美。而且，害怕失败就害怕尝试多种可能性，无形中放弃、丧失了很多机会。
- 权力动机：指人们力图获得、巩固和运用权力的一种内在需要，是一种试图控制、指挥、利用他人行为，想成为组织的领导的动机。高权力动机的人往往有许多积极有利的特征，例如，善于左右大局形势，果断自信。但权力动机过高的人也可能会成为组织中的危险人物，他们可能只顾及个人权力，在极端情况下会不择手段，不顾组织的利益，甚至危害组织。

一般来说，高层管理者权力动机应比较高，成就动机中等适度偏高，亲和动机中等；中层管理者成就动机比较高，权力动机应中等适度偏高；职位越低的管理者，权力动机水平应当逐渐降低，亲和动机水平应逐渐升高。

不同职位要求从业者所具备的动机状态是不同的，有些差异还十分大。不同职业对于各种动机表现出来的重要程度不同，每一项动机的定位水平也不相同。因此，任何人也不可能统一设定动机水平优劣的分数标准。

(二) 需求测验

需求测验的设计和构建参照了马斯洛的需求层次理论所提出的人类五种需求形式，以测查应试者对生理需求、安全需求、归属和爱的需求、自尊的需求和自我实现的需求等各大类生活需求的发展程度，通过需求测验可把握应试者的主要需求方向，帮助他们全面了解自我的状态，做出良好的职业设计和规划。它广泛适用于希望了解自我状态的个体。

本测验共由67道题目组成，每种需要选定10—16道题目加以测试，每道题目陈述一个观点，应试者根据他对此观点的同意程度用7分量表评分，即"完全同意"评"7"分，"完全不同意"评"1"分。测验不限时间，要求应试者凭直觉作答，测验时间约30分钟。下面是五个维度的定义：

- 生理需求：指各种用于满足生存的基本物质需要，如饮食、睡眠、营养等。

- 安全需求：指对安全、稳定、依赖的需要，希望免受恐吓、焦躁和混乱的折磨，有稳定的工作等。
- 归属和爱的需求：指对爱、情感、友谊、归属和社会交往的需要，希望拥有朋友、爱人和亲人。如果得不到满足，个体会感到孤独。
- 自尊的需求：指对稳定的、牢固不变的、较高的评价的需要或欲望，对于自尊、自重和来自他人的尊重的需要或欲望。
- 自我实现的需求：指个体充分发挥自己的潜能，实现人生价值的需要，也就是说一个人生下来具有什么样的潜能，他就希望成为什么样的人。

（三）职业兴趣测验

兴趣是最重要的心理特征之一，是个体力求认识某种事物或从事某种活动的心理倾向，表现为个体对某种事物、某项活动的选择性态度或积极的情绪反应（王磊，2002）。职业兴趣是职业的多样性、复杂性与就业人员自身个性的多样性相对应下反映出的一种特殊的心理特点，是人们选择职业的重要依据。如果一个人对他从事的工作有兴趣，就能够发挥全部才能的80%—90%，并且能较长时间保持高效率而不感到疲劳，而对工作缺乏兴趣的人，只能发挥其全部才能的20%—30%，且容易精疲力竭。

职业兴趣测验是对职业指导有直接作用的工具之一。职业兴趣测验之所以对职业指导有直接作用，是因为通过职业兴趣测验可以测量出求职者未知的或未经识别的兴趣，或者证实求职者声称的职业兴趣等，通过兴趣测验可以发现一个人真正的职业兴趣所在。正因如此，兴趣测验越来越广泛地应用到职业指导上，在诸如高考专业选择、人员安置、下岗职工再就业、人才选拔、劝导改行等方面发挥出它特有的效能。

20世纪20年代，美国就开始对职业兴趣测量进行了大量的研究。1921年坎培尔职业兴趣测验（Campell Interest Inventory）最早在美国面世，它从人与职业匹配的角度将人的职业兴趣分为三类：D——对数字、符号等工作的兴趣；P——对人及社会性工作的兴趣；T——对机械、工具操作等工作的兴趣。此后，随着对职业兴趣研究的深入，又出现了很多著名的测验，如SVIB、SCII、KOIS、VPI等。但所有这些测验都很难直接在中国应用，有很多内容不符合中国的实际情况。因此中国学者借鉴国外职业兴趣的理论框架，汲取了国外以往测验的优点，根据中国人以及中国职业的特点设计了中国的职业兴趣测验。本测验采取艺术取向、事务取向、经营取向、研究取向、技能取向、社交取向6种职业偏好作为测量维度，共60道题目，每一个题目都给出一种活动、一种技能或一种职业，要求应试者用5分制描述自己是否喜欢该项活动、是否擅长或希望学习该种技能，或是否乐意选择该种职业。下面是这6个维度的定义：

- 艺术取向：喜欢艺术性工作，如音乐、舞蹈、歌唱等。这种取向类型的人往往具有某些艺术技能，喜欢创造性的工作，富有想象力。这类人通常喜欢同观念而不是同事务打交道。他们较开放,想象力丰富,有创造性。
- 事务取向:喜欢传统性的工作,如记账、秘书、办事员以及测算等。这种人有很好的数字和计算能力,喜欢室内工作,乐于整理、安排事务。他们往往喜欢同文字、数字打交道,比较顺从、务实、细心、节俭,做事利索,很有条理,有耐心。
- 经营取向:喜欢诸如推销、服务、管理类的工作。这类人通常具有领导能力和口才,对金钱和权力感兴趣,喜欢影响、控制别人,喜欢同人和观念而不是同事务打交道。他们热爱交际、冒险,精力充沛、乐观、和蔼、细心、上进心强。
- 研究取向:喜欢各种研究性工作,如科学研究人员、医师、产品检验员等。这类人通常具有较高的数学和科学研究能力,喜欢独立工作,喜欢解决问题,善于同观念而不是同人或事务打交道。他们逻辑性强、聪明、好奇、仔细、独立、安详、简朴。
- 技能取向:喜欢现实型的、实在的工作,如机械维修、木匠活、烹饪、电器技术等。这类人通常具有机械能力和体力,喜欢户外工作,乐于使用各种工具和机器设备,喜欢同事务而不是同人打交道。他们真诚、谦逊、敏感、务实、朴素、节俭、腼腆。
- 社交取向:喜欢社会交往性工作,如教师、咨询顾问、护士等。这类人通常喜欢周围有别人存在,对别人的事很有兴趣,乐于帮助别人解决难题,喜欢与人而不是与事务打交道。他们往往助人为乐、有责任心、热情、善于合作、富于理想、友好、善良、慷慨、耐心。

从以上6个维度测评一个人的工作兴趣并加以综合,可以诊断出一个人最突出的职业兴趣以及各个方面职业兴趣强弱的对比特征。

第四节 可就业能力测量

一、可就业能力的定义与功能

不同学者对可就业能力的定义不同。可就业能力(employability),又被翻译为可就业性、可雇佣性。于海波和郑晓明(2011)认为,可就业能力是指个体所具有的能力、意愿和性格等特征的综合,这种特征能够使个体获得基本就业、维持就业以及在需要时重新就业。个体可就业能力的高低取决于:① 知识、技能、态度和个性等无形资本存量;② 运用和部署这些资本的方法;③ 对潜在用人单位展示资本的能力;④ 个人的运作空间(如劳动力市场、工作环境等)。霍布福尔等人(Hobfoll, et al., 2003)站在资源保存理论视角,认为可就业能力为个体就业提供了可能性,是个体在工作场所具有的一种资源。阿诺德和罗斯威尔（Arnold & Rothwell，1971）认为，可雇佣性是个体保持现有工作和获得理想工作的能力，并将可雇佣性分为内部可雇佣性和外部可雇佣性。

二、可就业能力的测量问卷

（一）员工可就业性问卷

于海波和郑晓明（2011）在国外学者开发的员工可就业性问卷（Van Der Heijde & Van Der Heijden，2006）基础上进行修订，最终形成了中文版员工可就业性问卷，它包括37个条目，有职业专长、自我完善、个人灵活性、集体意识和平衡五个维度。该问卷信度较高，可以计算每个维度的总分或平均分。

（二）大学生可就业能力问卷

于海波、郑晓明、许春燕和晏常丽（2014）认为，大学生可就业能力是指大学生选择并获得就业所须具备的能力、性格、愿望、社会资源等特征的综合；它是大学生综合素质在职业生涯上的集中体现，为大学生的成功就业提供了可能性。

于海波等（2014）通过文献总结、访谈、编写开放式问卷和预试等步骤，得到36个条目的大学生可就业能力问卷。该问卷共8个维度：① 职业认同，包含职业规划和职业期望等6个题目；② 人际关系，包含融入新集体和处理人际关系等5个题目；③ 乐观开朗，包含积极看待问题、心态积极等6个题目；④ 问题解决，包含做事思路清晰、迅速处理事务等5个题目；⑤ 社会支持，包含亲属和朋友提供就业帮助等4个题目；⑥ 学习能力，包含学习新知识和愿意从基层做起等4个题目；⑦ 团队合作，包含与团队成员配合、和团队分享信息等3个题目；⑧ 网络差异，包含人际交往面广等3个题目。该问卷可以计算每个维度的总分或平均分。

（三）自我感知的可雇佣性量表

自我感知的可雇佣性（Self-perceived Employability）是指个体在保持就业的状态下，能够在劳动力市场上充分流动，以实现自我潜能的能力（Hillage & Pollard，1998）。保持现有工作的能力表现为员工在当前工作单位的可雇佣性，即内部可雇佣性；获得理想工作的能力表现为员工在当前工作单位之外的劳动力市场上的可雇佣性，即外部可雇佣性。基于此，阿诺德和罗斯威尔（1971）开发出了自我感知的可雇佣性量表（Self-perceived Employability Scale），该量表具有较好的结构效度和效标关联效度，分为内部可雇佣性和外部可雇佣性两个子量表。其中，外部可雇佣性分量表7个条目，内部可雇佣性分量表4个条目，共11个条目，可以计算每个分量表的总分或平均分。

曾垂凯（2011）对该问卷进行了修订，得到了中文版自我感知的可雇佣性量表。

探索性因素分析验证了自我感知的可雇佣性的二维结构。验证性因素分析证明了自我感知的可雇佣性问卷的构想效度。内部一致性分析与效标关联效度检验的结果也表明,中文版的自我感知的可雇佣性量表具有较好的信度与效度。

本 章 小 结

（1）能力是指直接影响活动效率,使活动顺利完成的个性心理特征。职业能力倾向主要是指与个体成功地从事某种工作有关的能力因素,是一些对于不同职业的成功、在不同程度上有所贡献的心理因素。职业能力倾向测验是一种测量人们从事某种职业或活动潜在能力的评估工具,它具有诊断功能和预测功能,可以判断一个人的能力优势与成功发展的可能性,为个人职业设计与开发提供科学依据。比较常用的职业能力倾向测量工具有特殊性倾向测验、多重能力倾向测验、多项能力与职业意向测验等。

（2）气质是指一个人心理活动的动力特点,即心理活动的强度、速度、稳定性、灵活性、指向性。这种特点是个体与生俱来的高级神经活动类型在情感和动作方面的表现,是一种稳定而典型的心理特征。人的气质类型有多血质、黏液质、胆汁质和抑郁质四种,通过气质类型问卷可以了解个人的气质特点。

（3）人格是一个人稳定的、习惯化的思维方式和行为风格,它贯穿于一个人的整个心理过程,是一个人独特性的整体反应。人格特征在一定程度上决定了个体适合什么样的工作以及可能取得的成就。人格测验,主要就是用于测量个人在一定条件下经常表现出来的、相对稳定的性格特征,如兴趣、态度、价值观等,它有助于个人科学地了解自己,从而做出恰当的职业选择。常用的人格测验有：艾森克人格测试、卡特尔16种人格因素测验、麦耶斯-布瑞格斯人格类型指标等。

（4）职业适应性测验主要从个体的兴趣、需求、动机等方面入手考察人与职业或职位之间的匹配关系。通过这一类测验,可以帮助个体了解自己对工作的期望、生活目的、追求或者愿望,对于职业决策有重大意义。生活特性问卷、需求测验、职业兴趣测验是职业适应性测验常用的工具。

（5）可就业能力是指个体所具有的能力、意愿和性格等特征的综合,这种特征能够使个体获得基本就业、维持就业以及在需要时重新就业。可就业能力的测量一般使用三个问卷：员工可就业性问卷、大学生可就业能力问卷、自我感知的可雇佣性量表。

复习思考题

1. 什么是职业能力倾向？哪些工具可以帮助人们了解自己的职业能力？
2. 四种不同气质类型的特点各是什么？
3. 卡特尔 16 种人格因素包括哪些内容？
4. 麦耶斯-布瑞格斯人格类型指标指的是什么？你觉得自己属于哪种类型？
5. 职业适应性测验主要包括哪些内容？
6. 什么是可就业能力？测量该变量的问卷包括哪几种？各分为几个维度？

案例分析　MBTI 测试的应用

有一个大三的女孩在做完 MBTI 测试后发现她的人格类型是 ISTJ，即内向型、感觉型、思维型、判断型，ISTJ 型的人的特点是特别安静和勤奋，对于细节有很强的记忆和判断；能够引用准确的事实支持自己的观点，把过去的经历运用到现在的决策中；重视和利用符合逻辑、客观的分析，以坚持不懈的态度准时地完成工作，并且总是安排有序，很有条理；重视必要的理论体系和传统、惯例，对于那些不是如此做事的人则是很不耐烦。ISTJ 型的人总是很传统、谨小慎微，喜欢准确、清晰地陈述事物。ISTJ 型的人天生不喜欢显露，即使危机之时，也显得很平静。他们总是显得责无旁贷、坚定不变，但是在冷静的外表之下，也许有强烈却很少表露的反应。

ISTJ 型的人适合工商业领域、金融银行业、政府机构、技术领域和医务领域。这位同学现在学的是电子专业，虽然学得还不错，但是自己喜欢会计专业，原来就想考会计师的资格证，可是一直犹豫不决。现在通过自我探索，发现自己不但喜欢会计这个职业，而且性格特点也适合这个职业，于是就打定主意报考会计师，积极准备自学，希望毕业以后做自己喜欢并且也有能力做的职业。

MBTI 的使命不是告诉你最适合哪个工作，而是告诉你哪种工作特性适合你的职业性格，通常是提供工作组群，帮助你挖掘出个性的全面因素，指导你将这些因素运用到新的工作和环境中，这样你的职业适应性就增强了。

资料来源：李莉，《大学生职业生涯规划实训教程》，北京理工大学出版社，2015年。

思考题

1. 人格类型是否可以决定成功？
2. 是否有一种职业对人格类型有绝对的要求？

【附录一】

霍兰德职业倾向测验量表

本测验量表将帮助您发现和确定自己的职业兴趣和能力特长，从而更好地做出求职择业的决策。如果您已经考虑好或选择好了自己的职业，本测验将使您的这种考虑或选择具有理论基础，或向您展示其他合适的职业；如果您至今尚未确定职业方向，本测验将帮助您根据自己的情况选择一个恰当的职业目标。

本测验共七个部分，每部分测验都没有时间限制，但请您尽快按要求完成。

第一部分　您心目中的理想职业（专业）

对于未来的职业（或升学进修的专业），您得早有考虑，它可能很抽象、很朦胧，也可能很具体、很清晰。不论是哪种情况，现在都请您把自己最想干的3种工作或最想读的3种专业，按顺序写下来。

第二部分　您所感兴趣的活动

下面列举了若干种活动，请就这些活动判断您的好恶。喜欢的，请在"是"栏里打√；不喜欢的在"否"栏里打×。请按顺序回答全部问题。

R：实际型活动　　　　　　　　　　　　　　　　是　　　否

1. 装配、修理电器或玩具
2. 修理自行车
3. 用木头做东西
4. 开汽车或摩托车
5. 用机器做东西
6. 参加木工技术学习班
7. 参加绘图学习班

8. 驾驶卡车或拖拉机

9. 参加机械和电气学习班

10. 装配、修理机器

统计"是"一栏得分,计_____

A：艺术型活动　　　　　　　　　　　　　　是　　　否

1. 素描/制图或绘画

2. 参加话剧/戏剧

3. 设计家具/布置室内

4. 练习乐器/参加乐队

5. 欣赏音乐或戏剧

6. 看小说/读剧本

7. 从事摄影创作

8. 写诗或吟诗

9. 报艺术(美术/音乐)培训班

10. 练习书法

统计"是"一栏得分,计_____

I：调查型活动　　　　　　　　　　　　　　是　　　否

1. 读科技图书和杂志

2. 在实验室工作

3. 改良水果品种,培育新的水果

4. 调查了解土和金属等物质的成分

5. 研究自己选择的特殊问题

6. 解算术或玩数学游戏

7. 物理课

8. 化学课

9. 几何课

10. 生物课

统计"是"一栏得分,计_____

S：社会型活动　　　　　　　　　　　　　　是　　　否

1. 学校或单位组织的正式活动

2. 参加某个社会团体或俱乐部活动

3. 帮助别人解决困难

4. 照顾儿童

5. 出席晚会、联欢会、茶话会

6. 和大家一起出去郊游

7. 想获得关于心理方面的知识

8. 参加讲座或辩论会

9. 观看或参加体育比赛和运动会

10. 结交新朋友

统计"是"一栏得分,计_____

E:事业型活动　　　　　　　　　　　　　　　　是　　　否

1. 说服鼓动他人

2. 卖东西

3. 谈论政治

4. 制定计划、参加会议

5. 以自己的意志影响别人的行为

6. 在社会团体中担任职务

7. 检查与评价别人的工作

8. 结交名流

9. 指导有某种目标的团体

10. 参与政治活动

统计"是"一栏得分,计_____

C:常规型(传统型)活动　　　　　　　　　　　　是　　　否

1. 整理好桌面和房间

2. 抄写文件和信件

3. 为领导写报告或公务信函

4. 检查个人收支情况

5. 打字培训班

6. 参加会计、文秘等实务培训

7. 参加商业会计培训班

8. 参加情报处理培训班

9. 整理信件、报告、记录等

10. 写商业贸易信

统计"是"一栏得分,计_____

第三部分 您所擅长的活动

下面列举了若干种活动,其中您能做或大概能做的事,请在"是"栏里打√;反之,在"否"栏里打×。请回答全部问题。

R:实际型活动　　　　　　　　　　　　　　是　　　否
1. 能使用电锯、电钻和锉刀等木工工具
2. 知道万用表的使用方法
3. 能够修理自行车或其他机械
4. 能够使用电钻床、磨床或缝纫机
5. 能给家具和木制品刷漆
6. 能看建筑设计图
7. 能够修理简单的电器用品
8. 能修理家具
9. 能修理收录机
10. 能简单地修理水管
统计"是"一栏得分,计_____

A:艺术型能力　　　　　　　　　　　　　　是　　　否
1. 能演奏乐器
2. 能参加二部或四部合唱
3. 独唱或独奏
4. 扮演剧中角色
5. 能创作简单的乐曲
6. 会跳舞
7. 能绘画、素描或书法
8. 能雕刻、剪纸或泥塑
9. 能设计板报、服装或家具
10. 写得一手好文章
统计"是"一栏得分,计_____

I:调研型能力　　　　　　　　　　　　　　是　　　否
1. 懂得真空管或晶体管的作用
2. 能够列举三种蛋白质多的食品
3. 理解铀的裂变
4. 能用计算尺、计算器、对数表

5. 会使用显微镜

6. 能找到三个星座

7. 能独立进行调查研究

8. 能解释简单的化学反应

9. 理解人造卫星为什么不落地

10. 经常参加学术会议

统计"是"一栏得分,计_____

S:社会型能力　　　　　　　　　　　　　　　　　　是　　　　否

1. 有向各种人解释问题的能力

2. 常参加社会福利活动

3. 能和大家一起友好地相处、工作

4. 善于与年长者相处

5. 会邀请人、招待人

6. 能简单易懂地教育儿童

7. 能安排会议等活动顺序

8. 善于体察人心和帮助他人

9. 帮助护理病人和伤员

10. 安排社区组织的各种事务

统计"是"一栏得分,计_____

E:事业型能力　　　　　　　　　　　　　　　　　　是　　　　否

1. 担任过学生干部并且干得不错

2. 工作上能指导和监督他人

3. 做事充满活力和热情

4. 有效利用自身的做法调动他人

5. 销售能力强

6. 曾作为俱乐部或社团的负责人

7. 向领导提出建议或反映意见

8. 有开创事业的能力

9. 知道怎样做能成为一个优秀的领导者

10. 健谈善辩

统计"是"一栏得分,计_____

C：常规型能力   是   否

1. 会熟练地打中文
2. 会用外文打字机或复印机
3. 能快速记笔记和抄写文章
4. 善于整理、保管文件和资料
5. 善于从事事务性的工作
6. 会用算盘
7. 能在短时间内分类和处理大量文件
8. 能使用计算机
9. 能搜集数据
10. 善于为自己或集体做财务预算表

统计"是"一栏得分，计_____

第四部分　您所喜欢的职业

下面列举了多种职业，请逐一认真地看，如果是您感兴趣的工作，请在"是"栏里打√；如果是您不太喜欢、不关心的工作，请在"否"栏里打×。请回答全部问题。

R：实际型活动   是   否

1. 飞机机械师
2. 野生动物专家
3. 汽车维修工
4. 木匠
5. 测量工程师
6. 无线电报务员
7. 园艺师
8. 长途汽车司机
9. 火车司机
10. 电工

统计"是"一栏得分，计_____

S：社会型职业   是   否

1. 街道、工会或妇联干部
2. 小学、中学教师
3. 精神病医生
4. 婚姻介绍所工作人员

5. 体育教练

6. 福利机构负责人

7. 心理咨询员

8. 共青团干部

9. 导游

10. 国家机关工作人员

统计"是"一栏得分,计_____

I:调研型职业　　　　　　　　　　　　　　　是　　　否

1. 气象学或天文学者

2. 生物学者

3. 医学实验室的技术人员

4. 人类学者

5. 动物学者

6. 化学者

7. 数学者

8. 科学杂志的编辑或作家

9. 地质学者

10. 物理学者

统计"是"一栏得分,计_____

E:事业型职业　　　　　　　　　　　　　　　是　　　否

1. 厂长

2. 电视制片人

3. 公司经理

4. 销售员

5. 不动产推销员

6. 广告部长

7. 体育活动主办者

8. 销售部长

9. 个体工商业者

10. 企业管理咨询人员

统计"是"一栏得分,计_____

A：艺术型职业　　　　　　　　　　　　　　　是　　　否

1. 乐队指挥

2. 演奏家

3. 作家

4. 摄影家

5. 记者

6. 画家、书法家

7. 歌唱家

8. 作曲家

9. 电影、电视演员

10. 节目主持人

统计"是"一栏得分，计_____

C：常规型职业　　　　　　　　　　　　　　　是　　　否

1. 会计师

2. 银行出纳员

3. 税收管理员

4. 计算机操作员

5. 簿记人员

6. 成本核算员

7. 文书档案管理员

8. 打字员

9. 法庭书记员

10. 人口普查登记员

统计"是"一栏得分，计_____

第五部分　您的能力类型简评

下面两张表是您在6个职业能力方面的自我评定表。您可以先与同龄者比较一下自己在每一方面的能力，然后经斟酌后对自己的能力作评估。请在表中适当的数字上画圈。数字越大，表示您的能力越强。

注意，请勿全部画同样的数字，因为人的每项能力不可能完全一样。

表A

R型	I型	A型	S型	E型	C型
机械操作能力	科学研究能力	艺术创作能力	解释表达能力	商业洽谈能力	事务执行能力
7	7	7	7	7	7
6	6	6	6	6	6
5	5	5	5	5	5
4	4	4	4	4	4
3	3	3	3	3	3
2	2	2	2	2	2
1	1	1	1	1	1

表B

R型	I型	A型	S型	E型	C型
体育技能	数学技能	音乐技能	交际技能	领导技能	办公技能
7	7	7	7	7	7
6	6	6	6	6	6
5	5	5	5	5	5
4	4	4	4	4	4
3	3	3	3	3	3
2	2	2	2	2	2
1	1	1	1	1	1

第六部分　统计和确定您的职业倾向

请将第二部分至第五部分的全部测验分数按前面已统计好的6种职业倾向（R型、I型、A型、S型、E型和C型）得分填入下表，并作纵向求和。

测　试	R型	I型	A型	S型	E型	C型
第二部分						
第三部分						
第四部分						
第五部分A						
第五部分B						
总分						

请将上表中的6种职业倾向总分按大小顺序依次从左到右排列：
____型、____型、____型、____型、____型、____型

您的职业倾向性得分

最高分_____ 最低分_____

第七部分　您所看重的东西——职业价值观

这一部分测验列出了人们在选择工作时通常会考虑的9种因素（见所附工作

价值标准)。现在请您在其中选出最重要的两项因素,并将序号填入下边相应空格上。

最重要:_____   次重要:_____

最不重要:_____   次不重要:_____

附　工作价值标准

1. 工资高、福利好;
2. 工作环境(物质方面)舒适;
3. 人际关系良好;
4. 工作稳定有保障;
5. 能提供较好的受教育机会;
6. 有较高的社会地位;
7. 工作不太紧张、外部压力少;
8. 能充分发挥自己的能力特长;
9. 社会需要与社会贡献大。

全部测验完毕。

现在,将您测验得分居第一位的职业类型找出来,对照下表,判断一下自己适合的职业类型。

职业索引——职业兴趣代号与其相应的职业对照表

R(实际型):木匠、农民、操作 X 光的技师、工程师、飞机机械师、鱼类和野生动物专家、自动化技师、机械工(车工、钳工等)、电工、无线电报务员、火车司机、长途汽车司机、机械制图员、修理机器、电器师。

I(调查型):气象学者、生物学者、天文学家、药剂师、动物学者、化学家、科学报刊编辑、地质学者、植物学者、物理学者、数学家、实验员、科研人员、科技作者。

A(艺术型):室内装饰专家、图书管理专家、摄影师、音乐教师、作家、演员、记者、诗人、作曲家、编剧、雕刻家、漫画家。

S(社会型):社会学者、导游、福利机构工作者、咨询人员、社会工作者、社会科学教师、学校领导、精神病工作者、公共保健护士。

E(事业型):推销员、进货员、商品批发员、旅馆经理、饭店经理、广告宣传员、调度员、律师、政治家、零售商。

C(常规型):记账员、会计、银行出纳、法庭书记员、成本估算员、税务员、核算员、打字员、办公室职员、统计员、计算机操作员、秘书。

下面介绍与您3个职业兴趣代号一致的职业表,对照的方法如下:首先根据您的职业兴趣代号,在下表中找出相应的职业。例如您的职业兴趣代号是 RIA,那么牙科技术员、陶工等是适合您兴趣的职业。然后寻找与您职业兴趣代号相近的职业,如您的职业兴趣代号是 RIA,那么,其他由这三个字母组合成的编号(如 IRA、IAR、ARI 等)对应的职业,也较适合您的兴趣。

RIA:牙科技术员、陶工、建筑设计员、模型工、细木工。

RIS:厨师、林务员、跳水员、潜水员、染色员、电器修理员、眼镜制作员、电工、纺织机器装配工、服务员、装玻璃工人、发电厂工人、焊接工。

RIE:建筑和桥梁工程人员、环境工程人员、航空工程人员、公路工程员、电力工程人员、信号工程人员、电话工程人员、一般机械工程人员、自动工程人员、矿业工程人员、海洋工程人员、交通工程技术人员、制图员、家政人员、计量员、农民、农场工人、农业机械操作、清洁工、无线电修理、汽车修理、手表修理工、管道工、线路装配工、工具仓库管理员。

RIC:船上工作人员、接待员、杂志保管员、牙医助手、制帽工、磨坊工、石匠、机器制造人员、机车(火车头)制造人员、农业机器装配工、汽车装配工、缝纫机装配工、钟表装配和检验工、电动器具装配工、鞋匠、锁匠、货物检验员、电梯机修工、托儿所所长、钢琴调音员、装配工、建筑钢铁工作、卡车司机。

RAI:手工雕刻人员、玻璃雕刻人员、制作模型人员、家具木工、制作皮革品人员、手工绣花人员、手工钩针纺织人员、排字工作人员、印刷工作人员、图画雕刻人员、装订工。

RSE:消防员、交通巡警、警察、门卫、理发师、房间清洁工、屠夫、锻工、开凿工人、管道安装工、出租汽车驾驶员、货物搬运工、送报员、勘探员、娱乐场所的服务员、起卸机操作工、灭害虫者、电梯操作工、厨房助手。

RSI:纺织工、编织工、农业学校教师、某些职业课程教师(诸如艺术、商业、技术、工艺课程)、雨衣上胶工。

REC:抄水表员、保姆、实验室动物饲养员、动物管理员。

REI:轮船船长、航海领航员、大副、试管实验员。

RES:旅馆服务员、家畜饲养员、渔民、渔网修补工、收割机操作工、搬运行李工人、公园服务员、救生员、登山导游、火车工程技术员、建筑工作人员、铺轨工人。

RCI:测量员、勘测员、仪表操作者、农业工程技术人员、化学工程技师、民用工程技师、石油工程技师、资料室管理员、探矿工、燃烧工、矿工、保养工、磨床工、取样工、样品检验员、纺纱工、炮手、漂洗工、电焊工、锯木工、刨床工、制帽工、手工缝纫工、油漆工、染色工、按摩工、木匠、农民建筑工作、电影放映员、勘测员助手。

RCS:公共汽车驾驶员、一等水手、游泳池服务员、裁缝、建筑工作人员、石匠、烟囱修建工、混凝土工、电话修理工、爆破手、邮递员、矿工、裱糊工人、纺纱工。

RCE：打井工、吊车驾驶员、农场工人、邮件分类员、铲车司机、拖拉机司机。

IAS：普通经济学家、农场经济学家、财政学家、国际贸易学家、实验心理学家、工程心理学家、哲学家、内科医生、数学家。

IAR：人类学家、天文学家、化学家、物理学家、医学病理学者、动物标本制作者、化石修复者、艺术品管理者。

ISE：营养学家、饮食顾问、火灾检查员、邮政服务检查员。

ISC：侦察员、电视播音室修理员、电视修理服务员、验尸官、编目录者、医学实验技师、调查研究者。

ISR：水生生物学者、昆虫学者、微生物学家、配镜师、矫正视力者、细菌学家、牙科医生、骨科医生。

ISA：实验心理学家、普通心理学家、发展心理学家、教育心理学家、社会心理学家、临床心理学家、目标学家、皮肤病学家、精神病学家、妇产科医师、眼科医生、五官科医生、医学实验室技术专家、民航医务人员、护士。

IES：细菌学家、生理学家、化学专家、地质专家、物理学专家、纺织技术专家、医院药剂师、工业药剂师、药房营业员。

IEC：档案保管员、保险统计员。

ICR：质量检验技术员、地质学技师、工程师、法官、图书馆技术辅导员、计算机操作员、医院听诊员、家禽检查员。

IRA：地理学家、地质学家、声学物理学家、矿物学家、古生物学家、石油学家、地震学家、声学物理学家、原子和分子物理学家、电学和磁学物理学家、气象学家、设计审核员、人口统计学家、数学统计学家、外科医生、城市规划专家、气象员。

IRS：流体物理学家、物理海洋学家、等离子体物理学家、农业科学家、动物学家、食品科学家、园艺学家、植物学家、细菌学家、解剖学家、动物病理学家、作物病理学家、药物学家、生物化学家、生物物理学家、细胞生物学家、临床化学家、遗传学家、分子生物学家、质量控制工程师、地理学家、兽医、放射性治疗技师。

IRE：化验员、化学工程师、纺织工程师、食品技师、渔业技术专家、材料和测试工程师、电气工程师、土木工程师、航空工程师、行政官员、冶金专家、原子核工程师、陶瓷工程师、地质工程师、电力工程师、口腔科医生、牙科医生。

IRC：飞机领航员、飞行员、物理实验室技师、文献检查员、农业技术专家、动植物技术专家、生物技师、油管检查员、工商业规划者、矿藏安全检查员、纺织品检验员、照相机修理者、工程技术员、编程人员、工具设计者、仪器维修工。

CRI：簿记员、会计、记时员、铸造机操作工、打字员、按键操作工、复印机操作工。

CRS：仓库保管员、档案管理员、缝纫工、讲述员、收款人。

CRE：标价员、实验室工作者、广告管理员、自动打字机操作员、电动机装配工、缝纫机操作工。

CIS：记账员、顾客服务员、报刊发行员、土地测量员、保险公司职员、会计师、估价员、邮政检查员、外贸检查员。

CIE：打字员、统计员、支票记录员、订货员、校对员、办公室工作人员。

CIR：校对员、工程职员、检修计划员、发报员。

CSE：接待员、通讯员、电话接线员、卖票员、旅馆服务员、私人职员、商学教师、旅游办事员。

CSR：运货代理商、铁路职员、交通检查员、办公室通信员、簿记员、出纳员、银行职员。

CSA：秘书、图书管理员、办公室办事员。

CER：邮递员、数据处理员、办公室办事员。

CEI：推销员、经济分析家。

CES：银行会计、记账员、法人秘书、速记员、法院报告人。

ECI：银行行长、审计员、信用管理员、地产管理员、商业管理员。

ECS：信用办事员、保险人员、进货员、海关服务经理、售货员、购买员、会计。

ERI：建筑物管理员、工业工程师、农场管理员、护士长、农业经营管理人员。

ERS：仓库管理员、房屋管理员、货栈监督管理员。

ERC：邮政局长、渔船船长、机械操作领班、木工领班、瓦工领班、驾驶员领班。

EIR：科学、技术和有关周期出版物的管理员。

EIC：专利代理人、鉴定人、运输服务检查员、安全检查员、废品收购人员。

EIS：警官、侦察员、交通检验员、安全咨询员、合同管理者、商人。

EAS：法官、律师、公证人。

EAR：展览室管理员、舞台管理员、播音员、驯兽员。

ESC：理发师、裁判员、政府行政管理员、财政管理员、工程管理员、职业病防治员、售货员、商业经理、办公室主任、人事负责人、调度员。

ESR：家具售货员、书店售货员、公共汽车的驾驶员、日用品售货员、护士长、自然科学和工程的行政领导。

ESI：博物馆管理员、图书馆管理员、古迹管理员、饮食业经理、地区安全服务管理员、技术服务咨询者、超级市场管理员、零售商品店店员、批发商、出租汽车服务站调度。

ESA：博物馆馆长、报刊管理员、音乐器材售货员、广告商、售画营业员、导游、（轮船或班机上的）事务长、飞机上的服务员、船员、法官、律师。

ASE：戏剧导演、舞蹈教师、广告撰稿人、报刊专栏作者、记者、演员、英语翻译。

ASI：音乐教师、乐器教师、美术教师、管弦乐指挥、合唱队指挥、歌星、演奏家、哲学家、作家、广告经理、时装模特。

AER：新闻摄影师、电视摄影师、艺术指导、录音指导、小丑、魔术师、木偶戏演员、骑士、跳水员。

AEI：音乐指挥、舞台指导、电影导演。

AES：流行歌手、舞蹈演员、电影导演、广播节目主持人、舞蹈教师、口技表演者、喜剧演员、模特。

AIS：画家、剧作家、编辑、评论家、时装艺术大师、新闻摄影师、男演员、文学作者。

AIE：花匠、皮衣设计师、工业产品设计师、剪影艺术家、复制雕刻品大师。

AIR：建筑师、画家、摄影师、绘图员、环境美化工、雕刻家、包装设计师、陶器设计师、绣花工、漫画工。

SEC：社会活动家、退伍军人服务官员、工商会事务代表、教育咨询者、宿舍管理员、旅馆经理、饮食服务管理员。

SER：体育教练、游泳指导。

SEI：大学校长、学院院长、医院行政管理员、历史学家、家政经济学家、职业学校教师、资料员。

SEA：娱乐活动管理员、国外服务办事员、社会服务助理、一般咨询者、宗教教育工作者。

SCE：部长助理、福利机构职员、生产协调人、环境卫生管理人员、戏院经理、餐馆经理、售票员。

SRI：外科医师助手、医院服务员。

SRE：体育教师、职业病治疗者、体育教练、专业运动员、房管员、儿童家庭教师、警察、引座员、传达员、保姆。

SRC：护理员、护理助理、医院勤杂工、理发师、学校儿童服务人员。

SIA：社会学家、心理咨询者、学校心理学家、政治科学家、大学或学院的系主任,大学或学院的数学、法学、建筑学、医学、教育学等学科教师,研究生助教,成人教育教师。

SIE:营养学家、饮食学家、海关检查员、安全检查员、税务稽查员、校长。

SIC:描图员、兽医助手、诊所助理、体检检查员、监督缓刑犯的工作者、娱乐指导者、咨询人员、社会科学教师。

SIR:理疗员、救护队工作人员、手足病医生、职业病治疗助手。

【附录二】

职业能力倾向的自我测定

本测验把人的职业能力倾向分为9种,每种能力由一组5个题目反映。测验时,请您仔细阅读每一题,采用"5等评分法"进行评定,然后分别计算出自评等级。

	强1	较强2	一般3	较弱4	弱5
(一)一般学习能力倾向(G)					
1. 快而容易地学习新内容					
2. 快而正确地解数学题					
3. 你的学习成绩					
4. 对课文的字、词、段落篇章的理解、分析和综合能力					
5. 对学习过的知识的记忆能力					
(二)言语能力倾向(V)	强1	较强2	一般3	较弱4	弱5
1. 善于表达自己的观点					
2. 阅读速度和理解能力					
3. 掌握词汇量的程度					
4. 你的语文成绩					
5. 你的文学创作能力					
(三)算术能力倾向(N)	强1	较强2	一般3	较弱4	弱5
1. 做出精确的测量					
2. 笔算能力					

续表

3. 口算能力					
4. 打算盘					
5. 你的数学成绩					
(四) 空间判断能力倾向(S)	强1	较强2	一般3	较弱4	弱5
1. 解决立体几何方面的习题					
2. 画三维度的立体图形					
3. 看几何图形的立体感					
4. 想象盒子展开后的平面图					
5. 想象三维度的物体					
(五) 形态知觉能力倾向(P)	强1	较强2	一般3	较弱4	弱5
1. 发现相同图形中的细微差别					
2. 识别物体的形状差异					
3. 注意物体的细节部分					
4. 观察物体的图案是否正确					
5. 对物体的细微描述					
(六) 书写知觉能力倾向(Q)	强1	较强2	一般3	较弱4	弱5
1. 快而准地抄写资料(如姓名、日期、电话号码等)					
2. 发现错别字					
3. 发现计算错误					
4. 能很快查找编码卡片					
5. 自我控制能力(如较长时间抄写资料)					
(七) 眼手运动协调能力倾向(K)	强1	较强2	一般3	较弱4	弱5
1. 玩电子游戏					
2. 打篮球、排球、足球					
3. 打乒乓球、羽毛球					
4. 打算盘能力					
5. 打字能力					
(八) 手指灵巧度(F)	强1	较强2	一般3	较弱4	弱5
1. 灵巧地使用很小的工具					
2. 穿针眼、编织等使用手指的活动					
3. 用手指做一件小工艺品					
4. 使用计算器的灵巧程度					
5. 弹琴					

续表

（九）手腕灵巧度(M)	强1	较强2	一般3	较弱4	弱5
1. 用手把东西分类					
2. 在推拉东西时手的灵活度					
3. 很快地削水果					
4. 灵活地使用手工工具					
5. 在绘画、雕刻等手工活动中的灵活性					

统计分数的方法如下所示：

1. 对每一类能力倾向计算总分数。对每一道题目，我们采取"强""较强""一般""较弱""弱"五等级，供您自评。每组5道题完成后，分别统计各等级选择的次数总和，然后用下面公式计算出该类的总计次数（把"强"定为第一项，以此类推，"弱"定为第五项；第一项之和就是选"强"的次数和）：

总计次数＝（第一项之和×1）+（第二项之和×2）+（第三项之和×3）+
（第四项之和×4）+（第五项之和×5）。

2. 计算每一类能力倾向的自评等级。

自评等级＝总计次数/5

3. 将自评等级填在下表中：

职业能力倾向	自评等级	职业能力倾向	自评等级
G		Q	
V		K	
N		F	
S		M	
P			

根据结果对照下表，可找到你适合的职业：

职 业 类 型	职业能力倾向							
	G	V	N	S	P	Q	K	F	M
生物学家	1	1	1	2	2	3	3	2	3
建筑师	1	1	1	1	2	3	3	3	3
测量员	2	2	2	2	2	3	3	3	3
测量辅导员	4	4	4	4	4	4	3	4	3
制图员	2	3	2	2	2	2	2	2	3

续表

职业类型	职业能力倾向								
	G	V	N	S	P	Q	K	F	M
建筑和工程技术员	2	2	2	2	2	3	3	3	3
建筑和工程技术专家	2	3	3	3	3	3	3	3	3
物理科学技术专家	2	2	2	2	3	3	3	3	3
物理科学技术员	2	3	3	3	3	3	3	3	3
农业、生物、动物、植物学的技术专家	2	2	2	2	3	3	3	3	3
农业、生物、动物、植物学的技术员	2	3	3	3	3	3	3	3	3
数学家和统计学家	1	1	1	3	3	2	4	4	4
系统分析和计算机程序员	2	2	2	2	3	3	4	4	4
经济学家	1	1	1	4	4	2	4	4	4
社会学家、人类学者	1	1	2	4	3	3	4	4	4
心理学家	1	1	3	4	3	3	4	4	4
历史学家	1	1	4	3	3	3	4	4	4
哲学家	1	1	3	2	3	3	4	4	4
政治学家	1	1	3	4	3	3	4	4	4
政治经济学家	2	2	2	3	3	3	3	3	5
社会工作者	2	2	3	4	3	3	4	4	4
社会服务助理人员	3	3	3	4	3	4	4	4	4
法官	1	1	3	4	3	3	4	4	4
律师	1	1	3	4	3	4	4	4	4
公证人	2	2	3	4	3	4	4	4	4
图书管理学专家	2	2	3	3	4	2	4	4	4
图书馆、博物馆和档案员	3	3	3	2	4	2	4	2	3
职业指导者	2	2	3	4	3	4	4	4	4
大学教师	1	1	3	3	2	3	4	4	4
中学教师	2	2	3	4	3	4	4	4	4
小学和幼儿园教师	2	2	3	3	3	3	3	3	3
职业学校教师(职业课)	2	2	3	3	3	3	3	3	3
职业学校教师(普通课)	2	2	3	3	3	3	4	4	4
内、外、牙科医生	1	1	2	1	2	3	2	2	2
兽医学家	1	1	2	2	2	3	3	3	3
护士	2	2	3	3	3	3	3	3	3
护士助手	2	4	4	4	4	2	2	3	2

续表

职业类型	职业能力倾向								
	G	V	N	S	P	Q	K	F	M
工业药剂师	2	1	2	3	2	2	3	2	3
医院药剂师	2	2	2	4	9	2	3	2	3
营养学家	2	2	2	3	3	3	4	4	4
配镜师(医)	2	2	2	2	3	3	3	3	3
配眼镜商	3	3	3	3	3	3	3	2	3
放射科技术人员	3	3	3	3	3	3	3	3	3
药物实验室技术专家	2	2	2	3	3	3	3	2	3
药物实验室技术员	2	3	3	3	3	3	3	3	3
画家、雕刻家	2	3	4	2	2	5	2	1	2
产品设计和内部装饰者	2	2	3	2	2	4	2	2	3
舞蹈家	2	2	4	3	4	4	4	4	4
演员	2	2	3	4	4	3	4	4	4
电台播音员	2	2	3	2	2	4	2	2	3
作家和编辑	2	1	3	3	3	3	4	4	4
翻译人员	2	1	4	4	4	3	4	4	4
体育教练	2	2	4	4	3	4	4	4	4
运动员	3	3	4	2	3	4	2	2	2
秘书	3	3	3	4	3	2	3	3	3
打字员	3	3	4	4	4	3	3	3	3
会计	3	3	3	4	4	2	3	3	4
出纳	3	3	3	4	4	2	3	3	4
统计员	3	3	3	4	4	2	3	3	4
电话接线员	3	3	4	4	4	3	3	3	3
办公室职员	3	4	3	4	4	3	4	4	4
商业经营管理	2	2	3	4	4	3	4	4	4
售货员	3	3	3	4	3	4	4	4	4
警察	3	3	3	4	3	3	3	4	3
门卫	4	4	5	4	4	4	4	4	4
厨师	4	4	4	4	3	4	3	3	3
招待员	3	3	4	4	4	3	4	3	3
理发师	3	3	4	4	9	4	2	2	2
导游	3	3	4	3	3	5	3	3	3

续表

职业类型	职业能力倾向								
	G	V	N	S	P	Q	K	F	M
驾驶员	3	3	3	3	3	3	3	4	3
农民	3	4	4	4	4	4	4	4	4
动物饲养员	3	4	4	4	4	4	4	4	4
渔民	4	4	4	4	4	5	3	4	3
矿工	3	4	4	3	4	5	3	4	3
纺织工人	4	4	4	3	3	5	3	3	3
机床操作工	3	4	4	3	3	4	3	4	3
锻工	3	4	4	4	3	4	3	4	3
无线电修理工	3	3	3	3	2	4	3	3	3
细木工	3	3	3	3	3	4	3	4	4
家具木工	3	3	3	3	3	4	3	4	3
一般木工	3	4	3	3	3	4	3	4	3
电工	3	3	3	3	3	4	3	3	3
裁缝	3	3	4	3	3	4	3	2	3

（资料来源：徐娅玮，《职业生涯管理》，海天出版社，2002年。）

第四章 自我职业生涯管理

【重要概念】

自我认知、环境认知、职业生涯规划、职业生涯周期管理、工作压力、职业成功、职业成功观、职业成功资本论

【内容提要】

本章围绕自我职业生涯管理的各个方面,分别介绍了在制定职业生涯规划时应该注意的自我认知和环境认知问题;探讨了职业生涯规划的制定过程以及个人如何进行有效的职业生涯周期管理,分析了管理人员的自我职业生涯管理,介绍了简历制作和面试技巧,讨论了职业成功的概念;重点介绍了职业成功的标准以及中国情境下职业成功观的内容与结构、职业成功的三大影响因素(心理资本、社会资本、人力资本),以及个体获得职业成功的途径。

【学习目标】

1. 了解自我认知与环境认知的内容和重要性;
2. 理解自我职业生涯规划的步骤和注意事项;
3. 掌握职业生涯周期管理的内容;
4. 了解管理人员自我职业生涯管理的要点;
5. 了解简历制作和面试技巧;
6. 了解职业成功的定义和分类;
7. 了解人们对职业成功的标准,掌握职业成功观的内容、结构和测量方法;
8. 了解职业成功观的影响因素,以及职业成功资本论的内容;
9. 了解职业成功的相关研究成果,以及个体如何获得职业成功。

第四章 自我职业生涯管理

【开篇案例】

施瓦辛格的职业规划

五十多年前,一个十几岁的穷小子,自小生长在贫民窟,身体非常瘦弱,却在日记里写立志长大后要做美国总统。如何能实现这个宏伟的抱负呢?年纪轻轻的他,经过几天几夜的思索,拟定了这样一系列的连锁目标:

美国历届总统十之八九当过州长 → 竞选州长需要财团支持 → 最直接的方法是娶一位豪门千金 → 需要出名,混入上流社会 → 成为名人的快速方法是做电影明星 → 当明星需要具备一些基础条件。

照此思路,他开始步步为营,他发现从练健美开始是个好点子。于是他开始刻苦而持之以恒地练习,几年以后,凭借一身雕塑般的肌肉,他囊括了欧洲、世界、奥林匹克健美先生等称号。22岁时,他踏入美国好莱坞,利用在体育方面的成就,花费了十年时间在演艺界声名鹊起,拍摄了很多知名的动作影片。他也找了赫赫有名的肯尼迪总统的侄女做女友。当他的电影事业如日中天时,女友的家庭在他们相恋9年后,也终于接纳了他。2003年,他退出影坛,成功地竞选成为美国加州州长。

他最终没能当上总统,因为美国宪法规定,非美国出生的公民不能担任总统职务,而他,是移民。即便如此,施瓦辛格的一生已然足够辉煌,做运动员的时候得过那么多世界冠军,拍电影在好莱坞星光大道留过手印,从政任职过州长……

与其说,这是一个关于梦想的故事,我更愿意认同,这是一个关于职业规划的案例。施瓦辛格的经历告诉我们:职业规划有多远,也许我们就能走多远。

资料来源:公众号"明哥聊求职",《诸葛亮和施瓦辛格,看人物故事学职业规划》,2017年7月26日,https://mp.weixin.qq.com/s/WB7w_PWJLCDXHQbieeJMRA。

虽然个人的职业生涯要在组织中度过,虽然组织也承担着开发员工职业生涯的责任,但个人是自己职业生涯的主体。职业生涯管理的一个重要前提是个人即使不能完全,也能够在相当大的程度上掌控他们的职业生涯,即使在现代社会职业流动性加大、职业不确定性增强的情况下也依然如此。职业生涯管理在本质上就是一个解决问题的过程,正如格林豪斯的职业生涯管理模型所揭示的那样,管理自己的职业生涯就需要设立职业目标,运用有效的策略来达成此目标,并在职业生涯发展的不同时期解决不同的问题。本章主要是在介绍职业生涯管理理论以及职业生涯测评工具的基础上,探讨如何进行自我职业生涯管理。

第一节 自我认知与环境认知

自我职业生涯管理从自我认知和环境认知开始。只有认清自我、认清环境，才能建立切实可行的职业生涯目标，并制定实现目标的行动方案。

一、自我认知

（一）自我认知的含义

自我认知是指个人对自己的了解和认识，其中包括认识自己的长处与缺点，认识并调整自己的情绪、意向、动机、个性和欲望，并对自己的行为进行反省。在求职找工作之前，清楚的自我认知能使你了解自己的职业价值观、兴趣、爱好、能力特长、人格特征以及弱点和不足，以便做出明智的职业选择，找到一份真正适合自己的工作；在职业转换和职业发展中，通过对自己的总结、盘点，找到成功和失败的原因，从中汲取经验和教训，可以促使自己的职业生涯成功。

"人贵有自知之明"，心理学的研究以及日常工作生活的经验都提示我们，准确地认识自己并不是一件简单的事情。在很多情况下，我们每个人对自己的认识常常是模棱两可、含糊不清，有时甚至是完全错误的。我们不知道自己希望从工作中获得什么，不知道自己真正适合做什么。有些人在做职业决策时，常常是为了取悦他人——父母、教授、配偶或老板，他们让别人来判断什么适合自己。有些人追逐社会上的热门职业，被所谓的"流行""时尚""声望"牵着鼻子走。这些人不是根据自己的能力、兴趣来选择自己的工作或职业。如果职业目标不能满足你的需要，或与你的价值观不一致，如果你对工作不感兴趣，如果你不具备这项工作所要求的才能，那么你所达成的职业目标对你的意义就大打折扣。此外，还有很多人处在一种无意识的职业生涯状态，不愿意承担职业生涯管理的个人职责，让客观情况左右自己的行动和选择，常把职业生涯管理当作危机管理，即使有信号提示他们该做出改变了，但他们仍然待在原来的位置上，一直到非变不可时。不会从过去的经历中学习，重复同样的错误，这些也都与不认识、不了解自己有关。解决这些问题可以从两方面入手：一方面，人们必须认清自己的价值观、兴趣、才能以及自己所偏爱的生活方式；另一方面，必须意识到个人所从事的职业与其个性特征相协调的重要性。这都要求我们从认识自我开始，进行有意识的职业生涯管理。

我们不妨常常问自己下列一些问题：

- 你现在是否待在你想待的地方？如果不是，你知道自己想要的是什么吗？
- 你知道怎样才能得到自己想要的东西吗？中间需要经过哪些步骤？
- 和你的职业生涯相关的真正重要的是什么？
- 你曾有过的最大成功是什么？
- 在你的职业生涯中你愿意在哪些方面与众不同？为什么？怎样才能做到？
- 哪些因素影响着你先前的职业决策？或者说哪些人、哪些机会？
- 你是怎样找到原来的工作的？
- 你是否注意包装你的技能或者对自己的兴趣、价值观、个人偏好进行过评估？如果是，你是怎样确定这些因素的？

如果能回答这些问题，你可能是采取一种有意识的方式管理自己的职业生涯。否则，你就应该进一步加强自我认知，认真规划你的职业生涯了。

（二）自我认知的方法

第三章我们所介绍的职业生涯管理测评工具都是帮助一个人认识自己的有效方法。毫不夸张地说，现在已有成千上万种评价工具可以帮助个人获得更好的自我认知，但几乎所有的测评工具都应该在专业咨询专家的指导和解释下进行。在实际工作中，我们不可能天天使用心理测验。而自我认知又不是一蹴而就的事情，随着个人在人生中的进步与发展，你优先考虑的事情可能会发生变化，你的能力或技能可能会获得增长，你的兴趣也可能有所改变。自我认知需要持续进行，从某种意义上来说，它和职业生涯管理一样是一个终生的过程。实质上，传记式的自我陈述、价值观分类练习、生活经历分析都有助于个人将自己的能力、愿望同别人的希望、社会的期待分开，认清一个独特的自我。也就是说，除了心理测量工具以外，自我反省、自我总结也是自我认知常用的简便易行的方法，在自我职业生涯管理过程中我们可以把这两种方法结合起来使用。下面我们围绕个人的职业价值观、职业兴趣、性格以及才能等方面介绍一些简单的方法。

1. 职业价值观——你最想从工作中获得的是什么

价值观是人们对客观事物（包括人、物、事）在满足主观需要方面的有用性、重要性、有效性的总评价和总看法（孙彤，1993）。而职业价值观反映了人们对奖励、报酬、晋升、发展或职业中其他方面的不同偏好，它体现了一个人最想从工作中获得什么，在工作中最看重什么。价值观常常是欲望、动机、需要的混合体。每个人都可能有一套独特的对个人来说很重要的职业价值观，有时自己却意识不到。

舒伯提出了一系列与工作相关的更具体的价值观：利他主义、爱美、创造力、知识（智力）激励、独立性、成就、威望、管理、经济回报、安全感、环境、监督关系、协作、变化、生活方式。人们从本质上会看重不同的价值观，不同的职业和工作会在不同程度上满足人们某方面的价值观。一般地,工作越能满足人们的工作价值观,他们的工作满意度水平就越高。

那么,我们应该如何去探测人们的工作价值观呢?

一方面,人们可以通过分析生活史,弄清过去曾做的职业生涯决定,追究其中的原因可以了解到自己的工作价值观;另一方面,人们也可以通过更多的结构化价值观调查来补充这种非正式的分析。

下面是一项关于探测人们的工作态度和工作意义的小练习:

以下说法代表了不同人对工作的态度以及工作对他们的意义。哪三种方式是你和你的工作之间关系的真实反映?

A. 工作作为收入的来源——一种实现目的的手段。你真正想要的是否就是金钱,或者金钱能买到的东西,是金钱带给你满足感还是挣钱本身带给你满足感?这背后的欲望是什么?

B. 工作作为一种活动——一种让你有充实感的东西。工作为什么能产生这种效果?

C. 工作为了自我实现——表达甚至发现自我的方式。工作如何让你触及自己或者向你揭示出真正的自我?这种工作动机背后的欲望又是什么?

D. 工作代表了一种贡献——"工作能够改善社会福利、促进人类进步",或者只是作为社会的一员"所应尽的义务"。这些话不一定完全适合你。用你自己的话说出你希望通过工作做什么样的贡献,而你贡献的目的又是什么?

E. 工作是一种结构——规划你每天以及每年的活动。在最简单的层面上,把工作视为安排生活的一种方式给你提供了将事情整合起来的框架;在最复杂的层面上,工作的结构可能会演变成一种对你有极大意义的仪式或艺术形式。你从这种结构中又想得到什么呢?

F. 工作作为一个家庭式的根据地——工作向你提供了感觉上像家一样的空间。如果是这样的话,你回到工作中就像回到家一样,在工作的时候最放松、最能找到自己,工作是你的归属。那么,这种感觉背后的欲望是什么?

G. 工作作为能力的体现——使自我感觉有价值,使自身变得独立、内行、熟练,能驾驭一切。你是把什么样的愿望和这种感觉联系起来呢?

H. 工作是一种乐趣——工作本身就是令人愉快的。那么,更确切地说,在工作中究竟是什么活动带给你乐趣呢?与这种满足感相关联的欲望又是什么?

I. 工作是一场比赛——工作是一场竞技性运动或者是一种有特殊规则的游戏,工作中的成功就好比赢得了一场网球或桥牌赛。在这种方式中你的欲望又是什么?

2. 职业兴趣——你最喜欢干什么

兴趣是指一个人是否喜欢从事某项具体活动。因此,兴趣是一个人喜欢做什么的表现,兴趣源于价值观、家庭生活、社会阶层、文化及物理环境等因素。

尽管兴趣是价值观的反映,但它还必须与具体的任务或活动连在一起。举例来说,同样是两个喜欢创造性工作的人,他们所从事的工作内容可能完全不同,一个人喜欢科学性的创造工作,而另一个人可能喜欢文学性的创作工作。不难理解,人们所从事的职业或活动与其职业兴趣越是趋于一致,他们的工作满意度水平就会越高,工作态度就会越积极。

一个人对某职业或专业的兴趣如何,在选择职业或专业时是首要的,因为一个人如果从事自己感兴趣的工作,就有可能发挥他自己的积极性,努力将工作做好,而且他还可以从工作中得到满足,感到很愉快。而如果一个人从事了一种他很不喜欢的工作,便不可能积极主动地去做,甚至有时还不自觉地表现出被动的、消极的、拖拉的工作态度,因而常常得不到领导和同事们的赞扬,甚至与他们在工作上产生矛盾,进而加剧对工作的厌烦和抑郁不快的心情,使整个生活失去绚丽的色彩。

下面是对 12 种职业兴趣及其适应工作的描述,看看哪个或哪些描述与你相近[①]?

A. 喜欢与工具打交道。

这类人喜欢使用工具、器具进行劳动等活动,而不喜欢从事与人或动物打交道的职业。相应的职业如修理工、木匠、建筑工、裁缝等。

B. 喜欢与人打交道。

这类人喜欢与他人接触的工作,他们喜欢销售、采访、传递信息一类的活动。相应的职业如记者、营业员、邮递员、推销员等。

C. 喜欢从事文字符号类工作。

这类人喜欢与文字、数学、表格等打交道的工作。相应的职业如会计、出纳、校对员、打字员、档案管理员、图书管理员等。

D. 喜欢地理、地质类职业。

这类人喜欢在野外工作,如地理考察、地质勘探等活动。相应的职业如勘探工、钻井工、地质勘探人员等。

E. 喜欢生物、化学和农业类职业。

这类人喜欢实验性的工作。相应的职业如农业技术人员、化验员、饲养员等。

F. 喜欢从事社会福利和帮助他人的工作。

这类人乐意帮助别人,他们试图改善他人的状况,喜欢独自与人接触。相应的职业如医生、律师、咨询人员等。

---

① 刘仲仁,《大学生择业指南》,中国物资出版社,2000 年。

G. 喜欢行政和管理的工作。

这类人喜欢管理人员的工作,爱好做别人的思想工作,他们在各行各业中起着重要的作用。相应的职业如辅导员、行政人员等。

H. 喜欢研究人的行为。

这类人喜欢谈论涉及人的主题,他们爱研究人的行为举止和心理状态。相应的职业如心理工作者、哲学和人类学研究者等。

I. 喜欢从事科学技术事业。

这类人喜欢科技工程类活动。相应的职业如建筑师、工程技术人员等。

J. 喜欢从事富有创造性的工作。

这类人喜欢需要想象力和创造性的工作,爱创造新的式样和概念。相应的职业如演员、作家、创作人员、设计人员、画家等。

K. 喜欢做操纵机器的技术工作。

这类人喜欢运用一定的技术,操纵各种机器,制造产品或完成其他任务。相应的职业如驾驶员、飞行员、海员、机床工等。

L. 喜欢从事具体的工作。

这类人喜欢制作能看得见、摸得着的产品,希望很快看到自己的成果,他们从完成的产品中得到自我满足。相应的职业如厨师、园林工、农民、理发师等。

3. 性格——你适合干什么

英国职业顾问处的心理学家们根据一项为期三年的研究,制订出了一套衡量个性特点的试题以求科学地解答每个人所能适应的工作。这种测试将现代职业分为四大类——人、程序与系统、交际与艺术、科学与工程,每一大类又可进一步分为若干项[①](参见表4-1)。

表4-1 英国学者制订的衡量个性特点的试题

第一类 人		
选择"是"或者"否"	是	否
我在做出决定前常考虑别人的意见	A	C
我愿意处理统计数据	C	A
我总是毫不犹豫地帮助别人解决家庭问题	A	C
我常常忘记东西放在哪里	B	C
我很少能通过讨论说服别人	C	B
大多数人认为我可以忍辱负重	C	A
在陌生人中我常感到不安	C	B
我很少吹嘘自己的成就	A	C
我对世事感到厌倦	B	C

---

① 刘仲仁,《大学生择业指南》,中国物资出版社,2000年。

续表

我参加一项活动的主要目的是取胜	C	A
我容易被大多数人所动摇	C	B
我做出选择后就会按照我的办法去做	C	A
我的工作成就对我很重要	B	C
我喜欢既需要大量体力又需要脑力的工作	A	C
我常问自己的感受如何	A	C
我相信那些使我心烦意乱的人自己心里清楚	C	B

得分（不计算答案 C）

A 得分　　　照料人

B 得分　　　受人影响

A 和 B 总分　　人

第二类　程序与系统

选择"是"或者"否"　　　　　　　　　　　　　　是　　否

我喜欢整洁	A	C
我对大多数事情都能迅速做出决定	C	A
受过检验和运用过的决议最值得遵循	A	C
我对别人的问题不感兴趣	B	C
我很少对别人的话提出疑问	C	B
我并不总是能遵守时间	C	A
我在各种社交场合下都感到坦然	C	B
我做事总是愿意先考虑后果	A	C
在限定的时间内急迫地完成一件事很有趣	B	C
我喜欢接受紧张的新任务	C	A
我的论点通常可信	C	A
我不善于查对细节	C	A
明确、独到的见解对我是很重要的	B	C
别人会约束我的自我表达	A	C
我总是努力完成开始的事情	A	C
大自然的美使我震惊	C	B

得分（不计算答案 C）

A 得分　　　言语

B 得分　　　财经/数据处理

A 和 B 总分　　程序与系统

第三类　交际与艺术

选择"是"或者"否"　　　　　　　　　　　　　　是　　否

我喜欢在电视节目中扮演角色	A	C
我有时难以表达自己的意思	C	A
我觉得我能写短篇故事	A	C
我能为新的设计提供蓝图	B	C
关于艺术我所知甚少	C	B
我愿意做实际事情,而不愿读书或写作	C	A
我很少留意服装设计	C	B
我喜欢同别人谈自己的见解	A	C
我满脑子独创思想	B	C

续表

	是	否
我发现大多数小说很无聊	C	A
我特别不具备创造力	C	B
我是个实实在在的人	C	A
我愿意将我的照片、图画给别人看	B	C
我能设计有直观效果的东西	B	C
我喜欢翻译外文	A	C
总是标新立异的人使我感到很不舒适	C	B |// 得分(不计算答案C)
A 得分　　　　文学、语言、传导
B 得分　　　　可视艺术与设计
A 和 B 总分　　交际与艺术

第四类　科学与工程
选择"是"或者"否"

	是	否
辩论中,我善于抓住别人的弱点	C	A
我几乎总是自由地做出决定	C	A
想个新主意对我来说不成问题	A	C
我不善于令别人相信	B	C
我喜欢事前将事情准备好	C	B
抽象地想象有助于解决问题	C	B
我不善于修修补补	C	B
喜欢谈不可能发生的事	A	C
别人对我的议论不会使我难受	B	C
我主要是靠直觉和个人感情解决问题	C	A
我办事有时半途而废	C	A
我不隐瞒自己的情绪	C	A
我发现解决实际问题很容易	B	C
传统方法通常是最好的	B	C
我珍惜我的独立性	A	C
我喜欢读古典文学作品	C	B

得分(不计算答案C)
A 得分　　　研究
B 得分　　　实际
A 和 B 总分　科学与工程

　　表 4-1 中共有 64 个具体问题,每个问题后都有两个可供选择的答案,如果这个问题与你本人的情况相符,在"是"栏中的字母上划圈;如果不符,在"否"栏中的字母上划圈。最后按划圈的字母多少计分。要仔细阅读,每一条只选一个答案。

　　问题都答完了,将你所选定的 A 与 B 按要求分别填入计分栏内,不要管选定的 C,因为它只表示你对某一类工作缺乏兴趣,故不计入得分。

　　表 4-1 中,分别有四个总分:0—4 分表明对某一类工作兴趣不大;5—12 分表明居中;13 分以上表明兴趣很浓。这个表中总分最高的,说明这一类工作最适合你,能满足你的个性所求。

　　根据 A 与 B 的得分多少,可以进一步来确定职业范围的具体工作。

第一类　　人

在这一大类中,如果 A 得分多于 B,则说明你应该在医务工作、福利事业或教育事业中寻找职业。例如,医生、健康顾问、摄影师、社会工作人员、教师或演说家。如果 B 得分多于 A,那么你对治理、商业或者管理方面会感到得心应手。例如,军队、警察、监狱、安全警卫、贸易代理、市场管理、资本开发、广告经营或市场研究等工作。

第二类　　程序与系统

在这一大类中,如果 A 得分多于 B,表明你适合做行政管理、法律或宗教类工作。例如,办公室主任、人事管理、公司秘书、律师、职业秘书、图书馆员、档案员、书籍研究或记录员。如果 B 得分多于 A,那么你更适合做金融和资料处理工作,包括会计、保险统计、计算机程序和系统分析等工作。

第三类　　交际与艺术

在这一大类中,如果 A 得分多于 B,表明你适于做编导、文学或语言工作,如记者、翻译、电台或电视台研究员、广告抄写员或公共事务管理员。如果 B 得分多于 A,表明你更适合于做设计和可视艺术工作,例如,图案设计、制图、建筑、内部设计、剧场设计、时装设计或摄影等工作。

第四类　　科学与工程

这类工作可分为研究和实际。A 得分多适于前者,B 得分多适于后者,但由于这类工作中的大部分职业既包含研究又有应用,所以不可能按照 A 或 B 得分多少而做出更具体的规定。这类工作包括生物学家、物理学家、化学家、机械工程师和土木工程师等。

4. 才能——你能干什么

个体才能是职业生涯管理中的一个重要组成部分,它反映了一个人能做什么或通过适当培训后能做什么。能力意味着一个人在工作中表现出来的技能、经验和知识,它能够使一个人的工作显得出色,因此在进行职业生涯决策时,考虑清楚我们自身的才能是非常关键的,这样才有可能为自己在职场上获得主动权,取得职业生涯的成功。但是不幸的是,很多人在择业时并没有选择那些能够最大限度地发挥其才能优势的职业,甚至经常去选择自己不能胜任或不能发挥已有优势的职业或工作,使自己在今后的发展中显得很被动。

在人的职业发展过程中,兴趣、价值观、性格和才能孰轻孰重,学者们有不同的见解。美国学者蒂莫西·巴特勒(Timothy Butler)和詹姆斯·沃德卢普(James Waldrop)围绕能力、价值观和终生兴趣三个因素进行了长达几十年的研究,他们认为三者都重要,但终生兴趣是最重要的。对于工作来说,只存在 8 种最本质的终生兴趣,它是指那些人们长久以来具有的、受情感驱动的欲望,因此深深地打上了个性的烙印,是人们的天性和从小所受教育等多种不确定因素的综合体。最本质的终生兴趣并不决定人们擅长做什么,而是决定哪种活动会使人们快乐,它们在个体儿童时代就存在,并且在一生中都基本保持稳定。

表 4-2 是对这 8 种最本质的终生兴趣的总结。

表 4-2 8 种最本质的终生兴趣

最本质的终生兴趣	在工作中的具体表现
运用技术	对事物的内部运作方式具有浓厚兴趣,想方设法发现更好的利用技术的方式,以解决业务中的问题。喜欢的工作包括计划和分析生产及运营系统,以及重新设计业务流程。
定量分析	认为数字是最好,有时甚至是唯一的提供业务解决方案的途径。喜欢诸如进行现金流分析、预测某种投资工具的未来收益,或者计算某项业务的最佳借贷结构等与数字打交道的工作。他们或许也会喜欢开发计算机模型以确定最佳生产计划和执行财务流程。
理论发展与概念思维	沉迷于理论,习惯于运用理论性强的语言,喜欢讨论抽象概念,喜欢考虑一些深层次的问题,对他们来说,实施战略的原因比如何实施战略更具有吸引力。他们感兴趣的工作常常是构筑一个在某个给定行业中竞争的解释模型,或者分析一项业务在某个特定市场的竞争地位。
创造性生产	对新事物感兴趣,想象力丰富,思维不受约束,喜欢做具有创新性的工作,在谈论业务或产品的新特点时表现得尤为兴致勃勃。他们对已经存在的事情兴趣不大,无论这些事情利润有多大或技术水平有多高。
咨询与辅导	喜欢做那些帮助别人成长和进步的工作,或者看到别人取得成功时感到满足,或者喜欢被别人所依赖的感觉,通常会在博物馆、学校和医院工作。
人员与关系管理	愿意每天与人打交道,从工作关系中获得极大的满足,同咨询与辅导类型的人相比,他们更关注结果,即与看到别人成长相比,他们对于与他人共同工作和通过他人达到业务目标更有兴趣,通常会在管理或销售岗位上找到乐趣。
事业控制	在负责项目或团队时似乎最快乐,喜欢"拥有"某种交易,如一项贸易活动或一个销售活动。无论在何种工作环境中,都要求承担尽可能多的职责,渴望成为首席执行官,而不是首席运营官。
通过语言与思想施加影响	喜欢通过各种方式说服别人,无论是书面的还是语言的。他们乐意考虑自己的听众,并且寻求用最好的方式向他们传达意思。他们也津津乐道于花时间在公司内外与别人交流。当他们书写或者说话或者两者兼备时,会感到莫大的成就感。

研究表明,有时一个人具有的本质兴趣不止一种,最有可能在一个人身上同时体现出来的最本质的终生兴趣的组合如表 4-3 所示。

综上所述,兴趣、价值观、性格和才能对一个人的职业决策都有影响,它们在某些方面是互相关联的:兴趣根源于更深的价值观;兴趣与能力也是密切相关的,人们喜欢从事自己擅长的活动,而通过实践,他们可能在喜欢的活动中变得更加熟练。因此,尽管将价值观、兴趣、人格和才能分开也许非常方便,但有些时候,必须将它们视为一个整体。

表4-3 同时体现的两种最本质的终生兴趣的组合

两种最本质的终生兴趣的组合	表现特点
事业控制和人员与关系管理	这种类型的人希望日常工作是经营某种业务,同时也乐于接受管理他人的挑战,管理他人能给他们带来享受。
人员与关系管理和咨询与辅导	这种类型的人是彻底关注人的因素的人。他们具有很强的服务管理角色倾向,喜欢在与客户频繁接触的环境中做一线工作。他们也喜欢做人力资源管理方面的工作。
定量分析和人员与关系管理	这种类型的人喜欢财务或者与财务有关的工作,但是,他们也乐于通过对他人的管理达到目标。
事业控制和通过语言与思想施加影响	这种类型的人最喜欢的工作是销售。许多高级管理人员都是这种类型的人,特别是那些具有个人魅力的人。
运用技术和人员与关系管理	这种类型的人一般是工程师、计算机科学家,或者是从事其他以技术为主要职业的人员,他们喜欢领导一个团队。
创造性生产和事业控制	在企业家中,这是最普遍的一种兴趣组合。这种类型的人喜欢开创一件事情并且会倾力投入到项目中。他们的座右铭是:把球传给我,我一定会得分。

【相关链接】

职业锚的自我评价

除了兴趣、价值观、性格和才能的自我评定之外,我们在第二章的理论部分曾经介绍了施恩的职业锚理论,知道它是一种综合评定自我职业倾向的有效工具。这里我们为你提供一种简单的测量方法,来帮助你确定自己的职业锚,可以找几张空白草稿纸写下你对以下几个问题的答案。

1. 你在高中时期主要对哪些领域比较感兴趣(如果有的话)?为什么会对这些领域感兴趣?你对这些领域的感受是怎样的?

2. 你在大学时期主要对哪些领域比较感兴趣?为什么会对这些领域感兴趣?你对这些领域的感受是怎样的?

3. 你毕业之后所从事的第一种工作是什么(如果相关的话,服役也算在其中)?你期望从这种工作中得到些什么?

4. 当你开始自己的职业生涯的时候,你的抱负或长期目标是什么?这种抱负或长期目标是否曾经出现过变化?如果有,那么是在什么时候?为什么会变化?

5. 你第一次变换工作或换公司的情况是怎样的？你指望下一个工作能给你带来什么？

6. 你后来换工作、换公司或换职业的情况是怎样的？你怎么会做出变动的决定？你所追求的是什么？（请根据你每一次更换工作、公司或职业的情况来回答这几个问题）

7. 当你回首自己的职业经历时，你觉得最令自己感到愉快的是哪些时候？你认为这些时候什么东西最令你感到愉快？

8. 当你回首自己的职业经历时，你觉得最让自己感到不愉快的是哪些时候？你认为这些时候的什么东西最令你感到不愉快？

9. 你是否曾经拒绝过从事某种工作的机会或晋升机会？为什么？

现在请认真重新核对一下你的所有答案以及沙因对五种职业锚所做的描述（管理型、技术或职能型、安全型、创造型、自治型）。

根据对麻省理工学院毕业生所做的研究，沙因确定了五种类型的职业锚，如下所示。

管理型 有的人有一种成为管理者的强烈动机，并且他们的职业经验使他们相信自己具备这种工作需要的技能和价值观。从事一个需要承担高责任的管理类职位是他们的终极目标。当要求他们解释为什么认为自己具有获得这些职位的必要技能时，参加沙因的这项研究的受访对象回答说，因为他们看到了自己具有以下三个方面的能力：① 分析能力（在信息不完善和不确定的条件下识别、分析以及解决问题的能力）；② 人际关系能力（对各种不同层次上的人施加影响、监督、领导、操纵和控制的能力）；③ 情感能力（被情感和人际危机激励而不是弄得筋疲力尽或变虚弱的能力；承担较大责任而不会瘫痪的能力）。

技术或职能型 有很强的技术或职能职业锚的人往往会避免做出那些让他们从事一般性管理工作的决策。相反，他们会做出那种能让他们在自己选定的技术或职能领域继续发展的决策。

安全型 少数毕业生很关注自己的长期职业生涯的稳定性和职业保障性。他们似乎很愿意去做这样一些事情：这些事情有助于维持自己的工作保障性、体面的收入以及良好的退休计划和福利所代表的稳定的未来。对于那些对地理安全感兴趣的人而言，在自己熟悉的环境中维持稳定的、安全的职业要比追求卓越的职业选择更为重要，因为如果选择后者就意味着他们将不得不离开本地，迁移到另外一个城市，从而在他们的生活中引入不稳定或不安全感。对于另外一些人来说，安全就意味着组织的保障性。今天他们或许会选择到政府部门工作，因为在这种部门中,终身有保障的职位是一种常规。他们更愿意让自己的组织决定自己的职业应该是什么样的。

创造型 一些大学毕业生已经成为成功的企业家。在沙因看来,这些人似乎有这样一种需要:"培育或创造某种完全属于他们自己的东西——如以他们的名字命名的产品或流程、一家自己的公司或者一笔能够反映他们个人成就的财富。"例如,一位毕业生已经成为一个大城市中成功地经营联排别墅的购买、装修和承租业务的企业家;另一位毕业生则成功地经营着一家咨询公司。

自治型 这类人的职业选择驱动力似乎源于摆脱对他人的依赖以及要求独立自主这样一种需要;这种需要之所以会产生,是因为当大家选择在一家大型组织中工作时,晋升、调动以及薪资决策等往往使他们处于必须服从他人的境地。这类毕业生中的许多人都有较强的技术或职能倾向。他们不会追求在一个组织中进行这种定位,他们已经决定要么单独工作,要么作为一个规模相对较小的公司的咨询顾问。其他一些人则成为企业管理方面的教授、自由作家以及小型零售企业的经营者。

请根据你对这些问题的回答,根据1—5分的标准对每一种职业锚做出评价(其中1代表重要性很低,5代表重要性很高):

管理型＿＿＿＿＿＿＿＿＿＿＿＿＿＿＿＿＿＿＿＿＿＿＿＿＿＿＿＿
技术或职能型＿＿＿＿＿＿＿＿＿＿＿＿＿＿＿＿＿＿＿＿＿＿＿＿
安全型＿＿＿＿＿＿＿＿＿＿＿＿＿＿＿＿＿＿＿＿＿＿＿＿＿＿＿＿
创造型＿＿＿＿＿＿＿＿＿＿＿＿＿＿＿＿＿＿＿＿＿＿＿＿＿＿＿＿
自治型＿＿＿＿＿＿＿＿＿＿＿＿＿＿＿＿＿＿＿＿＿＿＿＿＿＿＿＿

资料来源:[美]加里·德斯勒著,刘昕译,《人力资源管理》(第14版),中国人民大学出版社,2017年。

二、环境认知

一般来说,对环境的认知包括对社会环境的认知和对组织环境的认知两部分。

(一)对社会环境的认知

对社会大环境的认识与分析包括当前社会政治、经济发展趋势;社会热点职业门类的分布与需求状况;自己所选择职业在当前与未来社会中的地位情况。

(1)社会政治、经济发展趋势:国家政治环境的稳定水平、经济发展状况、就业政策等对个体的择业与就业都有重大的影响,人生发展与社会环境密切相关,要分析哪些事情可以做,哪些事情不能干。不仅要分析现在,而且要预测未来的经济增长率、经济景气度、经济建设重点的转移等。当经济兴旺时,百端待举,新的行业不断出现,新的组织不断产生,机构增加,编制扩容,为就业及晋升创造了条件。反之,就带来不利条件。特别是经济模式的变化对人的影响更大。比如,由过去的计划经济转为市场经济,加上知识经济社会的到来,无疑给每个人的生活方式带来了巨大的变化,也对人才的发展和素质提出了更高的要求。此外,全球化要求经营人才不但精通专业技术与经营知识,还要精通外语、熟悉国际贸易法以及异国他乡的风俗习惯等。

(2) 社会热点职业门类的分布与需求状况:社会的变迁与价值观念的变化对于生活在社会中的个体来说也有重大的影响,要重点分析信息社会对职业生涯发展的影响,以及对人才成长的要求与挑战。另外,随着社会的发展,人的价值观念都在不同程度地发生变化,人的需要层次也在不断提高。这些变化均将对人的职业生涯发展产生直接影响。另外,科学技术日新月异,知识更新的周期日趋缩短。因此,在职业生涯规划中要充分考虑到知识的补充、理论的更新、观念的转变、思维的变革等。

(3) 自己所选择职业在当前与未来社会中的地位情况:其一,要对自己所面对的劳动力市场有个大致的了解,自己的专业在劳动力市场属于什么样的地位,是处于卖方市场,还是买方市场呢?这在很大程度上决定着个体在劳动力市场是处于相对主动的地位还是被动的地位。其二,就业之后考察自己的职业在当前以及未来社会中的地位情况,这无疑对于一个人的职业生涯成功来说是非常重要的。

(二) 对组织环境的认知

对组织环境的认知具体包括对自己所选企业的内部环境分析和企业所面临的外部环境的分析两部分。

(1) 企业内部环境的分析:一是组织特色,它包括组织规模、组织结构、组织文化、人员流动等。二是经营战略,它包括组织的发展战略与措施、竞争实力、发展态势等。发展态势是指该组织是处于发展期、稳定期还是衰退期。组织的发展态势对职业发展影响极大,须引起重视。三是人力评估,它包括人才的需求预测、升迁政策、培训方法、招募方式等。重点了解组织未来需要什么样的人才,需要多少,对人才的具体要求是什么,升迁政策有哪些。四是人力资源管理,它包括人事管理方案、薪资报酬、福利措施、员工关系等。

(2) 企业外部环境分析:主要包括企业所面对的市场状况、在本行业中的地位与发展趋势以及所从事行业的发展状况及前景。

在进行职业生涯规划时,我们必须对以上谈到的组织环境与社会环境的相关信息进行认真分析。

第二节　个人职业生涯规划

一、个人职业生涯规划的内涵与意义

(一) 个人职业生涯规划的内涵

职业生涯规划是指个人根据对自身的主观因素和客观环境的分析,确立自己的职业发展目标,选择实现这一目标的职业,以及制定相应的工作、培训和教育计划,并按照一定的时间安排,采取必要的行动实施职业生涯目标的过程。

(二) 个人职业生涯规划的意义

职业生涯规划在个人的职业决策过程中必不可少,它有助于发现自己的人生目标,平衡家庭与朋友、工作与个人爱好之间的需求。另外,职业生涯规划能使一个人做出更好的职业选择:接受还是拒绝某项工作、有无跳槽的必要、是否该寻找更具挑战性的工作以及何时辞掉压力过大的工作。更为重要的是,职业生涯规划有助于个人在职业变动的过程中,面对已经变化的个人需求及工作需求,进行恰当的调整。

职业生涯规划无论对个人还是对组织都有重要意义,现代人已经不再把职业仅作为谋生的手段,而试图通过一定的职业来实现自己美好的人生理想。而职业生涯规划为人生事业成功提供了科学的技术和基本的操作方法,并能使组织与员工实现双赢,因而对个人的职业生涯发展及组织发展都具有重要的意义和作用(见表4-4)。

表4-4　职业生涯规划的意义和作用

对个人	1. 以既有的成就为基础,确立人生的方向,提供奋斗的策略
	2. 突破并塑造清晰充实的自我
	3. 准确评价个人特点和强项
	4. 评估个人目标和现状的差距
	5. 准确定位职业方向
	6. 重新认识自身的价值并使其增值
	7. 发现新的职业机遇
	8. 增强职业竞争力
	9. 将个人、事业与家庭联系起来

续表

对组织	1. 可以更深地了解员工的兴趣、愿望、理想，以使他能够感觉到自己是受到重视的人，从而发挥更大的作用
	2. 由于管理者和员工有时间接触，使得员工产生积极的上进心，从而为组织的工作做出更大的贡献
	3. 由于了解了员工希望达到的目的，管理者可以根据具体情况来安排对员工的培训
	4. 可以适时地用各种方法引导员工进入组织的工作领域，从而使个人目标和组织目标更好地统一起来，降低了员工的失落感和挫折感
	5. 能够使员工看到自己在组织中的希望、目标，从而达到稳定员工队伍的目的

二、职业生涯规划的原则、步骤与目标设定

（一）职业生涯规划的原则

中国人力资源网就职业生涯规划的"十大原则"进行了比较详细的阐述：

- 清晰性原则。目标、措施是否清晰、明确？实现目标的步骤是否直截了当？
- 挑战性原则。目标或措施是具有挑战性，还是仅保持原来的状况而已？
- 变动性原则。目标或措施是否有弹性或缓冲性？是否能随着环境的变化而作调整？
- 一致性原则。主要目标与分目标是否一致？目标与措施是否一致？个人目标与组织发展目标是否一致？
- 激励性原则。目标是否符合自己的性格、兴趣和特长？是否能对自己产生内在激励作用？
- 合作性原则。个人的目标与他人的目标是否具有合作性与协调性？
- 全程原则。拟定生涯规划时必须考虑到生涯发展的整个历程，作全程的考虑。
- 具体原则。生涯规划各阶段的路线划分与安排，必须具体可行。
- 实际原则。实现生涯目标的途径很多，在做规划时必须要考虑到自己的特质、社会环境、组织环境以及其他相关的因素，选择切实可行的途径。
- 可评估原则。规划的设计应有明确的时间限制或标准，以便评估、检查，使自己随时掌握执行状况，并为规划的修正提供参考依据。

按照以上的十大原则，我们在制定职业生涯规划时应该考虑清楚以下三个方面的问题。

（1）本人适合从事哪些职业／工作？回答这个问题要依据个体的职业价值观、职

业兴趣、专业技能以及人格特质来综合考虑。

（2）本人所在公司能否提供这样的岗位以及职业通路？除了研究本人适合从事哪些职业/工作之外，还要考虑本人所在的公司可能给您提供哪些岗位，从中选择那些适合您本人从事的岗位。如果您所在的公司不能提供适合您的工作岗位，就应该考虑换工作了。

（3）在自己适合从事的职业中，哪些是社会发展迫切需要的？做职业生涯规划时，还要把目光投向未来。这就需要研究清楚本人现在做的工作，十年后会怎么样，以及自己的职业在未来社会需要中是增加还是减少？自己在未来社会中的竞争优势随着年龄的增加是不断加强还是逐渐衰弱？在自己适合从事的职业中，哪些是社会发展迫切需要的？

在综合考虑上述三个方面的因素后，就能够给自己做职业生涯规划了。

(二) 职业生涯规划的步骤

（1）确定志向。志向是事业成功的基本前提，没有志向，事业的成功也就无从谈起。俗话说："志不立，天下无可成之事。"立志是人生的起跑点，反映着一个人的理想、胸怀、情趣和价值观，影响着一个人的奋斗目标及成就的大小。所以，在制定生涯规划时，首先要确立志向，这是制定职业生涯规划的关键，也是最重要的一点。

（2）自我评估。自我评估的目的，是认识自己、了解自己。因为只有认识了自己，才能对自己的职业做出正确的选择，才能选定适合自己发展的职业生涯路线，才能对自己的职业生涯目标做出最佳抉择。自我评估包括自己的兴趣、特长、性格、学识、技能、智商、情商、思维方式、道德水准以及社会中的自我等。

（3）职业生涯机会的评估。职业生涯机会的评估，主要是评估各种环境因素对自己职业生涯发展的影响，每一个人都处在一定的环境之中，离开了这个环境，便无法生存与成长。所以，在制定个人的职业生涯规划时，要分析环境条件的特点、环境的发展变化情况、自己与环境的关系、自己在这个环境中的地位、环境对自己提出的要求以及环境对自己有利的条件与不利的条件等。具体来说，环境因素包括组织环境、政治环境、社会环境以及经济环境因素，只有对这些环境因素充分了解，才能做到在复杂的环境中避害趋利，使职业生涯规划具有实际意义。

（4）职业的选择。职业选择正确与否，直接关系到人生事业的成功与失败。据统计，在选错职业的人当中，有80%的人在事业上是失败者。由此可见，职业选择对人生事业发展是何等重要。

如何才能选择正确的职业呢？至少应考虑以下几点：性格与职业的匹配、兴趣与职业的匹配、特长与职业的匹配、内外环境与职业相适应。

(5) 职业生涯路线的选择。在职业确定后,向哪一路线发展,此时要做出选择。即,是向行政管理路线发展,还是向专业技术路线发展;或者先走技术路线,再转向行政管理路线……由于发展路线不同,对职业发展的要求也不相同。因此,在职业生涯规划中,须做出抉择,以便使自己的学习、工作以及各种行动措施沿着你的职业生涯路线或预定的方向前进。

通常职业生涯路线的选择须考虑以下三个问题:我想往哪一路线发展?我能往哪一路线发展?我可以往哪一路线发展?

(6) 设定职业生涯目标。职业生涯目标的设定,是职业生涯规划的核心。一个人事业的成败,很大程度上取决于有无正确、适当的目标。没有目标如同驶入大海的孤舟,没有方向,不知道自己走向何方。只有树立了目标,才能明确奋斗方向,犹如海洋中的灯塔,引导你避开险礁暗石,走向成功,我们将在下一部分专门讨论职业生涯目标的设定。

(7) 制定行动计划与措施。在确定了职业生涯目标后,行动便成了关键的环节。没有达到目标的行动,目标就难以实现,也就谈不上事业的成功。这里所指的行动,是指落实目标的具体措施,主要包括工作、训练、教育、轮岗等方面的措施。例如,为达到目标,在工作方面,你计划采取什么措施提高你的工作效率?在业务素质方面,你计划学习哪些知识、掌握哪些技能,提高你的业务能力?在潜能开发方面,采取什么措施要有具体的计划与明确的措施,还应定时检查。

(8) 评估与回馈。俗话说:"计划赶不上变化。"影响职业生涯规划的因素很多。有的变化因素是可以预测的,而有的变化因素难以预测。在此状况下,要使职业生涯规划行之有效,就须不断地对职业生涯规划进行评估与修订。其修订的内容包括:职业的重新选择;职业生涯路线的选择;人生目标的修正;实施措施与计划的变更等。

在进行职业生涯规划时应该把握如下几个"黄金准则":择己所好、择己所长、择世所需、择己所利。

(三) 职业生涯目标的设定

所谓目标,就是一个人行动的方向、目的。**职业生涯目标**是指一个人渴望获得的与职业相关的结果。职业生涯目标可以通过很多方式影响个人的行为和表现:第一,它可以刺激高水平的努力;第二,它可以给高水平的努力固定方向;第三,它可以提高朝向目标努力的韧性;第四,具体的目标有助于形成实现目标的战略;第五,目标可以衡量行为结果的有效性,向个体提供积极的反馈。有关调查结果显示,在多数情况下,职业生涯目标的设定对于个体的职业生涯成功是很有帮助的。

1. 从不同角度对职业生涯目标进行考察

我们可以从概念、操作功能和时间维度三个不同的角度来考虑职业生涯目标。

（1）概念性目标：概念性的职业目标可以概括为哲学意义上的目标，与具体的工作和职位无关。它反映一个人的价值观、兴趣、才干和生活方式的偏好。举例来说，一个人概念性的目标可能是从事市场工作，它包括广义上的研究与分析，有机会承担较多的责任，有广阔和多样的空间，需要和多种多样的客户打交道，家庭的事务不受到过多的影响；而其理想的公司有可能是一种成长型的，位于温暖气候地带的小公司。这种概念性的目标表达了工作任务的性质、工作的场所和相应的生活方式。

（2）操作性目标：将概念性目标转换为具体的工作或岗位。延续上面的例子，操作性目标就可能是获得 X 公司的市场调研部经理的职位。认识到操作性目标仅仅是达到概念性目标的一个媒介，这一点非常重要。从概念性和操作性两方面了解职业生涯目标对设定职业生涯目标是很有帮助的。

（3）短期和长期的职业生涯目标：职业生涯目标有一个时间维度，可以采用惯例来区分短期和长期目标。当然所谓长期目标和短期目标都是比较含糊的概念。一般而言，5—7 年的目标可以视为长期目标，而 1—3 年的目标则是短期目标。表 4-5 对一个人力资源经理助理所设定的长、短期目标做了一个说明。

表 4-5　职业生涯目标举例

人力资源经理助理的职业生涯目标	短　期　目　标	长　期　目　标
概念性的	进行人力资源管理的更多职责；揭示人力资源的各个方面；与直线经理更多的互动	参与人力资源规划活动；参与公司长期规划；参与政策制定和执行
操作性的	2—3 年成为人力资源经理	6—8 年成为公司人力资源主管

2. 职业生涯目标设定中的误区

如同职业探索一样，职业目标设置的过程不可能没有障碍。从根本上来说，职业目标的质量取决于你要达成的职业目标是否与你个人所偏好的工作环境相一致，以及你所设定的目标是否切实可行。以下是在设置职业目标中常见的问题以及相应的克服方法。

（1）设立了一个并不属于你的目标。

如果职业目标不能满足你的需要，或与你的价值观不一致，如果你对工作不感兴趣，如果你不具备这项工作所要求的才能，那么你所达成的职业目标对你就没有任何意义。因为这是你的工作，你的职业，你的生活。然而，有些人在做职业决策时，常常是为了取悦他人——父母、教授、配偶或老板。他们让别人来判断什么适合他们。有人常常说：我并不重要，我不知道什么适合我自己。这些人不是根据自己的能力、兴趣来选择工作或职业。从长远来看，即使实现了这样的职业目标，它所带来的常常是挫折而不是成长。

解决这一问题可以从两方面入手：一方面，人们必须认清自己的价值观、兴趣、才能以及自己所偏爱的生活方式；另一方面，必须意识到职业目标与个人的个性特征相协调的重要性。实质上，所有自我评估的程序都可以提供自我认识的机会，比较困难的是按照自我意识去行动。

（2）职业目标与人生的其他目标不相关联。

很多人在追求职业生涯目标时，往往忽略了它对人生其他方面的影响。常常是经过了婚姻的困难和个人的悲剧，才意识到工作和生活之间的联系。很多人在职业生涯的中期，有意识地进行工作责任和家庭及休闲活动的角色互换。然而，工作与非工作角色的相互作用贯穿于人生的每一个阶段。有效的职业生涯管理者在这方面往往先人一步，他们一开始就知道职业和生活之间的联系，其所设定的职业目标和自己所渴望的生活方式是一致的。职业生涯规划本身就包含对生活方式、生活风格的考虑。但这些道理说起来容易，而做起来人们往往只注意工作的挑战、奖赏、声誉而忽略了家庭、宗教、休闲和社区等角色。这需要我们有意识地努力，在制定职业目标时一定要把它作为生活的一部分。

（3）职业目标和目前从事的工作相分离。

具体的工作仅仅是实现职业目标的一个媒介、一种工具。很多时候，人们狭隘地寻找另外一种工作，忽略了眼前所从事的工作。其实，你目前所做的工作应该成为你职业成长的资源。成功的职业生涯管理基于了解概念性的职业目标，拥有通过现在的工作实现目标的能力。

（4）太过模糊的目标。

一般说来，具体的目标比模糊的目标更有用。具体目标可以有效指出奋斗的方向，可以更好地衡量努力的结果。概念性的长期目标比较宽泛，但即使是概念性的职业目标也应该由一系列比较具体的要素构成，以便于转化成操作性的目标。操作性的目标一定要具体，可以衡量。

（5）过分关注工具性目标要素。

尽管具体的职业目标有许多优势，但过分关注具体目标会导致目光短浅，成为井底之蛙。如果只注重完成具体的目标，人们就会忘记他们为什么要追求这样的目标。他们可能只有行动而不会思考，拒绝接受任何与其职业目标价值不同的新信息。更重要的是,只为一系列的目标奋斗,忽略了此时此刻的乐趣,忽略了人生的终极目标,人生成了没有乐趣的苦旅。这是一种困境。一方面现在的职业目标可以提升你将来的满意度,促使你成长;另一方面,关注外在目标又会减低内在满意度。解决的方法或许是保持两者之间的平衡。

(6)太容易或太难的目标。

有人认为,心理成功对个人的发展和满意是绝对必要的。心理成功是指完成有挑战性、有意义的任务后所带来的成就感。所以太容易或太难的目标都不能带来成就感。目标必须有足够的挑战性。太难的目标会造成挫折感和失败。合理的目标是既有挑战性又有实现的可能性。要设置这样的目标,要求你具有独特的能力和深刻的洞察力,了解工作环境中的机会和障碍。如果你选择了一个困难的目标,你就要有承受风险和失败的心理准备。

(7)不灵活的职业生涯目标。

我们在设定职业目标时常常强调灵活性,但在实践中却容易忘掉这一点。比如说,人们可能对他们已经投入的时间和精力产生很高的承诺。变化对大多数人来说是一个困难的过程,特别是对职业生涯目标和职业方向可能变化的重新检查更容易让人感觉受到了威胁。但灵活的目标对于有效职业生涯管理是必不可少的,因为工作环境和人都会不可避免地随时间变化,过去合适的目标在目前或将来不一定有效。由于几乎所有公司雇佣的不确定性,个人会发现在职业生涯目标设定和变化中采取灵活的方式是更恰当的行动。比如说,工作和职业生涯路径可能随着组织结构或新战略的制定而消失或改变,所以不灵活的员工往往被淘汰。类似地,技术和结构的变化可能产生新的职业生涯路径,需要对个人目标的重新审视。更宽泛地说,人们需要了解他们的工作和生活经历以使职业生涯目标能够保持相关和可以实现。

三、职业生涯规划的整合与调适

事物都是处在运动变化中的,由于自身及外部环境条件的变化,职业生涯规划也要随着时间的推移而变化。在制定职业生涯规划时,由于对自身及外界环境都不十分了解,最初确定的职业生涯目标往往都是比较模糊或抽象的,有时甚至是错误的。经过一段时间的工作以后,有意识地回顾自己的言行得失,可以检验自己的职业定位与职业方向是否合适。在实施职业生涯规划的过程中自觉地总结经验和教训,评估职业生涯规划,个人可以修正对自我的认知,通过反馈与修正,调适最终职业目标与分阶段职业目标的偏差,保证职业生涯规划的行之有效。

第三节　个人职业生涯周期管理

一、职业生涯早期阶段的管理

职业生涯早期阶段是指一个人由学校进入组织并在组织内逐步"组织化"，为组织所接纳的过程。这一阶段一般发生在20—30岁，是一个人由学校走向社会，由学生变成雇员，由单身生活变成家庭生活的过程，一系列角色和身份的变化，必然要经历一个适应过程。在这一阶段，个人的组织化以及个人与组织的相互接纳是个人和组织共同面临的、重要的职业生涯管理任务。

（一）职业生涯早期阶段的个人特征

职业生涯早期阶段，个人正值青年时期，这一阶段无论从个人生物周期、社会家庭周期还是从生命空间周期来看，其任务都较为简单，主要有以下三个方面：

（1）进入组织，学会工作；

（2）学会独立，并寻找职业锚；

（3）向成年人过渡。

这一时期，其突出的员工心理特征是：

（1）进取心强，具有积极向上、争强好胜的心态；

（2）职业竞争力不断增强，具有做出一番轰轰烈烈事业的心理准备；

（3）开始组建家庭，逐步学习调适家庭关系的能力，承担家庭责任。

在职业生涯早期阶段，个人尚是职业新手，一切还在学习、探索之中。而这一阶段的心智特征将对其职业生涯发展产生重要影响。

（二）个人的组织化

所谓**个人组织化**是指应聘者接受雇佣并进入组织后，由一个自由人向组织转化所经历的不断发展的进程，它包括向所有雇员灌输组织及其部门所期望的主要态度、规范、价值观和行为模式。个人组织化的途径是组织创造条件和氛围，使新雇员学会在该组织中如何工作，如何与他人相处，如何扮演好个人在组织中的角色，接受组织文化，并逐渐融入组织。在这一过程中，新雇员和组织都有各自的任务和容易产生的一些问题。在这一阶段，个人和组织都必须学会相互接纳。

所谓相互接纳，是指组织与新雇员之间的相互关系清晰化、明确化。组织确认了新雇员作为组织正式成员的资格,新雇员则获得了组织正式成员的身份。相互接纳是一种心理契约。新雇员与组织之间没有书面的接纳证明,只是在思想认识、情感以及工作行为上互相承认、认同和接受。尽管相互接纳是一种心理契约,但是仍有显著的标志。新雇员努力工作以及安心于组织,便是他向组织发出的认同信号。组织给新雇员增薪、晋升等,则象征组织对新雇员的接受。个人在这个过程中要积极主动,表现出组织所期望的行为,促使组织尽早接纳自己。

二、职业生涯中期阶段的管理

个人职业生涯在经过了职业生涯早期阶段,完成了雇员与组织的相互接纳后,必然步入职业生涯中期阶段。

(一) 职业生涯中期阶段的个人特征

职业生涯中期的开始,有两种表现形态:
(1) 得到晋升,进入更高一层的领导或技术职位;
(2) 薪资福利增加,在选定的职业岗位上成为稳定的贡献者。

(二) 职业生涯中期阶段个人面临的管理任务

职业生涯中期阶段是一个时间周期长(年龄跨度一般是 25 — 50 岁,长达 20 多年)、富于变化,既有可能获得职业生涯成功(甚至达到顶峰),又有可能出现职业生涯危机的职业生涯阶段。职业生涯中期作为人生最漫长、最重要的时期,其特殊的生理、心理和家庭特征也使其职业生涯发展面临着特定的问题与管理任务:
(1) 持积极进取的精神和乐观的心态;
(2) 零星的职业与职业角色选择决策;
(3) 成为一名良师,担当起言传身教的责任;
(4) 维护职业工作、家庭生活和自我发展三者之间的平衡。

三、职业生涯后期阶段的管理

从年龄上看,职业生涯后期阶段的员工一般处在 50 岁至退休年龄之间。由于职业性质及个体特征的不同,个人职业生涯后期阶段开始与结束的时间也会有明显的差别。

这一阶段,员工面临的个人任务是:

（1）承认竞争力和进取心的下降，学会接受和发展新角色；
（2）学会和接受权利、责任和中心地位的下降；
（3）回顾自己的整个职业生涯，着手退休准备。

第四节 管理者的自我职业生涯管理

我们把管理者定义为在组织中有下属，承担组织、控制、领导、决策等职责的人。管理者们面临着更为激烈的职场竞争，组织结构的扁平化使他们在工作过程中垂直的升迁机会大大减少，外部环境的变化又要求他们不得不持续地学习和发展，否则就会被淘汰出局。在这种情况下，管理者们必须学会战略性地思考自己的职业生涯，要善于管理自己的职业并且变成一个自我引导型的学习者，学会如何开发自己以及如何更新和拓展自己的专长，以确保自己能够为组织的绩效作出相应的贡献，为自己尽早建立起一种"成功的良性循环"。

一、学习：管理技能与领导才能

作为一名管理者，要成功地履行自己的职责，就必须具备特定的技能。美国心理学家罗伯特·卡茨（Robert Katz）提出了三种基本的管理技能：技术技能、人际技能、概念技能。技术技能包括应用专门知识或技能的能力；人际技能是指在群体中与人共事、理解别人、激励别人的能力；而概念技能则是指分析、诊断复杂情况，通观全局，做出正确决策的能力。在今天这个快速变化的环境中，要想使管理工作更有效率，管理者们还必须优先考虑发展自己的领导才能。一般来说，领导才能主要体现在对变化的处理上。约翰·科特（John P. Kotter）将领导能力及从属能力确定为以下三个重要方面：

（1）确立未来的方向：发展一种对未来的远见，以及将该远见付诸实践时所必需的战略规划能力。所要求的从属能力有：归纳推理能力；战略性思考和多角度思考的能力；将复杂的、模糊的数据转化为一种直接的、简单的可以交流的观点和战略；以及承担风险的能力。

（2）协调他人：通过一些特定的语言和行为，将已经确立的公司发展方向告诉所有其他的合作者，因为这些人是否能够很好地理解和接受公司的发展前景和发展战略，将会影响到整个团队和联盟的创造性。所要求的从属能力有：建立相互信任的能力、领悟力、与各种各样的人相互沟通的能力、授权给其他人的愿望与能力。

（3）激励和鼓舞人们：通过满足人们一些非常基本的但通常又是难以实现的需要，来激励他们去克服一些重要的政治障碍、官僚主义障碍以及资源障碍。所要求的从属技能有：运用权力和影响去改变人们的行为、态度和价值观的能力；管理绩效的能力，尤其是为达到一定的绩效而提供相应的培训、反馈以及奖赏；选择适当的变化策略以适应外界环境的能力。

很多研究表明，上述管理技能和领导才能是可以通过学习获得的。管理者们必须善于通过各种途径来进行学习——通过自己的实践，观察其他人的行为，与其他人的互动，参加各种培训。为了能够从自己的经验中学习，管理者们还必须思考和强化那些从经验中获得的教训。为了改变自己并使自己不断地成长，管理者们就必须周期性地进行自我反省——对有关自己行为、态度和价值观的反馈信息进行收集并分析。一般来说，人们很难客观地认识自己，在实际当中总会存在一些因素妨碍人们真实地评价自己。通常，一个人从各种来源中所获得的信息反馈越是明确，他们对自我的评估也就越准确。管理者们应该花费大量的时间和精力去建立和维持一个发展关系的网络，这样，他们就可以从这些人那儿获得相应的信息反馈、建议和感情支持，并且能够从自己的这些经验中进行学习。

二、策略：如何进行职业生涯管理

美国职业指导专家琳达·A.希尔（Linda A. Hill）在《新经理人的领导力》一书中对管理者的职业生涯发展策略提出了以下五项建议。

（一）选择正确的职位

规划自己职业生涯的第一步，就是在职业生涯之路上选择正确的职位。当管理者决定自己应该去追求哪一个工作机会时，他们必须考虑如下两个因素：① 自己与这个职位（或者说这个组织）之间是不是非常匹配？② 自己与这个职位（或者说这个组织）所需要的人是不是非常一致？从一定意义上来说，所谓"最佳的"匹配，就是指管理者具备从事这项工作所要求的才能和个人特征，在这个非常匹配的职位上，就可以更好地为组织的绩效做出自己的贡献。因此，他们应该追求这样的工作环境，在这种环境中他们的优势能够得到充分的发挥，而他们的一些重要的弱点却不是严重的缺陷，并且他们的核心价值观是与组织的价值观相一致的。

在职业生涯的早期，人们对自己的才能、动机以及价值观可能仅仅只有一个模糊的认识。管理者也是如此。管理者应该通过认真的、系统的内省来收集一些有关自我认识的信息。尤其是,他们应该通过自己过去和现在所经历的一些重要事件,来仔细分析自己的一些关键优势、重要的局限性以及核心价值观。例如,当你正在决定是否应该从事一项管理工作时,你就应询问自己如下一些问题:什么类型的工作是我最感兴趣的,而且也是我最能胜任的?我是否喜欢协调性的工作?我倾向于成为我所在的群体的领导吗?我曾经自愿地去教导或者训练别人吗?我对解决一些非常困难的、模糊不清的问题很好奇吗?我能够在有压力的状态下处理问题吗?如果你不能明确地回答这些问题,那么也就说明了你既不具有个人特质,也不具有足够的动机去成为一个有效的管理者,即使你具有领导别人的能力。

(二) 争取重要的工作分配

一些重要的工作任务,可能并不是与你最为匹配的,却可以为你提供重要的发展机会。这些工作任务往往具有大量的职位权力——相关性、曝光度和自主权等。那些最有效率和最成功的人,并不只是简单地等待其他人将这些职位提供给他们;他们会去主动地追求或者创造这些职位。他们会用自己已有的权力进行"投资"以获取相应的"收益"。那些非常善于管理自己职业的人都会战略性地思考自己的职业——他们知道自己现在处于什么样的位置以及将来能够在什么位置上。他们有明确的职业发展目标,并周期性地对这些目标进行重新评估和修改;他们不断地审视自己周围的环境,以便能够提前预测组织将会需要什么,并因此而努力地发展相关的知识和技能。

研究发现,成功的管理者都非常关注其职业发展的一些重要指标。他们不仅关注一些非常明确的目标,如职务提升和工资增加等,而且还关注一些非常模糊的指标,如在一定的时间范围内,他是否能够不断地被给予一些更具有挑战性的重要工作。而且,在他们做好准备之前,他们还会拒绝公司努力地让他们快速移动,因为,如果他们移动得太快,那么他们就不会有机会去掌握或者强化自己的经验教训(R. A. Webber,1991;T. Bonoma,1989)。同时,管理者在战略性地思考自己的职业发展时,可能会选择侧面移动而不是垂直移动,因为他们相信这样做会帮助他们获得更为广泛的技能,并且能够在一个更好的位置上为组织服务。

(三) 建立一个关系网络

所谓关系网络是指以互惠原则为基础而建立起来的共同利益联盟或者交易关系,如将自己的一些资源和服务提供给别人,以此来交换自己所需要的资源和服务。科恩(A. R. Cohen)和布瑞福特(D. L. Bradford)使用"货币"来比喻这个交易过程。

他们指出，就像在世界金融市场中可以交易的各种货币一样，很多种东西在组织生活中也是可以进行交易的。

　　对自己的工作选择进行战略性思考的人，也会倾向于战略性地思考自己的网络关系。当他们投入相应的时间和精力来发展和培植自己的关系网络时，不仅可以帮助他们获得一些重要的工作分配，而且还可以帮助他们管理相关的风险。一般来说，那些最有效地管理自己职业的人，不是去寻找一位优秀的导师，而是去培养一个多样化的发展关系，以此来帮助自己建立一个"个人的智囊团"（包括自己的教练、支持者、保护者、工作榜样、咨询者等）。他们会将自己的时间花费在由自己的工作需要和发展需要所决定的重要关系上，而不是最习惯的事情和最喜欢的人身上。他们会尽可能地识别并抓住一些机会，去与自己在一起工作的那些人建立起合作伙伴关系。而且，那些成功的经理，不是着急地去成为一个"好的领导"，而是关心自己能否成为一个"好的保护者"，以至于其他人都喜欢与他们在一起工作。为了确保自己的持续发展并能够取得职业成功，经理们所建立的这些网络通常是非常关键的。这些经理的领导者和支持者将会逐渐给他们一些更具挑战性的工作任务，通过这些工作任务他们就可以进行相应的学习，培养一个更为广泛的关系网络，并且能够为组织做出自己的贡献。

（四）发展符合伦理道德规范的判断力

　　希尔强调，当管理者在职业上取得进展并且开始获得相应的权力时，一定要警惕滥用自己的权力。他们应该清楚地认识到，权力不仅仅带来特权，而且还带来相应的责任和义务。科特认为，对于当代组织中那些处于高层职位的有效领导者的要求，已经不再仅仅是将事情做好就可以了，实际的要求往往远比这复杂得多。它通常要求领导者能够进行正确的道德判断。这意味着领导者能够对受到公司运行和决策影响的所有人有一个深入的了解。而且，它还要求领导者必须具备相应的能力以评估那些受到公司运行和决策影响的所有人，且对他们的利益有一个正确的判断。这不仅是一种经济上的狭隘认识，也应该尽可能地进行全面的认识。在职业发展的过程中，管理者必须不断地提高自己的内在能力，以便知道如何管理那些会不可避免地遇到的道德问题。因为，如果一个人对自己的成功有很高的需求，而对什么是对和错却几乎没有自己的认识时，他就很容易跌入不道德行为的陷阱。

（五）评估你的职业生涯

　　要想建立一个成功的并让自己满意的职业是很不容易的。管理者还应该定期地检查你目前处在什么位置以及你希望达到的职业位置。希尔建议至少应该一年一次询问自己如下一些问题：

（1）我是如何为组织的绩效做出贡献的？我为我的个人资历增加了什么？

（2）如果我的个人资历以及可信度没有得到提高，这是为什么？人们知道我所做的一切吗？

（3）我学会了什么？

（4）我发展或者提高了自己的领导能力吗？

（5）我认识了多少新人？我加强了我的关系吗？我疏远了什么人吗？

（6）我目前与哪些支持者建立了关系？这些人在我的个人发展中扮演什么样的角色？如果我没有任何支持者，那是为什么？我所在的环境没有合适的支持者吗？我选择的工作任务致使我不能看到那些潜在的支持者，或者不能与他们保持联系吗？

（7）适合就是很好吗？如果是这样，那么是否意味着我已经掌握了这项工作任务，而且我已经可以去选择另一项工作任务了？

（8）适合是不好的吗？我应该允许我自己进行一项错误的工作选择或者组织选择吗（如这项工作与我的才干、动机以及价值观并不匹配）？如果是这样，那么对于我和组织而言，我是否最好选择离开呢？

通过对职业生涯发展状况的评估来开发有效的策略或调整自己的目标。

三、结果：建立职业生涯中"成功的良性循环"

管理者按照上述策略对自己的职业生涯进行管理，就必然会进入一个成功的良性循环中：如果一个人选择了一个合适的职位，那么他就可以在公司里充分施展他个人的才能。一旦他开始为组织的绩效做出自己的贡献时，他在组织中的资历和信任度就开始不断上升。此时，人们将会开始关注他并且很希望和他一起工作；换句话说，他的关系网络也得到了相应的发展。有些人将会愿意支持他，甚至愿意帮助他，而且还会愿意与他一起分担风险，以及分配一些重要的工作任务给他。通过这些工作分配，他就可以发展更多的专长和更多的关系，并且因此能够在一个更好的职位上为组织的一些重要目标做出自己的贡献。

不久，他就会发现自己已经进入了一个不断强化的成功循环之中，他在组织中资历和信任度将会不断地持续地发展。当他获得了更大的权力并且建立了更为广泛的人际关系时，他就会发现自己正处在其关系网络的核心位置。一旦这种关系网络继续发展时，他就可以获得更为正式的权力并且不断地巩固自己的权力。

图4-1是希尔对这个循环过程的分析。

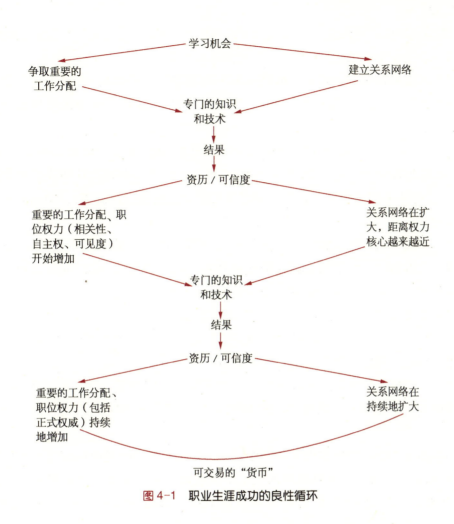

图 4-1 职业生涯成功的良性循环

第五节 简历和面试的技巧

一、简历写作的技巧

在我们的社会中,要想找工作,必然需要一份简历。不管你申请的是会计师、教师、执行总裁还是国家公务员都不能例外。一份卓有成效的个人简历是开启事业之门的钥匙。但在你发送一份简历之前,应该再三地进行检查和修改,只有这样,你所准备的简历才不会去充塞别人的废纸篓。

在你发送简历之前,不妨对照着以下的"十不要原则"再检查一遍。

(1)不要出现表象的错误:准备简历时不要试着在打印纸上省钱,要使用优质纸张(比如专门的简历用纸)而不要只用劣质的复印纸。检查完成的简历上是否有错别字、病句或不应有的污迹。可以用文字处理软件中的"拼写检查"功能进行检查,也可以请一位朋友来帮忙,看看有没有你漏掉的小错误。

（2）不要缩排字号：如果一页纸写不下你的所有工作经历,那就创建一份足以列下所有的工作经验和技能的简历吧。不要缩排字号,这样会使你的简历变得不易阅读。

（3）不要在简历中说谎：不管你过去是否曾被解聘,或者曾频繁地换工作,或者只有一些低层职位的工作经验,千万不要试图在你的简历中修改日期或标题来掩饰真相,一旦你未来的老板试图核实你的背景资料而且发现你在说谎,只怕你只能与这份工作说"拜拜"了。

（4）不要以弱敌强：如果你缺乏与正在申请的职位相关的工作经验,那么就不要使用年代式的经历。不妨试试功能式或技巧式的简历格式,这样你可以把与此职位最相关的经验和技能放在最醒目的位置。

（5）不要简单学舌：要说明自己的工作能力,仅仅把招聘公司的工作职位要求拷贝到简历中,再加上自己的说明是远远不够的。你可以列出特殊的工作技能、获奖情况等资料证明你比竞争者更适合这个职位。

（6）不要使用任何借口：以往的工作离职原因无须在简历中说明。所谓的"公司领导换人""老板没有人情味"或者"赚钱太少"这类话是绝对不应该出现在个人简历中的。

（7）不要不分巨细地罗列所有工作经验：虽说你可以呈递篇幅超过两页纸以上的简历,但是要注意不要罗列所有的大小工作经验。人力资源经理们最关心的是你近10年来的工作情况,所以应将简历重点放在你最近和最相关的工作经验的说明上。

（8）不要不分对象盲目出手：千万不要准备一份简历然后就照着招聘信息上的地址给每个招聘公司都发一套。在申请一个职位之前,先判断一下自己是否合乎他们的要求。仔细阅读一下招聘广告,如果觉得自己不适合这份工作,就不要无谓地浪费你的简历资料了。

（9）不要夹带多余的资料：发送简历时,除非招聘公司有特别的说明,否则最好不要附带成绩单、推荐信或获奖证书等附加资料。如果被通知面试,你应该带上这些资料以备出示。

（10）不要涉及太多个人信息：按美国式简历写法,你无须在简历中说明太多个人信息,比如婚姻状况、种族、家庭情况及个人爱好等。

正规的简历有许多不同的样式和格式。大多数求职者把能想到的情况都写进简历中,但我们都知道没有人会愿意阅读一份长达五页的流水账般的个人简历,尤其是忙碌的人事工作者。这里有三条写简历的重要原则：以一个工作目标为重点,将个人简历视为一个广告,再就是尽量陈述有利条件以争取面试机会。

写作出色的个人简历第一原则是要有重点。一个招聘者希望看到你对自己的事业采取的是认真负责的态度。不要忘记雇主在寻找的是适合某一特定职位的人,这个人将是数百名应聘者中最合适的一个。因此如果简历的陈述没有工作和职位重点,或是把你描写成一个适合于所有职位的求职者,你很可能将无法在任何求职竞争中胜出。

第二条原则是把简历看作一份广告,推销你自己。最成功的广告通常要求简短而且富有感召力,并且能够多次重复重要信息。你的简历应该限制在一页以内,工作介绍不要以段落的形式出现;尽量运用动作性短语使语言鲜活有力;在简历页面上端写一段总结性语言,陈述你在事业上最大的优势,然后在工作介绍中再将这些优势以工作经历和业绩的形式加以叙述。

制作简历的第三条原则是陈述有利信息,争取成功机会,也就是说尽量避免在简历阶段就遭到拒绝。为面试阶段所进行的简历筛选的过程就是一个删除不合适人选的过程。如果你把自己置身于招聘者的立场就会明白,招聘时每次面试都需要较长时间,因此对招聘者来说进入面试阶段的应聘者人数越少越好。招聘者对理想的应聘者也有要求——相应的教育背景、工作经历以及技术水平,这会是应聘者在新的职位上取得成功的关键。应聘者应该符合这些关键条件,这样才能打动招聘者并赢得面试机会。同时,简历中不要有其他无关信息,以免影响招聘者对你的看法。

记住,写作简历时,要强调工作目标和重点,语言简短,多用动词,尽量避免会使你被淘汰的不相关信息。人力资源管理者都很忙碌,他们没有时间仔细阅读每一份简历。当你获准参加面试,简历就完成了使命。

二、面试中应注意的问题

一般来说,在获得一个职位前你必须首先通过面试。以下是一些帮助你取得优异面试成绩的提示。

被试者要理解的第一件事是,面试主要是用来帮助雇主了解你是怎样的一个人。换句话说,你怎么与他人相处和你的工作意图在面试中是最重要的;你的技能和技术专长通常可通过测试以及对你的教育和工作经历的调查得到最好的评价。主试者首先寻找的是干脆清晰的回答。你的回答是否简洁、回答问题是否充分合作、是否对有关问题表达个人的观点、是否围绕主题是影响主试者决策的最重要的因素。

要在面试中胜人一等,你可以做以下七件事情。

(1) 准备最关键。在面试前,尽可能了解雇主、工作以及进行招聘的人。在图书馆,你可查阅工商企业期刊,发现雇主一方都有一些什么事情发生,谁是竞争者,他们会怎样做。要努力发现雇主存在的问题,且准备好解释你为什么认为你能解决这些问题。引用你的一些具体成就来支持你的观点。

(2) 发现主试者的真正需要。尽可能少花时间回答主试者的第一个问题,而尽可能多花时间让主试者说明自己的需要。确定主试者希望达成什么目标,以及主试者认为什么类型的人是其需要的。你可以采用诸如提"你能告诉我更多的情况吗"这种开放性的问题。

(3) 将你与主试者的需要联系起来。一旦你知道主试者需要的人员类型、需要解决的问题类型,你就处在一个从主试者角度说明你的成就的良好位置。你不妨以下面这句话作开场白:"你所说的对你很重要的问题之一与我曾经面临的一个问题类似",然后,讲述这个问题,说明你的解决办法以及最终结果。

(4) 先思考后回答。回答一个问题应该是一个三步的过程:停顿——思考——回答。停顿是为了确信自己理解了主试者的意思;思考是在脑袋里想如何组织自己的答案,然后予以回答;在你的回答中,努力强调如果雇用你将如何有助于主试者解决他(她)的问题。

(5) 仪表和热情很重要。得体的服装、良好的修饰、有力的握手以及表现出控制力都是十分重要的。

(6) 留下良好的第一印象。记住,研究表明,在多数情况下,主试者在面试的第一分钟就对求职者形成了判断。良好的第一印象对在面试中获取成功极为重要。差的第一印象则几乎不可能在面试中改变。一位专家建议求职者注意以下关键的面试因素:

- 得体的服装;
- 良好的修饰;
- 有力的握手;
- 表现出控制力;
- 恰当的幽默和微笑;
- 对雇主活动的真诚关注和对主试者讲话的高度注意;
- 对过去绩效的自豪;
- 对雇主需要的了解和愿意效力的意识;
- 提出有道理的思想观点;
- 当雇主在面试工作上失败时控制局势的能力。

(7) 记住你的非言语行为可能比你的言语内容传递更多关于你的信息。在这里,保持眼睛接触非常重要。此外,说话要热情,用点头表示同意,还要花一点时间组织你的答案,使你的回答声音清晰而流畅。

第六节　如何获得职业成功

一、职业成功的定义

英文中的"成功"(success)一词起源于拉丁语"succedere",含义是"随后"或"继承",后指事情的发生或结局,无好坏之分。但从16世纪起,这个词语开始表示一种积极的结果,如公认的成就、实现了的个人意愿等。现在,这个词更多是指获得的财富或特定的位置(周文霞,2006)。

在学术界,最早关于职业成功(career success)的定义是曼纽尔·伦敦和施通普夫(Manuel London and Stephen A. Stumpf, 1982)提出的,他们认为职业成功是一个人在其工作经历中所累积起来的积极的、心理上的或是与工作相关的成就。这一定义得到了学者们的广泛认同。此外,还有学者将职业成功定义为个体在工作经历中逐渐积累和获得的与工作相关的成就以及积极心理感受(Seibert, Crant & Kraimer, 1999)。

随着研究的深入,为了使职业成功这一概念变得可以测量,学者们进一步将职业成功区分为客观职业成功(objective career success)和主观职业成功(subjective career success)(Gattiker & Larwood, 1988;Judge et al., 1994;Kuijpers et al., 2006)。客观职业成功是指个体在工作中获得的与工作相关的成就,是外部可以观察并量化的指标,常用物质成功(如财富、收入)、晋升次数、职位级别、可支配的权力、威望等衡量(Dries et al., 2009;Gutteridge, 1973)。主观职业成功是指个体在工作中积累起来的积极心理感受,是个体的主观评价(Greenhaus et al., 1990),常用感知的市场竞争力和职业满意度来衡量(Eby et al., 2003)。

二、职业成功的标准

客观的职业成功标准是可以从外部观察到的职业成就,这种成就可以用报酬、晋升的次数、可支配的权力、拥有财富的多少等外部尺度来衡量(Gattiker & Larwood, 1988)。由他人作出的职业成功的评价常常使用此类标准。尼科尔森等(Nicholson et al., 2005)对客观职业成功的标准做了更深入的探讨。他们认为,客观成功由职业旅途中所取得的可证实的、可观察到的价值成果所构成,具体有六个指标,即地位和头衔(等级位置);物质成功(财富、财产、收入能力);社会声誉与尊敬、威望、影响力;知识与技能;友谊、社交网络;健康与幸福。以上六条标准存在着逻辑和功能上的联系,但在不同的社会体系中，其相互联系的力度和持续性表现出一定的差异。在权力距离比较大的国家，当一个人拥有更高地位时，其获得其他结果的可能性就大大增加，有时甚至成为必然。

关于主观职业成功的标准，亚瑟等（Arthur et al., 2005）认为，主观成功是个体对自己工作经历和职业发展结果的积极评价和认同，它涉及很多对个人来说很重要的维度，如工作-生活的平衡、有意义的感觉、贡献等。与客观成功不同，主观成功只能通过个体的内省来识别，不能通过外部观察或一致的确认获得。人们有不同的职业渴望，对收入、就业保障、工作地点、地位、工作进步、学习机会、工作和家庭的平衡等重视的程度不同，主观的职业成功标准也不同。由于主观职业成功难以测量，它在大多数情况下被转化为工作或职业满意度，如有学者认为对自己的工作有诸多不满意的人是不可能觉得自己的职业是成功的，工作满意度是主观职业成功最突出的方面（Judge et al., 1999）。一些学者开发了职业满意度的量表，但比较简单，一般只有4—5个项目（Greenhaus et al., 1990）。

周文霞（2008）将人们在判断职业成功状态时所使用的不同标准称为"职业成功观"。通过深度访谈以及焦点小组讨论的方法，作者首先获得了55个表达职业成功标准的项目。在对这些项目进行归类、提炼主题之后，得到了职业成功观的9个子维度，它们分别是物质报酬、权力地位、绩效贡献、关系网络、安全稳定、才能发挥、获得认同、自由快乐、工作家庭。在此基础上，依据西方文献中关于职业成功外部标准和内部标准的总体框架，将这9个子维度进一步抽象化，其结果是突破了西方文献中职业成功标准的两维结构，得到了职业成功观的三维结构：第一个维度为外部标准，命名为外在报酬维度，包括物质报酬、权力地位、绩效贡献、安全稳定4个子维度；第二个维度为内在标准，命名为内在满足维度，包括才能发挥、获得认同、自由快乐3个子维度；第三个维度是混合标准，把难以归入内外部两个维度的工作家庭与关系网络归为混合标准，命名为和谐平衡。

周文霞等（Zhou et al., 2013, 2016）和潘静洲等（2016）的研究进一步证实了职业成功观的三维结构。潘静洲等（2016）围绕"主观职业成功"这一核心议题，从"职业成功观"的视角，探讨了职业成功与幸福感的关系。结果表明，职业成功观与职业成功评价和幸福感具有正相关关系，并且职业成功观与职业成功评价的差异对幸福感有负向的影响。周文霞等（Zhou et al., 2016）对437名中国大学生的研究表明，职业成功观和职业控制点可以通过提升大学生的职业适应性来提升职业决策自我效能感。

三、职业成功的影响因素

国内外学者对职业成功的影响因素进行了较多的探索，并获得了丰硕的成果。

多项实证研究成果以及元分析文献研究表明,大五人格(Judge et al., 1999;翁清雄等,2016),主动性人格(Seibert et al., 1999;李焕荣、洪美霞,2012),职业流动(柏培文,2010),人力资本、社会资本和心理资本(Judge et al., 2010;Seibert et al., 2001;Wayne et al., 1999;王忠军、龙立荣,2005;周文霞等,2015),社会网络(周含、刘津言,2012),领导成员交换(Park et al., 2017;李燕萍、涂乙冬,2011),徒弟政治技能(Blickle et al., 2010;韩翼、杨百寅,2012),都可以预测职业成功。

20世纪50年代,美国经济学家舒尔茨和贝克尔(Theodore Schultz & Gary Becker)通过对社会经济增长的研究,首次提出了人力资本的概念。学者们将这一概念移植到管理学领域,认为人力资本包括知识、技能、能力和经验等,它可以改善员工的工作绩效,帮助员工获得职业成功;20世纪70年代,社会学领域的研究者将人与人之间的关系与互动纳入"资本"的范畴,提出了社会资本的概念;进入21世纪,个体一些内隐的、积极的心理特征对绩效、经济发展的作用越来越受到重视,心理资本的概念应运而生。人力资本、社会资本,特别是心理资本的提出和发展,给职业成功研究者以新的启发。通过对文献的梳理可以发现,现有的分散在不同研究中的职业成功个体方面的预测变量分别可以用人力资本、社会资本、心理资本来概括。比如:个体的教育程度、工作经验、工作技能属于人力资本;个体接触的网络关系、网络资源契合社会资本的概念;个体的行为动机变量、人格特征当中的对职业成功有正向影响的因素符合个体心理资本的内涵(周文霞等,2015)。因此,本节将职业成功的影响因素分为人力资本、社会资本和心理资本三大类。

(一) 人力资本对职业成功的影响

人力资本越高,在劳动力市场上就越能获得高报酬(Becker, 1964),因此人力资本能够高度预测职业成功。20世纪90年代,学者们开始探索人力资本对职业成功的影响,研究表明,教育水平、教育质量、任职时间以及工作经验等都正向影响职业成功(Callanan, 2003),尤其是薪酬水平和晋升次数。研究者还发现个体在教育方面的投资、工作经验和任期是预测职业发展最有力的因素(Tharenou et al., 1994;Kirchmeyer, 1998)。

随着职业生涯不确定性的增加,稳定的个人特质在职业生涯中更为重要。基顿(Keeton, 1996)研究了政府部门中层和高层的成功女性管理者的特征,结果显示,人力资本中的教育、智力、工作的竞争力和技术技能与她们的职业成功存在高相关性。吴和费尔德曼(Thomas Ng and Daniel Feldman, 2010)探索了人力资本和职业成功关系的中介机制,他们发现人力资本中的教育水平、工作投入、工作经验和工作时间通过提升个人的认知能力和责任心正向影响客观的职业成功。总体而言,人力资本与职业成功关系的研究主要选取了能够直接测量的人力资本的客观要素,而职业成功也主要关注这些客观指标——薪酬和晋升。

(二) 社会资本对职业成功的影响

美国学者盖瑞·贝克尔(Gary Baker,2000)认为,成功不仅依赖自身的人力资本,还取决于和他人的关系,员工所拥有的社会资本很大程度上决定了他们的薪酬、晋升和绩效。个人与组织中领导的关系是社会资本的重要组成部分,它直接决定着个体在组织中能够获得的职业支持。

国内外学者对社会资本和职业成功的关系进行了实证探索。塞伯特等(S. E. Seibert, M. Kraimer & R. Liden, 2001)整合三种代表性的社会资本理论(弱关系理论、结构洞理论、社会资源理论),通过对某大学448名校友的问卷调查数据,提出了社会资本作用于职业成功的中介模型。他们认为,社会网络结构(弱关系、结构洞)能积极预测社会资源(与其他职能部门的连带、与高层部门的连带),社会资源又通过积极影响社会网络效果(获取信息、获取资源、职业支持),来促进职业成功(薪酬、晋升、职业满意度)。英国学者波齐涅洛斯(N. Bozionelos, 2003)的研究发现,相对于人力资本、人口统计学特质和指导关系,网络资源对内外部的职业生涯成功有更重要的影响。从性别差异上看,萨迦和康宁汉(M. Sagas and G. Cunningham, 2004)的研究表明社会资本对男性管理者的晋升作用更大,但人力资本对职业生涯成功的影响在不同性别上却没有差别。

西方的研究主要是关注组织内部的社会资本与职业成功的关系,却忽视了一些组织外部的、非正式的社会资本,而个体的社会行动(包括职业活动)往往是嵌于各种正式和非正式的社会关系网络及其结构中的。在综合西方研究的基础上,国内学者王忠军、龙立荣(2009)结合中国社会关系特点,揭示了社会资本的接触和动员对员工职业成功的联合效应,即"网络结构→社会资源→职业支持→职业成功"的过程。

(三) 心理资本对职业成功的影响

根据心理资源理论(Hobfoll, 2002),高水平的心理资本能够促进员工目标的实现和职业的成功。近年来,国外对心理资本的研究主要是关于卢桑斯等(Fred Luthans, Bruce Avolio, J. Avey, S. Norman, 2007)所界定的四种心理状态(希望、乐观、坚韧及自信)的心理资本对组织绩效、员工态度和行为的影响。大量研究表明,心理资本是组织价值创造的重要来源,它对工作绩效、工作满意度及组织承诺等结果变量具有积极的影响。例如,积极的心理状态能够有效提升员工工作中的任务绩效和周边绩效(仲理峰,2007)、绩效工资、上级评价、工作满意度(Luthans et al., 2005, 2007, 2008)。但是,关于心理资本与职业成功的关系,几乎没有学者进行单独研究。然而,员工的工作绩效或绩效工资将直接影响其薪酬、晋升等客观职业生涯成功的评价指标。另外,工作满意度本身就是主观职业成功的评价标准之一。拉尔森和卢桑斯(Larson and Luthans,2006)表明四种积极心理状态与员工的满意度有显著正相关,他们认为一种普遍的解释是具有积极心理状态的员工会期望在工作中有好的事情发生,并且相信能够获得个人的成功,在遇到挫折时能够坚持,也更容易保持较高热情和投入。因此,四种心理状态的心理资本与职业成功也应是积极相关的。

职业生涯是在一段时间跨度上展开的,并由持久的态度与行为所驱动,所以那些较稳定的个性类的心理资本在决定个人职业成功上同样也发挥着重要作用(Boudreau et al.,2001;Seibert et al.,1999)。如主动性人格、核心自我评价、内控型等积极心理特质都倾向于积极寻求、建立和影响那些能够提供职业发展机会的工作条件和环境,大量的实证研究表明它们与工作投入、职场赞助、工作绩效呈正相关(Ng et al.,2005)。吴等(Ng et al.,2005)的元分析表明责任心、宜人性、外向、经验的开放性、主动性和控制性对晋升、薪酬、职业满意度均有积极影响。

四、职业成功个体影响因素的综合模型——职业成功资本论

已有的研究都是以单一的或几个简单的变量作为前因变量,分散地对职业成功的影响因素进行研究,不能揭示这一系列变量对个体职业成功影响的大小以及这些变量之间的相互作用,降低了研究结论的可靠性以及在管理实践中推广和应用的价值。我们需要寻找一个恰当的理论视角,整合现有职业成功前因变量的研究,从个体影响因素方面建立预测职业成功的综合模型(周文霞等,2015)。

(一) 智能职业生涯框架与人力资本、社会资本、心理资本

德·费利佩和亚瑟(DeFillippi and Arthur,1994)基于奎因(James Quinn)所提出的智能企业(Intelligent Enterprise),提出了智能职业生涯(Intelligent Career)框架。奎因的智能企业观点认为,在知识驱动的竞争环境中,智能型企业的成功源于三种不同的核心竞争力:"knowing-how""knowing-whom"和"knowing-why"。这三种企业竞争力要求员工在无边界职业生涯下也应具备三种职业竞争力以获得职业成功:① "knowing-how"指员工具备的与职业有关的知识、技能和能力,其不仅与当前组织绩效要求有关,而且有助于个人在多个雇佣环境下流动;② "knowing-whom"指个体拥有的来自组织内部和组织外部的社交网络,其不仅有助于改善内外部人际关系,而且可以成为个人追求职业机会和职业支持的途径(DeFillippi et al.,1994;Arthur et al.,1995);③ "knowing-why"体现为员工的动机、意义、认同、人格、兴趣和价值观等,反映了个体内部积极心理资源情况。

帕克等(Parker, Knapova & Arthur,2009)认为,"knowing-how""knowing-whom"

和"knowing-why"分别反映了个人所拥有的人力资本、社会资本和心理资本。因此，智能职业生涯框架为无边界职业背景下整合三种资本对职业成功的影响提供了理论基础。

根据亚瑟等(Arthur et al., 1995)所界定的"knowing-how"，人力资本是与职业相关的知识、技能和经验，常被学者们确认为人力资本的要素包括：受教育程度、工作任期(Forbes & Piercy, 1991)、认知能力(Tharenou, 1997)、组织任期(Wanberg, 1996)、政治知识与技能(Ng et al., 2005)、个人学习和培训等。根据亚瑟等(Arthur et al., 1995)所界定的"knowing-whom"，社会资本是指个人在组织内外部社会网络关系的数量与质量。数量主要指个人所拥有的社会网络关系数量和网络结构特点，社会网络关系越多、网络结构越体现出异质性，社会资本越丰富。质量是指镶嵌在社会关系和网络中的社会资源——权力、财富和声望。早期的学者认为心理资本是指能够影响个体的生产率的一些个性特征和情绪，如自尊、控制点和有效情绪交流等(Hosen et al., 2003)。从本质来说，心理资本其实就是指能促进个体积极发展的内部心理资源，本书综合"knowing-why"的内涵以及前人对心理资本的内涵界定作出如下定义：心理资本不仅包括希望、乐观、坚韧、自信和积极情绪等状态类(state-like)心理资本，也包括那些和工作行为与角色紧密相关的特质类(trait-like)心理资本，例如主动性人格、自尊、控制点、核心自我评价、责任心等。

根据智能职业生涯理论，"knowing-how""knowing-whom"和"knowing-why"是三种互补的职业胜任力形式，它们相互依赖地发挥作用。因此，三种"knowing"所涉及的人力资本、社会资本和心理资本在个人获得职业成功中缺一不可，任意一种资本的欠缺都不利于个人职业发展。由此，人力资本、社会资本、心理资本相互影响，共同积极作用于个人的职业成功，如图4-2所示。

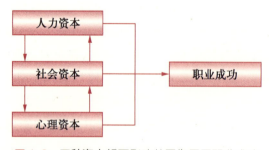

图4-2 三种资本相互影响共同作用于职业成功

(二) 人力资本、社会资本在心理资本与职业成功关系中的中介作用

虽然人力资本、社会资本和心理资本之间相互影响、相互作用来促进个人的职业成功，但这三种资本中，心理资本是能够超越人力资本和社会资本，保持个人竞争力、

促进职业成功的新型战略资源(Luthans et al., 2007),是获得职业成功最根本的因素。据此本书提出,心理资本将通过促进人力资本、社会资本,进而帮助个人获得职业成功。人力资本天然以个体为载体,积极的心理状态与特征必然会影响到员工知识、技能、能力的形成和发挥。例如,伽杰和赫斯特(Judge & Hurst, 2007)认为核心自我评价水平较高的孩子和成年人在以后的收入上会更成功,部分源于他们积累了更多由学业成就为代表的人力资本。心理资本水平高的员工总是拥有积极的情感,从而能够开阔员工的个人注意范围,使其更乐意接受和形成新思想、新观念、新实践,并表现出更高的创造性。高水平心理资本的员工往往具有自我提升和成长的内部动机以及自我职业生涯管理的理念,因此更容易具有持续学习的理念以及根据组织和环境的要求不断更新自己的知识和技能,并且这些积极的心理特质和状态也驱动个体更有效地发挥才干(张红芳、吴威,2009)。

积极的心理状态和特质也积极影响着员工所积累的社会资源。大量研究表明个体特征对社会关系具有影响(Parker et al., 2009),例如特班(Turban, 1994)认为内控、自我监控、情绪稳定型的员工更可能试图发起一种师徒关系,从而更容易得到更多职业指导;信任感是人际关系中最重要和基本的条件,较高社交自我效能的个体更可能在人际交往中产生信任感,从而获得更多社会资源(Wu et al., 2012);发展社会资源本身是一种主动性行为,主动性人格的个体更可能为职业成功寻找构建社交网络的路径,更倾向于寻求盟友来支持自己的倡议以及与拥有权力和影响力的人建立关系(Thompson et al., 2005)。同样,员工的积极状态与情感也影响着社会网络和资源,如乐观的个体比悲观的个体拥有更大范围和支持性的社会网络,拥有更长久的友谊,并能从中获取情感、工具和信息资源。柳博米尔斯基(Lyubomirsky, 2005)对大量积极情感与成功关系的研究进行了总结,发现积极情感的员工能得到更多来自婚姻中的另一半、朋友、同事、上级在情感和工作上的支持。

因此,在心理资本与职业成功的关系中,人力资本和社会资本作为中介变量起作用,如图4-3所示。

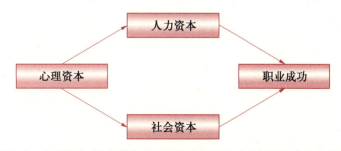

图4-3 人力资本、社会资本在心理资本与职业成功关系中的中介作用

(三) 职业生涯阶段、职业类型的调节作用

心理资本通过人力资本和社会资本影响个体的职业成功,对这两个机制作用大小的比较研究较为缺乏。于是,我们采用焦点小组访谈的方法,与职业成功人士交流他们的职业经历与体会,分析整理讨论结果,形成对这一问题的初步回答。

焦点小组访谈(focus group)是由一个经过训练的主持人以一种无结构的、自然的形式与一个小组的被调查者交谈。事先要有访谈的主题,通过倾听一组通过理论抽样选出的被调查者,从而获取对研究问题的深入了解。我们分别利用 MBA 班和在职管理人员培训班的机会,每个班选取 15 名晋升速度较快(35 岁之前做到中层管理者的职位或级别较高的专业技术人员)和职业满意度较高的同学,进行了两次 50 分钟左右的焦点小组访谈,先向被调查人员解释人力资本和社会资本的含义,然后请他们回顾自己职业发展的经历,讨论在晋升提薪等方面人力资本和社会资本影响大小的问题。被调查者通常会将人力资本与社会资本操作化为能力与关系两个更生活化的用语,通过讨论和争论,两个小组最终形成比较一致的结论:

(1) 无法简单比较人力资本和社会资本对职业成功影响的大小,任何时候两者都互相影响,综合起作用。

(2) 一般而言,在职业生涯的早期阶段,个体常常是通过自己的努力,表现出出色的工作业绩,成为一个突出的个体贡献者,从而引起关注,得到重用和提拔。一个人再有关系,这种关系也很难成为个人的能力,从而带来绩效的提升,所以在这个时期个人的能力即人力资本更为重要。但是在职业生涯的中期阶段,情况就不同了,如果一个人在组织中已经获得了一定的地位,还希望继续进步,攀登更高的职位,这时其竞争对手大多是通过人力资本的竞争达到同一高度的,也就是说竞争者的人力资本不相上下,这时社会资本的作用就凸显出来了,职业赞助、社会支持就很重要。通俗一点讲,有没有人提名你,有异议时有没有人为你说话,可能就成为你能不能获得机会、得到提拔的关键因素了。从这个意义上说,社会资本就变得更重要了。

(3) 对于不同职业类型的从业者来说,人力资本和社会资本的重要性也有不同。从事专业技术工作的人,其工作内容主要是和事、工具、数字、材料、机器等物质性的东西打交道,要取得好的工作绩效,获得职业上的成功,自身的才干、能力更为重要;而对于管理类的工作,主要与各类人打交道,工作本身就更容易积累人脉关系,而这种人脉关系又会成为其晋升发展的助力,社会资本相比人力资本更能预测其职业成功。

(4) 在极端情况下,人力资本和社会资本会出现互相取代的现象。一个人人力资本极其强大,如旷世天才无需社会资本也必然会取得成功;一个人社会资本极其丰厚,也能替代人力资本获得成功。

焦点小组访谈结果表明人力资本和社会资本影响职业成功的两个重要调节变

量：职业生涯阶段和职业类型。在职业生涯早期,人力资本的作用更大,在职业生涯的中期,社会资本的影响更大;相对于从事管理工作的人来说,社会资本的作用可能大于人力资本,相对于专业技术工作者来说,人力资本的作用可能大于社会资本。我们还注意到了特殊情况下人力资本与社会资本互相替代的现象(周文霞等,2015)。

由此,我们加入调节变量,以丰富职业成功资本论的模型,如图4-4所示。

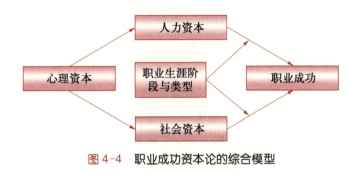

图4-4 职业成功资本论的综合模型

本 章 小 结

(1) 自我认知是指个人对自己的了解和认识,其中包括认识自己的长处与缺点,认识并调整自己的情绪、意向、动机、个性和欲望,并对自己的行为进行反省等。清楚的自我认知使你能够了解自己的职业价值观、兴趣、爱好、能力特长、人格特征以及弱点和不足,以便做出明智的职业选择,找到一份真正适合自己的工作,并在职业生涯管理中获得成功。传记式的自我陈述、价值观分类练习、生活经历分析都有助于个人将自己的能力、愿望同别人的希望、社会的期待分开,认清一个独特的自我。

(2) 对环境的认知包括对社会环境的认知和对组织环境的认知两部分。对社会环境的认知包括了解当前社会政治、经济发展趋势;社会热点职业门类分布与需求状况;自己所选择职业在当前与未来社会中的地位情况。对组织环境的认知具体包括对自己所选企业的内部环境分析和企业所面临的外部环境分析两部分。

(3) 职业生涯规划是指个人根据对自身的主观因素和客观环境的分析,确立自己的职业发展目标,选择实现这一目标的职业,以及制定相应的工作、培训和教育计划,并按照一定的时间安排,采取必要的行动实施职业生涯目标的过程。职业生涯规划也要随着时间的推移而变化。在实施职业生涯规划的过程中自觉地总结经验和教训,评估职业生涯规划,通过反馈与修正,调适最终职业目标与分阶段职业目标的偏差,保证职业生涯规划的行之有效。

(4) 职业生涯目标是指一个人渴望获得的与职业相关的结果。职业生涯目标的重要性在于:可以刺激高水平的努力;可以给高水平的努力指明方向;可以提高朝向目标努力的坚持性;具体的目标有助于形成实现目标的战略;职业目标可以衡量行为结果的有效性,向个体提供积极的反馈。个人可以从概念、操作功能和时间维度三个方面来考虑职业生涯目标的设定。

(5) 职业生涯目标设定中存在的主要问题有:设立了一个并不属于你的目标;职业目标与人生的其他目标不相关联;职业目标和目前从事的工作相分离;太过模糊的目标;过分关注工具性目标要素;太容易或太难的目标;不灵活的职业生涯目标。

(6) 个人在职业生涯发展的不同阶段面临着不同的任务,了解这些任务并开发出积极的对策完成这些任务,是个人职业生涯成功的重要保证。在选择职业阶段,掌握简历写作和面试的技巧也是十分重要的。

(7) 管理者必须学会战略性地思考自己的职业生涯,要善于管理自己的职业并且变成一个自我引导型的学习者,学会如何开发自己以及如何更新和拓展自己的专长,以确保自己能够为组织的绩效作出相应的贡献,为自己尽早建立起一种"成功的良性循环"。

(8) 职业成功是一个人在其工作经历中所累积起来的积极的心理上的或是与工作相关的成就。这一定义得到了学者们的广泛认同。职业成功分为客观职业成功和主观职业成功。客观职业成功是指个体在工作中获得的与工作相关的成就,是外部可以观察并量化的指标,如物质成功(财富、收入)、晋升次数、职位级别等。主观职业成功是指个体在工作中积累起来的积极心理感受,是个体的主观评价,如职业满意度等。

(9) 人们在判断职业成功状态时所使用的不同标准被称为"职业成功观"。职业成功观分为三个维度:外在报酬、内在满足、和谐平衡。

(10) 职业成功的影响因素可以分为三类:社会资本、人力资本和心理资本。据此,周文霞等(2015)在智能职业生涯框架的基础上提出了职业成功资本论。心理资本与职业成功关系的中介机制包括人力资本和社会资本两条路径,职业生涯阶段与类型会对人力资本、社会资本和职业成功的关系产生调节作用。

复习思考题

1. 你是如何进行自我认知的？除了书上介绍的自我认知的方法外，你还有没有自己比较独特的方法帮助你认识自己？
2. 职业生涯目标设定过程主要存在哪些问题？你认为怎样才能有效解决这些问题？
3. 尝试写一份简历，注意运用书上介绍的基本原则。
4. 在不同的职业生涯发展阶段，个人面临哪些不同的任务？如何才能有效地完成这些任务？
5. 怎样才能在自己的职业生涯发展过程中建立起一种"良性循环"的发展路径？
6. 你认为怎样才是职业成功？个体如何能获得职业成功？

案例分析　邹其芳——设计人生

简历：
1978—1982年在天津外国语学院学习；
1982—1984年在天津医药管理局工作，做美国史克公司与中国合资谈判的翻译；
1984—1992年在中美史克公司从底层一直做到市场部经理；
1992—1994年在美国沃顿商学院学习，念书期间负债8万美元，在思维方式、做事方式和知识结构上发生质的变化；
1994—1995年进入美国信孚银行工作；
1995—1997年任科尔尼咨询公司顾问；
1998年创立瑞尔齿科。

在瑞尔齿科的诊所里，经常会有一位和蔼可亲面带微笑的先生为患者倒茶，与患者聊天。这个人不是瑞尔齿科的一名普通医护人员，而是瑞尔集团有限公司总裁邹其芳。在瑞尔齿科，邹其芳总是用这种方式来教育员工要把患者当作客户。

邹其芳不是医生出身，在他的简历中，我们可以看到对很多人来说"显赫"的经历：在中美史克做过市场部经理、就读于美国沃顿商学院、有过在美国信孚银行以及著名咨询公司科尔尼工作的经历。就是这样一个人却丝毫没有架子，在采访过程中,他始终亲切、语气匀缓地把他的观点娓娓道来,就像他接待每一位患者时一样。在他身上找不到成功后的骄气,看到的是对命运牢牢掌握后的坚定与泰然。

外企中傻干,以前的同事都成了下属

作为中国恢复高考后第一批参加高考的人,邹其芳到现在都说,如果他有更充分的时间做准备他一定会选数理化方面的专业,但是那时仅有几个月的时间准备高考,邹其芳的选择只能是他一直坚持从广播中学习的英语。而正是这无意识的准备,使邹其芳成为中国恢复高考后第一批外语专业大学本科毕业生。

"毕业后我最想做的工作是当老师。"可是当时的环境并没有给邹其芳这样的机会,而除了当老师,其他的机会却很多——毕竟在刚刚改革开放的中国,外语人才是最紧俏的。

选择去天津医药管理局工作,邹其芳说看重的是医药管理局正在谈的一个合资项目,觉得这个项目不错,可以把外语派上用场。"我当时找工作有一个思路,就是,如果进入一个非教书的领域,外语只能成为工具。"在这个思路指导下,邹其芳进了医管局。

在医管局,邹其芳作为翻译进入了美国史克公司与中国公司的合资谈判。这也给了邹其芳一个机会,"在医管局做了两年后,我去了正在筹备中的中美史克"。虽然,医管局的工作已经令当时很多人美慕,但邹其芳毫不犹豫地扔掉了这个"铁饭碗",去了他认为发展前景更广、机会更多的中美史克。

邹其芳去中美史克的时候,它正处在筹建期,"加上我只有4名员工,所以什么工作都要做"。邹其芳说,当时他有一种傻干的精神,就是领导给什么工作都高高兴兴地去干,不会就学。在傻干中,邹其芳一边向别人证明着自己的能力,一边又得到了更多的机会。"我总是比别人下班晚,干得多,随着时间的推移,我的能力不断地增长,也就得到了更多的认可。"

邹其芳在中美史克干到第4年的时候,被任命为中美史克的市场部经理,直接向总经理汇报。从普通员工到计划主管到办公室主任最后成为市场部经理,邹其芳把与他同时进入中美史克的同事远远抛在了后面,这些人都成了他的部下。"我是学外语的,并不懂得生产和管理。之所以公司让我做这个职位,就是因为我的傻干,因为在傻干中,我建立起了我的信誉,建立起了别人对我的信任,积累了经验。"到现在,邹其芳都认为,先傻干再说,是在外企发展的基本点之一。

去沃顿学MBA,职业生涯就此改变

在最近为徐小平新书写的书评中,邹其芳写下了这样一段话:人的一生实际上是可以由自己来设计的,关键取决于你有没有提升改善自己、不断向前走的动力。实际上这段话正是邹其芳自己的人生感悟。

在中美史克工作到第 10 个年头的时候,邹其芳下决心辞职去美国读 MBA。这个决定意味着邹其芳将舍弃在外企工作的优越条件,意味着他必须举债度日,而此时的邹其芳已经 37 岁。"虽然在工作中我已经积累了一些经验,但毕竟我不是科班出身,我的经验是零散的,我当时觉得必须通过学习一套系统的理论把我的经验串起来。而 MBA 是我认为最好的选择,因为它是把管理理论和知识系统化的一种课程。"

但是,面对这样的取舍,邹其芳真的不犹豫吗?

"人的思维是不同的,大致可分为积极的和消极的,我大概属于积极的那种。做事时我考虑更多的是成功以后会怎么样,而不是不成功会怎么样。用这样的心态去看待我将失去的东西会觉得不算什么,因为 MBA 毕业后这些都会再有的。"

邹其芳当时考虑是,读完 MBA 后回国做个真正的职业经理人。而这个想法在他进入沃顿商学院后完全改变了。

"在沃顿读书我最大的变化是思维方式和看问题角度的变化。去沃顿前我从来没想过自己去创业,也不知道自己是否具备这样的能力。在沃顿,我不仅学习了很多我从来没有接触过的知识,而且也深深地感受到了美国浓厚的创业文化。"

邹其芳在沃顿时,最爱听的不是老师讲的课,而是那些学校请来的企业名流的演讲,而这些人大多是自己创业成功的。"读了 MBA 的人都有一个梦想,就是从头到尾做一件事,看看自己的价值所在。回过头来看,我当时想去读 MBA 实际上就已经有这个想法了,只是没被发现而已。到沃顿后,美国崇尚创业的文化和周围人潜移默化的影响使我这个潜在的想法被发现了。"

当邹其芳的创业梦想被激发出来后,他就再也待不住了,美国的绿卡也不能挽留他丝毫。但现实是,创业做什么,什么时候是好时机;读书借的 8 万美金要还。在创业的梦想没实现前,邹其芳不得不选择一个过渡的办法:先进公司再寻找机会。

进投资银行是一个错误,选职业和选工作完全不同

在创业前的过渡期,邹其芳在职业的选择上犯了一个错误。"当时并没认为是错的,但现在看来是。"

从沃顿 MBA 毕业后邹其芳进了美国信孚银行工作。其实,在沃顿主攻金融的他,进投资银行应该是顺理成章的事。而能到如此著名的投资银行工作是很多人一生的追求。但到了信孚邹其芳才意识到,这个选择是一个错误的冲动。"在银行工作我发现,10 年医药领域的工作经验在这里一点都用不上,什么都要从头再来,很多东西都要重新学。不仅如此,上司还比我年轻,而且要用5年的时间才能做到一定的职位,这对我来说太漫长了。"自己的特长发挥不出来,邹其芳的头脑开始冷静下来。"职业选择和工作选择完全是两码事。选工作可以随便些,但选职业一定要慎重。如果职业选错了,每一次跳槽自己都会受很大的损失。10年医药领域的工作经验本应为我的职业发展做加法,但在投资银行一点作用都没有起到。"

领悟得快,行动也得快,邹其芳在信孚银行工作1年后,就去了著名的咨询公司——科尔尼咨询公司。在科尔尼,邹其芳的医药工作经验和他学的MBA知识得到了很好的融合和运用。但即便如此,创业的梦想在他心头始终挥之不去。

这一次机会又眷顾了有准备的人,也使邹其芳回到了他熟悉的医药领域。

在香港工作1年多后,邹其芳遇见了以前的上司——原美国史克董事长温特。当时退下来的温特收购了一家美国最大的生产种植牙的公司,并想开发中国市场,而温特想到的最好的人选就是邹其芳。"我在中美史克工作时,曾和温特有过几次接触,但都是工作上的。后来我去美国读书,每年都要去拜访他一次,我曾告诉他我想回国创业。"看似偶然的选择,实际存在着必然的关系。选择邹其芳,温特显然不是任意而为。

有经验也有教训,管理的真谛需要干中领悟

真正作为企业领导者邹其芳应该是从瑞尔齿科开始的。几年来,邹其芳的领导感悟是行动比说教有意义,做事力求简单。

以身作则不仅是邹其芳对管理层的要求,也是对自己的要求。很多时候,你在瑞尔齿科诊所里看到的一个和蔼可亲,面带微笑,为患者倒茶,与患者交流的人正是邹其芳。"在一个新企业,大家做事都想有一个标准,那么谁是标准呢?管理层要以身作则。"

有人的地方就有矛盾。在邹其芳看来,管理的过程就是把事情捋顺的过程,把人际关系调整好。而这时,邹其芳讲究的是简单。比如说,两个医生为患者多少起争执时,最好的办法是分开解决。

从做瑞尔齿科开始,邹其芳提倡的管理理念是为人民服务。"管理者不是发号施令的,不是下指标、提要求,而是你了解工作是怎样完成的,你协调衣食住行、财务、市场、供应、服务……各个系统。如果你能让专家工作得更得心应手、效率更高,你的管理就是成功的。"为了把这个主导思想贯穿下去,他采取的方法是借题发挥,任何一件小事都能被他引导到这个主题上来。

邹其芳用过很好的人。比如前上海公司的总经理在日本工作近20年,回来后没有丝毫的水土不服。"当时上海公司正在筹办,他挽起袖子就干,没有跟我谈待遇,是个先干后说的人。"但邹其芳也走过眼,用错过人。"有的人确实很能说,但做起来就不行了,而中层管理者要的就是执行力。"这时,邹其芳更多把责任揽在管理者身上,谁让你事先没看好。

资料来源:邓展,《邹其芳:设计人生》,《中国贸易报》,2004年2月6日。

思考题

1. 你认为邹其芳在其职业生涯发展中有哪些关键点?他是如何把握这些机遇的?

2. 为什么邹其芳认为进入投资银行是其职业选择中犯的一个错误?你如何评价他的这一选择?

3. 请从对自我认知和环境认知的角度评价邹其芳的职业生涯管理策略。

第五章

组织职业生涯管理

【重要概念】
　　组织职业生涯管理、职业生涯阶梯、职业生涯咨询、继任者计划、师徒制

【内容提要】
　　这一章我们将从以组织为主体的职业生涯管理的内涵和功能入手，重点介绍职业生涯阶梯、职业生涯计划等概念和几种常见的组织职业生涯管理措施。本章将因循职业探索、职业建立、职业中期和职业后期等职业发展阶段的顺序和处于这几个阶段的员工特点，探索适用于他们的个性化职业管理手段，然后介绍组织职业生涯管理的具体实施步骤与方法，最后介绍职业生涯管理工作的常见方式（包括职业生涯咨询、继任者计划和师徒制）。

【学习目标】
　　1. 掌握组织职业生涯管理、职业生涯阶梯的概念；
　　2. 掌握职业生涯咨询、继任者计划、师徒制的概念；
　　3. 了解职业生涯阶梯的几种模式和发展变化趋势；
　　4. 熟悉处于不同职业生涯阶段的员工特点，并能提出相应的职业生涯管理对策；
　　5. 掌握组织职业生涯管理的具体实施步骤和方法；
　　6. 掌握组织职业生涯管理的常见方式的内容与步骤。

【开篇案例】

人才流失与组织职业生涯管理

信达公司是一家全国性的民营快递公司,经过 10 余年的发展,该公司在全国范围内形成了较为完善、流畅的自营快递网络。截至 2017 年 6 月,信达公司拥有独立网点及分公司 860 家,服务网点及门店已覆盖到全国四线城市,从业人员超过 12 万人。

近年来,快递向西、向下步伐加快,众多快递公司也在因地制宜探索"快递下乡"新模式。信达公司也在不断加强快递和电商的互动,打通"产品出山""网货下乡"双向通道。2015 年 9 月,信达公司引进阿里"村淘"项目落户贵州山区的某一乡镇,但是派往该乡镇的管理人员和骨干人员工作不到半年就相继离职,有的跳槽到了大型物流企业,有的自己创办了小的快递公司,人才流失使公司实施"快递下乡"的战略难以实现。

资料来源:陈葆华等,《现代人力资源管理》,北京理工大学出版社,2017 年,第 241 页。

职业生涯管理应被看作组织和员工个人为了满足各自和对方的需要而采取的对职业行为进行有意识的管理行为,管理的结果建立在组织和个人的职业互动过程中。在现代企业中,从员工个人角度来看,个人最终要对自己的职业发展计划负责,这就需要每个人都清楚地了解自己所掌握的知识、技能、能力、兴趣、价值观等,并在此基础上做出恰当的职业选择、制定职业目标和完善职业计划;而从组织角度来看,他们必须鼓励员工对自己的职业生涯负责,为员工提供他们感兴趣的有关组织工作、职业发展机会的信息,帮助员工作好自我评价和培训工作,甚至帮助他们制定与组织目标相符的职业计划和目标。

前一章我们着重介绍了员工进行自我职业生涯管理的方法和技巧,这一章将从组织的角度来看,如何采取适当的措施帮助员工做好职业生涯管理与开发工作,并最终实现组织和个人目标的统一。

第一节 组织职业生涯管理概述

一、组织职业生涯管理与个人职业生涯管理之间的联系

职业生涯是个人职业变动的整个过程,从表面上看来似乎完全是个人的事情,与

组织并不相关,实则不然,个人职业生涯与组织有着内在的必然联系。

(一) 个人职业生涯与组织天然相连

个人与组织是相互对应的。劳动者个人,是劳动力的所有者,是劳动力的供给方,而组织拥有生产资料,是劳动力的需求方。双方必须相互结合,劳动力的供给和需求才能实现。供求结合与实现的过程即劳动者让渡自己的劳动力给组织,供组织使用、支配并与生产资料相结合的过程,也是劳动者求职和组织安排劳动者参加工作的过程。

(二) 个人职业生涯以组织为载体

职业是劳动者从事的相对稳定的、有收入的具有市场价值的专门工作或活动。劳动者进行专门工作或活动的条件、场所,唯有组织可以提供。就是说,只有进入组织,个人才能实际地从事有报酬的专门工作或活动,也才可以使个人职业才能得到充分发挥。不加入组织,就没有职业位置,没有工作场所,才能再大,也会因英雄无用武之地而遭到浪费。所以,没有组织,就没有个人职业,更无从谈起职业的发展,组织是个人职业生涯得以存在和发展所依赖的载体或者说是物质承担者。

(三) 劳动者及其职业工作是组织存在的根本要素

任何类型的组织,其活动的主体都是劳动者,在诸多生产要素之中,劳动者是唯一能动的主导要素,没有劳动者及其在各职业岗位上的工作,劳动工具、劳动对象、技术、资金等一切生产要素均将变成无用之物。劳动者在这一生产过程中,不仅转移旧价值,而且创造新价值。显然,如果没有劳动者,没有劳动者在组织的多种职业岗位上的辛勤劳动,便没有企业组织的存在。

(四) 组织的发展依赖于劳动者个人职业的开发与发展

以企业组织为例,组织发展,指企业生产能力的扩大和生产力水平的上升,既有量的增加又有质的提高。组织发展,又直观地集中体现在不断获取企业生产的高效益,实现利润最大化目标。在以往的经济发展中,企业效益的取得和利润的扩大,主要依赖于物质资本和劳动力数量的增加。在激烈的市场竞争中,现代经济的运行、企业的成长,则取决于现代科学知识、高新技术,以及现代化、高水平、专家化的经营管理。归根到底,取决于劳动者的职业智能水平。随着现代科学技术日新月异的发展,企业的产品、原材料的使用、生产工艺流程、生产技术等会处于经常革新、改造、变动之中,每项职业工作需要的知识技能也在不断变化,水平也会越来越高,而且企业的岗位设置也在发生变化,这就必须有相应的职业水平和能力的劳动者来承担新的职业工作和胜任职业工作的更高要求。从这个意义上讲,个人职业的开发与发展,是组织不断发展的生命线和根本保证。

从上述分析可见,组织与劳动者个人及其职业生涯是相互依存、相互作用、共同发展的关系。在职业发展过程中,劳动者个人应积极主动地发挥能动作用,强化自我发展、自我开发,同时组织也要积极开辟道路,促进劳动者个人职业的发展。

二、组织职业生涯管理的内涵与功能

(一) 组织职业生涯管理的产生背景与内涵

组织职业生涯管理,是一种专门化的管理,即从组织角度对员工从事的职业和职业发展过程所进行的一系列计划、组织、领导和控制活动,以实现组织目标和个人发展的有效结合。龙立荣(2002)认为组织职业生涯管理是指由组织实施的、旨在开发员工的潜力、留住员工、使员工能够自我实现的一系列管理方法。奥彭(Orpen,1994)认为,组织职业生涯管理是组织为提高员工的工作效率、确定员工职业生涯目标并提供给员工适当的职业机会的组织实践。这些实践包括一系列的项目和职业生涯干预手段(De Vos et al.,2008;Bagdadli S,Gianecchini,2019)。在员工制定和实施其个人职业生涯发展计划的过程中,都需要组织的参与和帮助,前面也曾探讨过,员工个人的职业发展是不可能脱离组织而存在的,因此组织在员工个人的职业发展中起着重要的作用。

随着员工受教育程度和收入水平的不断提高,他们的工作动机也趋于高层化和多样化,人们参与工作,更多的是为了获得成就感、增加社会交往、实现个人发展的理想,那么他们的这些需要如何满足呢?这就对组织的管理活动提出了许多新的要求。在20世纪六七十年代的美国,企业组织最早开始了组织职业生涯管理方面的有益探索,一些企业开始有意识地帮助员工建立起在本企业内部的发展目标,设计在企业内部的发展通道,并为员工提供实现目标过程中所需要的培训、轮岗和晋升。实际上,组织的职业生涯管理是在实践的基础上对某些管理措施进行总结和制度化并加以适当的创新之后形成的。在过去的管理实践中,有些管理人员意识到不同的员工应有不同的职业选择、不同的发展目标、不同的发展道路,因此会提醒员工根据自己的情况和企业组织的需要正确地进行职业选择、人生目标的确立和发展道路的确定。随着时代的发展,人们意识到这种管理方式的必要性,对其加以系统化才逐步形成职业生涯的组织管理模式。

关于组织职业生涯管理实践的研究可追溯到20世纪70年代,最初关注重点是如何为公司设立有效的继任者计划,后来关注点则转移到组织职业生涯管理实践的定义上。组织职业生涯管理的实证研究较为零散,研究成果经常发表在职业心理学、劳动经济学、人力资源管理等不同学科领域的期刊上。有些研究单独探讨了某一项组织职业生涯管理实践的有效性（例如，职业指导、职业培训），但没有得到较为一致的结果（De Vos, Dewettinck & Buyens, 2008; Bagdadli & Gianecchini, 2019）。

国内学者龙立荣、方俐洛和凌文辁（2002）认为，组织职业生涯管理的工作内容一般包括三大类：① 提供内部劳动力市场信息。主要采取的方法是公布工作空缺信息、介绍职业阶梯或职业通路、建立职业资源中心（兼作为资料和信息发布中心）。② 成立潜能评价中心。主要用于专业人员、管理者、技术人员提升的可能性评价，常用的方法有评价中心测评、心理测验、继任者计划。③ 实施发展项目。具体包括工作轮换、职业培训、研讨会以及专门针对管理者的培训或实行双重职业计划（管理方面和专业方向）。

巴格达德利和贾内奇尼（Bagdadli & Gianecchini, 2019）在其组织职业生涯管理综述中，也梳理了组织职业生涯管理的主要做法。这些做法包括：① 职业咨询，即与员工讨论他们目前的工作活动和业绩、个人技能和职业发展目标的过程；② 继任者计划，确定和发展未来将在组织内部担任管理职位或关键岗位的人才；③ 职业规划研讨会，通过与处于类似情况的其他人或人力资源专业人员的讨论，帮助员工进行职业选择、确定职业目标；④ 内部岗位竞聘，让员工有机会自由申请组织内部的岗位空缺，在组织内部发展自己的职业生涯；⑤ 再就业辅导和提前退休计划，帮助员工在职位转换期间维持生计；⑥ 对员工的能力、潜力进行评价，多采用评价中心法；⑦ 根据员工的职业道路取向（技术导向或管理导向）为员工提供晋升和奖励的双阶梯系统；⑧ 实行导师制，支持资深员工将丰富的工作经验和专业见解传达给新员工，为他们提供指导和帮助。

从以上学者总结的组织职业生涯管理方式中可以看出，国内外组织职业生涯管理实践较为一致，并无明显的差异。并且组织倾向于同时采用几种不同的组织职业生涯管理方式（Baruch, 1999），但目前还没有被普遍接受或是最有效的组织职业生涯管理实践组合（De Vos et al., 2008）。

（二）组织职业生涯管理的功能

职业生涯管理旨在将组织目标与个人目标联系起来，因此组织对员工实施职业生涯管理本身就应该是一个双赢的过程。综合来看，其作用主要可以从组织和员工两个角度来考虑。

1. 组织职业生涯管理对组织的作用

（1）使员工与组织同步发展，以适应组织发展和变革的需要。任何成功的企业，其成功的根本原因是拥有高质量的人才。而这些人才除了依靠外部招聘，更主要的是靠组织内部培养。在当今世界竞争加剧、环境不断变化的大背景下，实施职业生涯管理可以有效地实现员工和组织的共同发展，不断更新员工的知识、技能，提高人的创造力,确保企业在激烈的竞争中立于不败之地。

（2）优化组织人力资源配置结构,提高组织人力资源配置效率。经过职业生涯管理,一旦组织中出现了空缺,可以很容易在组织内部寻求到替代者,既减少了填补职位空缺的时间,又为员工提供了更加适合他们发展的舞台,解决了"人事合理配置"这一传统人力资源管理问题。

（3）提高员工满意度,降低员工流动率。职业生涯管理的目的就是帮助员工提高在各个需要层次的满足程度,尤其是马斯洛的需求层次理论中提到的归属、尊重和自我实现等高层次的需要,它通过各种测评技术真正了解员工在个人发展上想要什么和应该得到什么,协调并制定规划,帮助其实现职业生涯目标。这样可以有效提高员工对组织的认同度和归属感,降低员工流动率,进而形成企业发展的强大推动力,更高效地实现企业组织目标。

2. 组织职业生涯管理对个人的作用

（1）让员工更好地认识自己,为他们发挥自己的潜力奠定基础。每个人都有自己的目标,以此来指导自己的行为,但是人们尤其是年轻人在规划自己的发展目标时,往往存在过高估计自己的倾向。而且由于从众心理的影响,人们经常会不顾自身的特点及环境提供的条件,盲目追随社会热门的职业。事实上,个人目标应该是建立在对自己的客观评价和认识的基础之上的。有很多人在目标实现过程中并非不努力,而是由于缺乏对自身和对环境的正确认知,导致对工作的期望过高。通过职业生涯管理,组织可以帮助员工了解自己的特点及所在组织的目标、要求,为自己制定切实可行的发展目标,并不断从工作中获得成就感。

（2）提高员工的专业技能和综合能力,从而增加他们的自身竞争力。组织适当地对员工进行职业生涯指导并提高他们进行职业生涯自我管理的能力,可以增强其对工作环境的把握能力和对工作困难的控制能力,帮助他们养成对环境和工作目标进行分析的习惯,同时又可以使员工合理计划、分配时间和精力,提高他们的外部竞争力。

（3）能满足个人的归属需要、尊重需要和自我实现的需要,进而提高生活质量,增加个人的满意度。随着时代的发展,工作对于个人的意义可能远远超过一份养家糊口的差事,它也成为人们生活的一部分,人们越来越热衷于追求高质量的工作生活。职业生涯管理可以通过对职业目标的多次提炼使工作目的超越财富和地位之上,让人们都享受到更高层次自我价值实现所带来的成功。

（4）有利于员工过好职业生活,处理好职业生活和生活其他部分的关系。良好的职业生涯管理可以帮助个人从更高的角度看待工作中的各种问题和选择,将各分离的事件结合联系起来,服务于职业目标,使职业生活更加充实和富有成效。它更能考虑职业生活同个人追求、家庭目标等其他生活目标的平衡,避免顾此失彼、左右为难的困境。

第二节 职业生涯发展阶梯管理

一、职业生涯发展阶梯的内涵

职业阶梯是指组织为内部员工设计的自我认知、成长和晋升的管理方案。职业阶梯设计指明了组织内员工可能的发展方向及发展机会,组织内每一个员工可能沿着本组织的发展阶梯变换工作岗位。具体来说,**职业生涯阶梯**是个体在一个组织中所经历的一系列结构化的职位。比如,西南贝尔公司的员工在进入更高一级的管理层之前经常要在一系列不同的直线与职能部门担任管理工作。客户服务部的管理人员可能在下一阶段被安排在培训职能部门,然后又被调到网络服务这种直线部门工作,由此在不同的部门里获得经验。职业阶梯的设计是在帮助员工了解自我的同时使组织掌握员工的职业需要,以便排除障碍,帮助员工满足需要。另外,职业阶梯通过帮助员工胜任工作,确立组织内晋升的不同条件和程序,对员工的职业发展施加影响,使员工的职业目标和计划有利于满足组织的需要。

这里需要指出的一点是,职业阶梯的概念略不同于职业生涯路径,职业路径是指员工在其职业生涯中所经历的一系列工作。比如,假设一个人的梦想是成为一家制药公司的高层管理者,她毕业于某一大学的化学专业,在一家全国性的制药公司担当药剂质量控制师的职务。她重新考虑了自己的规划后觉得有必要再进一步深造。她于是计划读一个在职的 MBA,并希望从中学到专业的管理技术,因此她渴望在她现在就职的公司中得到晋升,成为一名管理人员。如果在今后的五年之内没有达到这个目标的话,她就会考虑到另外的制药公司工作。另一个选择是试着换到销售部门去工作,在那儿她可以获得实际的管理经验。

二、职业生涯阶梯模式

一般来说,组织有四种职业生涯阶梯模式:传统职业阶梯、行为职业阶梯、横向职业阶梯及双重职业阶梯。职业阶梯是组织中职业晋升的路线,是员工实现职业理想和获得满意工作、达到职业生涯目标的路径。

(一)传统职业阶梯

所谓传统职业阶梯是员工在组织中从一个特定的职位到下一个职位纵向向上发展的一条路径,是一种基于过去组织内员工的实际发展道路而制定出的一种发展模式。这种模式将员工的发展限制于一个职能部门内或一个单位内,通常是由员工在组织中的工作年限来决定员工的职业地位。它假定每一个当前的职位是下一个较高职位的必要准备。因而,一名员工必须一个台阶一个台阶地、从一个职位到另一个更高职位变动,以获得所需要的经历和准备。例如,某一组织的销售部门的职业阶梯是从下而上设计为销售小组、社区销售、地区销售、全国销售及全球销售5个等级:一个销售人员可在5年后成为销售组长,10年后成为社区销售主管,15年后成为一个地区销售主管,25年后成为跨国公司在某一国家的销售主管,30年后成为某一国家的销售总监。我国的公务员职称序列实际上就是这样一种基于资历进行排序的传统职业发展阶梯。传统职业阶梯的最大优点是清晰明确、直线向前,员工知道自己向前发展的特定工作职位序列。但它有一个很大的缺陷,就是它是基于组织过去对成员的需求而设计的,实际上随着组织的发展,技术的进步、外部环境的变迁、企业战略的改变都会影响企业的组织流程和组织结构,进而影响对人力资源的需求,原有职业需求已不再适应企业发展要求。

(二) 行为职业阶梯

行为职业阶梯是一种建立在对各个工作岗位的行为需求分析基础上的职业发展阶梯设计。它要求组织首先进行工作分析来确定各个岗位上的职业行为需要,然后将具有相同职业行为需要的工作岗位化为一族[①],然后以族为单位进行职业生涯设计。这样,除了传统职业阶梯之外,员工还可以在族内进行职业流动,从而打破了部门对员工职业发展的限制。这种呈网状分布的职业发展阶梯设计能够给员工和组织带来巨大的便利:对员工来讲,这种职业发展设计首先为其带来了更多的职业发展机会,尤其是当员工所在部门的职业发展机会较少时,员工可以转换到一个新的工作领域中,开始新的职业生涯;其次,这种职业发展设计也便于员工找到真正适合自己的工作,找到与自己兴趣相符的工作,实现自己的职业目标。对组织来讲,这种职业发展设计增加了组织的应变性。当组织战略发生转移或环境发生变化时,组织能够顺利实现人员转岗安排,保持整个组织的稳定性。

(三) 横向职业阶梯

前两种职业途径都被视为组织成员向较高管理层的升迁之路。但组织内并没有足够多的高层职位为每个员工都提供升迁的机会,而长期从事同一项工作会使人备感枯燥无味,影响员工的工作效率。因此,组织也常采取横向调动来使工作具有多样性,使员工焕发新的活力、迎接新的挑战。虽然没有加薪或晋升,但员工可以增加自己对组织的价值,也使他们获得了新生。按照这种思想所制定的组织职业阶梯就是横向职业阶梯,它进一步打破了行为职业阶梯设计对员工行为和技能要求的限制和约束,实现了员工在组织内更加自由的流动。这种设计一般也是建立在工作行为需

---

① 这里的族,是指对员工素质及技能要求基本一致的工作岗位的集合。

求分析基础上的。

(四) 双重职业阶梯

传统的职业阶梯是组织中向较高管理层的升迁之路,而双重职业阶梯主要用来解决某一领域中具有专业技能,但并不期望或不适合通过正常升迁程序调到管理部门的员工的职业发展问题。这一职业阶梯设计的思路是:专业技术人员没有必要也不可能因为其专业技能的提升而从事管理工作,技术专家能够而且应该被允许将其技能贡献给组织而不必成为管理者。他们的贡献是组织需要的,应该得到组织的承认。承认的方式不必是被提拔到管理岗位,而是体现在报酬的变更和地位的提升上,并且处于同一岗位上不同级别专业人员的报酬是可比的。双重职业阶梯有利于激励在工程、技术、财务、市场等领域中有突出贡献的员工。实现双重职业阶梯能够保证组织既聘请到具有高技能的管理者,又雇用到具有高技能的专业技术人员。专业技术人员实现个人职业生涯发展可以不必走向管理层晋升的道路,避免了从优秀的技术专家中培养出不称职的管理者这种现象。这无疑有助于专业技术人员在专业方面取得更大的成绩。

总体来看,传统职业阶梯以及由其改良来的行为职业阶梯都是基于晋升而设计的职业阶梯,横向职业阶梯可以增加员工的职业生活多样性,双重职业阶梯可以保证员工在适合自己的岗位上发展。每种阶梯都有它的特点,组织可以根据其特色而选择适当的职业阶梯,发挥职业管理的巨大功效。

【相关链接】

腾讯公司的职业发展通道设计

在公司发展的 20 余年间,腾讯实现了从中型军舰到超级航母的华丽转变,伴随着公司的"超速"发展,其员工的规模也在"超速"扩张。如何在扩张中保持人员的稳定性和成长性,腾讯完善的职业发展通道体系起了关键作用。

横向上,腾讯公司按照能力与职责相近的原则,分 3 个层次建立了细致完善的岗位体系,包含 4 个职族、24 个岗位类别以及每个岗位类别下的若干岗位。纵向上,腾讯公司将通用职族的岗位由低到高划分成 6 个等级。同时,每个等级中设置了基础等、普通等和职业等三个子等。基础等是指刚到达基本能力要求,尚需巩固;普通等是指完全达到本级别各项能力要求;职业等是指本级别各能力表现成为公司或部门内标杆。

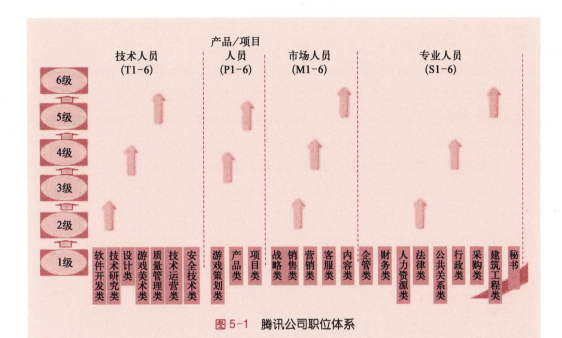

图5-1 腾讯公司职位体系

当员工成长发展到一定阶段后,腾讯会视员工在管理或者专业方面的能力优势,结合员工意愿与公司的人才培养规划,帮助员工确定更能发挥其能力特长的发展方向,在专业通道上发展可以获得和管理通道发展相同的认可和回报。同时,为保证管理人员从事管理工作的同时,不断提升专业水平,腾讯规定除总办领导以及EVP(执行副总裁)以外的所有管理人员必须同时选择市场族、技术族、专业族的某一职位类作为其专业的发展通道,走双通道发展。

资料来源:北京智鼎管理咨询公司报告,《揭秘腾讯"鹅厂"员工职业发展通道的成功之处》,2018年9月21日。

三、职业阶梯设置

传统的职业发展意味着沿着组织内部的管理职位阶梯一步一步地向高层提升,但是对许多人来说,单一的管理职位阶梯是与他们的职业自我观和兴趣不相称的。职业锚理论告诉我们,员工都有自己的职业定位,而管理型只是8种职业锚中的一种,因此以管理层级设计为基础的职业阶梯显然是过于片面的,不能满足拥有不同职业锚的员工的职业发展需要。

受到双重职业阶梯模式的启发,一个解决问题的办法就是,以职业锚的类型划分为依据,对组织内部的员工的工作类型进行分类,设计适合本组织的多重职业阶梯,不同职业阶梯的层级之间在报酬、地位、称谓等方面具有某种对应关系,这样就可以让每一个员工都能找到适合自己的职业阶梯,朝着自己的职业里程碑前进。

多重职业阶梯的设计实际上向员工传达了一种非常重要的信息,即组织非常重视每个员工的个人发展,会为每个员工提供足够的发展空间和晋升机会。这样做的好处是有助于降低员工的离职倾向,尤其是技术类员工将会因此受到极大的鼓舞,因为他们将会有更多的机会得到晋升或获得提薪。

海尔公司在多重职业阶梯设计方面的探索非常值得借鉴。海尔对每一位新进厂的员工都进行一次个人职业生涯培训。不同类型的员工自我成功的途径不尽相同,为此海尔为各类员工设计出了不同的升迁途径,使员工一进厂就知道自己该往哪方面努力才能取得成功(见表 5-1)。

表 5-1　各类员工升迁途径及职务序列一览表

员工类别	区分性特征	升迁途径
科研人员	专业型	设计员→设计师→主任设计师→主任设计师→总设计师 　　　　　　　　　（一、二级）　（三级）
营销人员	业务型	业务员→营销中心经理→营销分部部长→营销公司经理 　　　→营销中心经理→职能处(厂)长→职能部部长　→事业部部长→本部长
一般管理人员	管理型	科员→科长(车间主任)→处(分厂厂)长→职能部部长 普通科员→专业科员→主任科员→主任科员　　　→事业部部长→本部长 　　　　　　　　　（一、二级）　（三级）
工人	操作型	操作工→质量明星一星→二星→三星→四星 操作工→助理技师→技师→高级技师

索尼公司则利用非传统的职业生涯阶梯设计来促进员工的创新能力。在索尼,个人有权自主调到他们认为更有兴趣、更有挑战性的部门,而不需要经过主管的同意。如果他们加入了一个新的项目小组,他们现在的上司应当让他们离去。索尼的自我促进思想也许是激发具有革命与创新性产品设计的关键所在。

第三节　分阶段的职业生涯管理措施

职业生涯有一定的规律,需要员工对这些规律有深入的理解,并能结合自己的特点和工作实践进行判断和决策。一般来说,这种规律性体现在职业生涯发展存在不同的阶段,而各个阶段不同的员工可能都会存在某种共性的特征。因此,组织有责任为员工提供比较专业的职业生涯发展咨询,在员工职业生涯发展的不同阶段为其提供所需要的咨询服务。根据前人的研究,我们可以将职业生涯的过程划分为四个阶段：职业探索阶段、职业建立阶段、职业中期阶段和职业后期阶段，针对不同的职业阶段，组织应采取不同的职业生涯管理措施。

一、职业探索阶段——初步的职业规划与顾问计划

这个阶段从参加工作起，一般到25岁左右，具体时间长短根据员工知识储备、学历不同而有所不同。一般来说，当新员工在进入一个新的组织时，会经过三个阶段来完成社会化的过程，即前期社会化、碰撞、改变与习得阶段。

在前期社会化阶段，新员工从各种与工作、组织有关的消息来源收集信息，这个阶段最有可能的压力就是对于新员工而言一切都不是太清楚，因此取得准确的信息就显得尤为重要。心理契约便形成于这个阶段。双方在此时有努力达成一致目标的心理是必要的。

在碰撞阶段，对于新员工而言，工作所要求的角色、任务、人际关系和身体状况都是显而易见的。在前期的社会化中形成的期望可能会与所看到的组织现实相矛盾，从而产生现实冲突。这时最可能预见到的惊讶反应是新员工在想："我到底在干些什么啊？"现实冲突的程度取决于在前期社会化中形成的期望值有多大。如果这些期望是不切实际或是不可能被满足的，现实的冲突可能会成为一个问题。

在改变与习得阶段，新员工开始掌握了工作要求，他应该具备一些方法来应付工作上的要求。

总体来看，在职业探索阶段中，员工探索性地选择自己的职业，试图通过比较不同的工作或工作单位而选定自己喜欢、适合自己并将长期从事的职业。这个时期员工希望经常调换不同工作的愿望十分强烈。

从组织的角度来说，可以采取的策略一般包括以下几种：

（1）在这个阶段的主要任务是帮助新员工准确地认识自己，制定初步的职业生涯发展规划。

【相关链接】

草原兴发的职业生涯规划项目

草原兴发集团公司在其创业10周年之际，推出了面向全体员工的职业生涯规划项目。他们通过研究把员工的职业生涯发展分为四个时期，即起步期、成长期、成

熟期和衰老期。职业生涯规划的目标是缩短起步期，使人才快速成长，延长成熟期，防止过早衰老。他们把员工的起步期作为管理的重点，认为起步期的年轻人不容易找准自己的位置，在彷徨和徘徊中浪费时间，对个人和企业都是损失。为此，集团规定，起步期的年轻人，通过一段时间的感受、摸索后，对现有工作环境不满意，或觉得现有岗位不能发挥个人才能，可以向集团人事部提出相关要求，人事部负责在1个月内给予满意答复。为了引导新员工用好这一全新的政策，在为期3个月的入厂教育中，集团首先安排5—7天的职业生涯规划培训，请专家讲职业规划的重要性和规划的要点，包括职业生涯道路选择、个人成长与组织发展的关系、系统学习与终生学习的必要性以及如何根据自己的特长和兴趣规划自己的人生等，使员工一进厂就产生强烈的意识：找准方向，找准位置，尽快知道该怎样发展自己。

资料来源：HRoot，《草原兴发集团——帮员工谋划职业生涯》，https：//www.hroot.com/contents/79/251809.html，2019年12月1日。

（2）为新入职的员工提供职业咨询和帮助。如果能得到老员工的建议和帮助，新员工将会更快地融入组织。有些组织专门为每个新员工都配备一个工作导师，这些人或者是组织中经验比较丰富的老员工，或者是新员工的直接上司。目前很多管理理念先进的企业都在实施顾问计划，其实质就是为员工安排一个工作中的导师。

所谓顾问，是指一个能向个体提供指导、训练、忠告和友谊的人。在成功的职业生涯中顾问处在一个很重要的位置上，因为他们能在工作与心理两方面为个体提供帮助。

顾问所提供的工作上的帮助包括教导、引荐、训练和保护。教导是指有效地帮助个体取得工作经验并提高；引荐是指为其提供与组织中关键人物建立友谊的机会，从而取得职业上的进步；训练是对其工作进行指导；而保护则是指帮助个体避免卷入那些能毁坏个体的事件中。工作上的帮助对个体今后的成功与发展尤为重要，有研究表明个体受到的工作上的帮助的数量与4年后所取得的成功有相关关系。

顾问也能在心理上为个体提供帮助。角色榜样的作用会在顾问表现出让个体效仿的行为时产生，这有利于个体的社会学习。不管是对于个体还是顾问而言，相互之间的接纳与肯定都是重要的：当个体认为他被顾问接纳了，就会使他产生一种自豪感；同样，年轻同事的积极评价与欣赏也能使顾问感到高兴，接受顾问的指导也使个体得到了在私人问题方面的帮助。产生友谊是顾问的另一个心理功效，这会对双方都产生积极的影响。

有些标准可以用来评定一个顾问关系是否有效。在有效的顾问关系中，双方有目标明确的经常性的交流与接触,对个体的指导应当是与公司文化和组织目标相一致的。顾问与被保护者双方都应该有掌控这种关系的能力,顾问应因为他们所担当的职责而受到高度的评价与奖励。

其实不管是正式的、长期的顾问计划还是非正式的、临时性的顾问计划,如果要取得成功,一般来说应该具备四个关键要素:第一,参与计划应当是自愿的,不能强迫任何人参加,并且适当地搭配顾问与个体是必要的;第二,来自高层管理者的支持可以用来表达这个计划的意图和这个计划在职业生涯发展中的作用;第三,对顾问要进行培训,从而使他们知道其在这种关系中的作用;第四,对于那些搭配不当的人或是完成了任务的顾问关系要有一个美好的结束方式。

(3) 帮助员工寻找早期职业困境产生的原因及解决办法。刚刚入职的新员工之所以选择某个职位,往往是建立在这样一种期望的基础上,即组织会对他们有什么样的需要,以及如果满足了这些需要他们能够从组织中获得什么。新员工,尤其是那些受过大学教育的人,他们所期望获得的工作方式是,既能够充分利用自己在大学所受过的训练,同时又能够得到组织的认可并获得发展的机会。然而在很多情况下,这些新入职的员工很快就对他们最初的职业选择感到了失望,他们面临着严重的"现实的震荡",陷入了早期职业困境中。

虽然导致人们在早期职业阶段产生失望的具体原因是因人而异的,但还是能够找到一些一般性的原因。以年轻管理人员的早期职业问题为主题所进行的研究发现,使新员工陷入早期职业困境的主要原因是:

① 最初的工作缺乏挑战性。年轻的管理者们所承担的第一份工作对他们能力的要求远远低于他们的实际能力水平。这种状况导致他们认为自己不能够充分展示自己的能力,被"大材小用"了,由此对工作产生厌倦。有些年轻的管理人员即使是被安排去从事一些相当平常的工作任务,他们也有能力使自己的工作变得有挑战性。他们会尝试运用不同的方法来更好地完成这些日常性的工作,他们还有可能会去说服自己的上司给自己留出更多的空间,以及交给自己更多的事情去做。然而,大多数新员工都没有能力去创造这种挑战。他们以往在学校时通常是由他们的老师给他们提供挑战。那时的挑战是别人为他们创造的,而不是由他们自己创造出来的。

② 过高的期望和最初日常事务性工作安排碰撞所导致的不满情绪。那些接受过大学教育的从事管理工作的新员工往往认为,自己毕竟接受过最新的管理理论和管理技术的熏陶,根据这些人自己的想法,他们至少已经做好了管理一个公司的准备,但他们所要做的是一些没有挑战性的事务性工作。当他们发现本人的自我评价并不被组织中的其他人所认同时,失望和不满就是一种必然的结果。总之,较低的工作满意度,尤其是在成长以及一般意义上的自我实现需要方面的较低满意度,也是一种较为普遍的现象。

③ 不恰当的工作绩效评价。绩效反馈是一项很重要的管理职责。但是,很多管理人员在如何承担这一职责方面所接受的培训却显得不足,他们甚至不知道如何对下属的工作绩效进行评价。这种管理上的不到位,对新入职的管理人员伤害最大。他们到组织中来的时间很短,还没有完成组织的社会化过程,没有被组织和他人所认同。他们自己也不确定,组织到底希望他们相信什么,信奉什么样的价值观,或者期望他们有什么样的行为表现。因此他们很自然地会指望自己的上司来指导他们度过最初的这一阶段。但是如果他们的上级并不能准确地评价他们的工作绩效,不能对他们的工作绩效有恰当的反馈,他们就仍然不清楚自己到底是否达到了组织的期望,他们的自我感觉就总是找不对位置。

针对以上三种情况,专家学者们提出了以下几种方法帮助新员工走出早期职业困境:

① 运用实际工作预览。消除新员工不现实期望的一种方法是,在招募的过程中尽量提供所聘职位和组织的完整、准确的信息,即一位被招募的人应当知道自己可能从工作和组织中获得的好的东西,同时也要了解可能会得到的不好的东西,这种方法被称为实际工作预览(RJPVs)。应聘者获得全面的信息后,他们可以作出自己的选择,一旦作出加盟组织的选择后,他们就会按照实际工作的要求调整自己的职业期望。研究显示,接受实际工作预览的人的实际雇佣率和那些没有经历这一过程的人的雇佣率是相同的。更为重要的是,那些接受过实际工作预览的员工比那些没有经历过这一过程而被雇佣的员工更有可能留在工作岗位上,并且满意度也较高。

② 尽可能安排一份挑战性的工作。组织应当鼓励新员工的上级管理人员在可能的工作范围内,尽可能地给他们安排工作技能水平要求较高的工作。然而要成功地实施这一政策却需要上级管理人员冒一定的风险,因为管理人员要对其下属员工的工作绩效负责。如果所安排的工作任务的难度远远超过了下属的能力范围,那么上级管理者和下属员工都要承担失败的成本。但是研究表明,那些经历过最初工作挑战的员工在今后的工作中会更有成效。

③ 丰富最初的工作任务。工作丰富化是为了激励那些对成长和成就感有较高需要的员工而采取的一些既定措施。如果给新员工安排的第一份工作在本质上不具有挑战性,那么他们的上级可以使得这项工作任务更为丰富。使一项工作任务变得更为丰富的通常做法包括:给新员工以更多的权力和责任;允许他们直接与消费者和客户进行沟通;允许新员工去实践自己的想法(而不仅仅是向自己的老板推荐自己的想法)。

④ 安排要求严格的上司指导新员工。在新员工就职的最初阶段,把他们安排给那些对下属要求较为严格的上司,对新员工的职业发展是极为有利的。这样的上级会向新员工灌输这样一种思想,即组织期望他们能够达到良好的工作绩效,并且这种

绩效会得到组织回报,此外,同样重要的是,这些上级会随时做好通过指导和咨询对他们给予帮助的准备。

富有挑战性的、丰富的早期工作经验所带来的收益还不仅仅局限于一个人职业生涯的早期阶段。那些能够成功地迎接这些早期职业挑战的人,毫无疑问也能够在他们的职业中期阶段乃至其后阶段更好地为组织做出贡献。此外,为成功地管理职业而设定这样一个时期,也有助于避免许多职业停滞和不满问题的出现。

二、职业建立阶段——建立职业档案和个人申报制度

这个阶段大体上从25岁起一直到35岁左右。这个时期,首要的问题是选定自己的职业方向。中国有句古话叫"三十而立",这里我们可以将"立"理解为选定职业方向。员工选定职业方向之后将会十分关心自己在工作中的成长、发展和晋升。这个阶段是许多人为成功努力的时期。他们寻求获得更大的职责与权力,并努力试图向上晋升,一般在30岁左右是生活的一大转折点,个体会重新设定他们的目标,并且觉得有必要对他们职业生涯的规划进行一些调整,之后则进入了一个相对的稳定期,他们试图在成人社会中寻找到自己的一个席位,并渴望在职场上获得成功。一旦清晰的职业观确定下来,员工就应该知道自己的贡献在组织中什么地方、什么岗位,看问题也比较理智和客观。

鉴于这个阶段是员工最有追求和抱负的时期,也是他们一生中的高产时期,组织应该准确把握处于这个阶段的员工的特点和他们对于培训、成长和晋升等方面的需求,帮助他们发现职业生涯的路径,找到一个经验丰富而且值得信赖的顾问、一个好的工作搭档,处理好工作与生活的冲突,密切注意他们的发展方向,在他们最需要的时刻助他们一臂之力。

(一) 建立职业档案

在西方,不少企业都用一种被称为"个人职业表现发展档案"的方法,帮助员工管理自己的职业。档案的主要内容有以下三项。

(1) 个人情况:包括个人基本信息,如姓名、性别、年龄、学历、曾接受过的培训、工作经历、工作成果、自我评估。

(2) 现在的工作情况:现在的岗位、岗位的职责、现在的目标计划(这个目标必须是有时限的,要考虑成本、时间、质量和数量等因素)。有什么问题,可以立即和上司探讨,并记录和上司谈话的内容。

(3) 未来发展:包括职业目标,即在未来的3—5年里,你准备在单位里做到什么位置。为了达到这一目标,需要什么条件,需要掌握哪些新的知识、技能和经验。为

了获得这些知识经验,你准备采用哪些方法和实际行动,并记录下你的具体行动。

档案一式两份,填好后一份自己保管,一份交给直接上司。上司会找员工谈话,一起研究、分析其中的每一项,提出十分具体的建议。这种方式对员工有极大的帮助。

(二) 建立个人申报制度

所谓个人申报制度,就是用一定的方式,把自己对工作的希望向公司人力资源部门申报。这种制度的建立和实施可以有效地帮助员工表达他们内心对工作和职业的愿望和要求。

个人申报的内容主要包括以下几个方面:
(1) 担任现在职务的心情;
(2) 对担任职务的希望;
(3) 对公司的其他要求。

职工把上面几项内容写在纸上,交给人力资源部门。人力资源部门对申报内容进行分析和研究,在了解职工的实际情况后,分门别类尽量满足员工个人的要求和愿望。为了避免人力资源部门片面地答应员工的主观愿望,在让员工申报的同时,还要让他的直接上级调查员工的职业适应性,其中包括员工的业务知识、理解判断能力、记忆力、协调力、性格、积极性、交往能力、计划能力、组织能力、健康状况、特别技能、对现任工作的适应性等,然后把适应性调查的结果与个人申报内容进行核对,作为人力资源部门做出判断的依据,进而提高判断的客观有效性。企业实施"个人申报制度",可以对员工的工作安排做到尽量满足其志向和愿望,适合其性格特点,为员工提供个性化的职业服务,帮助他们实现职业价值和职业目标。

三、职业中期阶段——正确处理职业高原现象与平衡工作家庭关系

职业生涯中期是一个时间长、变化多,既有事业成功,又可能引发职业危机的敏感时期。这一时期的年龄跨度一般是从35岁起一直到45岁,甚至到50岁。成家立业、生儿育女、赡养父母、工作上独当一面,这一时期不仅家庭责任重大,同时职业任务繁重。一般而言,进入这一年龄段的员工大都去掉了20多岁时不切实际的幻想,通过重新审视和评估自我,有了明确的职业目标,确定了自己对企业的长期贡献区,积累了丰富的职业工作经验,逐步走向职业发展的顶峰。人到中年,一方面年富力强,自我发展的需要仍很强烈;另一方面会意识到职业机会随年龄增长越来越受到限制,从而产生职业危机感。总之,这是一个充满矛盾的复杂阶段,尤其需要组织加强职业生涯的管理。

这一时期由于员工的职业目标已经清晰地确定下来了,他们更重视个人职业上

的成长和发展。但是新的困惑又会出现在他们的面前,主要表现在职业高原现象和工作与家庭关系的平衡两个方面。

(一) 职业高原现象

员工在职业中期可能会面临职业通道越来越窄、发展机会越来越少的困境,这种情况常常被称为职业高原现象。面对这种情况,员工通常会采取两种应对措施:一种是积极地面对并顺利地通过,而另一种是消极的,往往越是消极在职业成长方面就越会停滞不前。虽然人们一直认为职业高原现象一般发生在职业中期,但随着现代企业组织结构的扁平化趋势日渐明显,组织所能提供给员工的管理职位也越来越少,加之目前劳动力市场人才的持续充足供给,这种职业停滞现象目前正越来越多地在组织中更低层级的年轻人中出现。

处于职业中早期的员工往往是对组织贡献巨大的中坚阶层,因此,组织有必要保持他们对工作的热情或帮助他们重新找回对工作的兴趣。事实上,有许多行之有效的措施可以帮助员工摆脱由于不能得到及时晋升而带来的工作不快。

(1) 组织可以用满足员工心理成就感的方式来代替晋升实现激励效果。心理成就感是员工希望从工作中获得的一种重要心理感受,一个有成就感的员工往往是高工作满意度、高绩效的,组织通过为员工提供培训机会让他们在工作中更加游刃有余、适时恰当地对员工的成绩予以表彰等,都可以很大程度地提高他们的心理成就感。

(2) 组织还可以安排一定范围内的职位轮换,使工作变得丰富多彩,来提高员工对工作的兴趣。所谓职位轮换是指把一个人安排到另一个工作岗位上,其所承担的义务、责任、职位和报酬都与前一个工作差不多。但职位轮换可以使员工学到新知识和新技能,为今后的晋升和发展奠定基础。事实证明,当晋升和提薪的机会变小时,工作轮换就会成为一种可有效激励员工的措施。当员工被安排到一个新的职位时,面对新的责任和技能要求,他们的一些潜在的能力会得到激发,这样结合他们以往的经验和自身的创造力,往往会给企业带来意想不到的绩效提高,他们自身的能力和素质也得到了拓展。

(3) 扩大现有工作内容也是解决职业高原现象的一种有效方法。扩大现有工作内容是指在员工现有的工作中增加更多的挑战性或者是更多的责任,主要包括:安排执行特别的项目;在一个团队内部变化角色;探索为顾客提供服务的新途径等。比如,可以安排一名工程类的员工加入一个负责为技术类员工设计新的职业发展通道的工作小组。在这种项目性的工作期间,安排这位工程师为项目组组长,在职业生涯通道设计方面承担起领导职责。这样,这位工程师就不仅有机会了解公司职业生涯设计系统,而且有机会运用自己的领导能力来帮助一个工作小组达成其目标。

通过类似的这些实践,组织可以有步骤地帮助处于职业高原期的员工积极地应对这种不利的局面,使他们对自己的工作和职业始终保有充分的热情和兴趣,让他们真正发挥组织中坚力量的作用。

(二) 工作家庭关系的平衡

随着经济发展的需要和妇女地位的提高,夫妻双方都从事职业工作的情况在世界各国都越来越普遍,但是这种双职工家庭模式也必然会给人们带来很多新的压力。处理好工作与家庭的关系是很困难的——对孩子的照顾时间不够,日程安排的冲突,完成家庭义务与工作责任总是缺少时间等,这些都是压力的来源。在加拿大的一项"谁帮助了人们更好地分担他们经常冲突的责任"的调查中,有两个问题被重点提了出来。首先是双职工从他们配偶、朋友、雇主那里获得了怎样的帮助?其次,除了得到的帮助外,他们还希望从谁那里得到更多的帮助?结果表明,在工作场所,家庭事假和弹性时间制被认为是对在家庭义务与工作责任中保持平衡最有效的方法。被调查者认为他们需要通过工作分担或打零工的方式来减少工作的时间,他们在照料孩子方面需要更多的帮助。这个研究还表明尽管双职工夫妇认为他们从伴侣和朋友那获得的帮助是有用而且满意的,但他们仍然需要从组织那里得到更多、更广泛的帮助,其中包括一个灵活的工作场所的选择和足够多的时间来照料孩子等。因此组织应当仔细研究一下员工的需要,并且看看这些需要是否得到了满足。

实际上,如果工作与家庭之间发生冲突,对员工的实际工作绩效确实会产生十分不利的影响,而且对女性员工影响更大。因为女性在家庭中往往要比男性承担更多的责任,当职业女性面对工作-家庭冲突时,她们的绩效下降,她们不得不承受更大的压力。工作-家庭冲突在日本的反应不同于美国,在日本女性在她们年轻时一旦结婚成家就被希望离开工作场所,那些有了小孩后还留在工作场所的女性是被人看不起的,这种态度正慢慢地改变,日本的女性开始逐渐参加一些短期的工作来平衡家庭与工作的责任。

为了帮助员工处理好工作与家庭之间的关系,组织可以提供一些比较灵活的工作安排。例如,弹性工作时间就是一种有效的办法,它能为员工在完成他们工作的同时提供处理他们私事的自由。此外,为员工提供子女日托等帮助也是另一种解决办法,虽然许多小型公司不可能像大的公司那样有能力提供日托服务,但它们也可以通过为员工介绍日托中心来帮助员工。还有一些公司提出了一项十分有创意的计划:老人照料计划。这为许多中年员工解决了切实的困难,因为他们中的大多数都发现自己就好像三明治的中间层,不仅要照顾自己的小孩,还要照顾年迈的父母。

杜邦公司是那些关心平衡工作与家庭关系的公司的代表。杜邦组织了一次员工调查，发现公司要改进的地方实在太多了。大多数的员工表示他们很难找到适合他们工作时间的日托中心，他们难以参加学校的活动，他们10—13岁的小孩放学后不得不一个人待在家里，这些都增加了员工的压力，同样也会降低他们工作的效率。于是杜邦组织了一个全公司性质的委员会，对此做出了23项改革，其中包括灵活的工作安排，更方便的日托与照料老人的选择，在培训中探讨工作与家庭不协调的原因。

四、职业后期阶段——退休前期计划

这是职业生涯的最后阶段，从50岁左右到退休。大多数人对成就和发展的期望减弱，而希望维持或保留自己目前的地位和成就，开始注意做有意义的事情。当然，也有一部分人依然保持向上的发展势头，特别是一些专家级的人士。对于前一类大多数员工，组织要注重帮助他们做好退休前的各项心理和工作方面的准备，让他们愉快地结束自己的职业生涯，帮助他们顺利地实现向退休生活的过渡。

大量事实表明，退休会对员工产生很大的冲击，也会对组织的工作产生影响。对于大多数人来说，退休是一个苦乐参半的经历。一方面，退休是他们职业生涯的顶点，意味着他们能够放松下来，享受自己的劳动果实，不需要再为工作上的事情操心；另一方面，忙碌了一生在突然间不得不面对无所事事地待在家中这种陌生的生活，他们又会感到非常失落甚至痛苦。对于退休的员工来说，怎样保持一种归属感和自我价值感是他们需要面对的一项最为重要的任务。组织有责任帮助员工接受这一客观事实，并帮助每一个即将退休的员工制定具体的退休计划，尽可能地把退休生活安排得丰富多彩、有意义。同时，多数退休员工的贡献能力不会随着正式退休而完结，组织可采取兼职、顾问或其他方式聘用他们，延长他们的职业生涯，使他们有机会继续为组织发挥"余热"。这是职业管理过程在逻辑上最后的一个步骤。

随着老龄化社会的逐步到来，组织中老年员工的比重也普遍提高，帮助他们做好职业晚期计划，提高他们的生产率和积极性，无论对组织还是员工来说都是非常重要的。通常，人们会认为处于职业晚期的老年员工缺乏灵活性、创造性和活力，而他们往往又是一个企业的功臣，因此很多即将退休的员工在组织中一般是徒有虚职，而不被委以重任的。但是，许多老年员工确实是经验丰富而又值得信赖的，这种不得不闲下来的职业安排会让很多有事业心的老年员工产生极大的失落感，况且他们的价值没有被充分利用对组织来说也是不小的损失，因此，应该有效地做好即将退休的老年员工的职业晚期计划。一般来说，适合老年员工参与的工作主要有项目顾问、战略计划参谋、新员工导师等，类似的工作都可以有效地应用他们多年的工作经验。

此外，为了帮助老年员工顺利完成从工作到退休这一重要过渡，组织有必要推行一套专门的退休前期计划，以便帮助他们从身心上全面适应退休的生活，安度晚年。退休前期计划一般可包括举办研讨会、讲座或是一对一的心理咨询等工作。正如我们在前面讨论到的其他职业生涯管理实践一样，退休前期计划同样需要建立在对员工需要充分了解的基础之上，对某个员工重要的未必对其他员工也同样重要，要针对不同的需要提供恰当的指导。退休前期计划不仅可以帮助员工顺利完成退休的心理过渡，而且可以影响他们做出进一步的选择——是提前退休还是推迟退休。专家认为，如果这种计划可以成功地缓解员工临近退休时的紧张和不安，他们会在退休前的这一段时间里以更加饱满的热情投入到工作中去，从而产生良好的绩效。

对于这方面的工作，我国学者吴国存提出了如下建议：

（1）作好细微的思想工作。

组织有责任帮助员工认识并接受退休的事实，可以开展退休咨询，召开退休座谈会，了解员工对于退休的认识和想法，有针对性地做好思想工作。此外，组织退休研讨会，讨论如何认识和对待退休，交流退休后的打算，以及如何过好退休生活的经验，可使即将退休的员工有充分的思想准备，减少他们真正退休以后所产生的迷茫和失落感。

（2）做好退休后的计划和安排。

① 因人而异，帮助每个即将退休者制定具体的退休计划，尽可能把退休生活安排得丰富多彩又有意义。例如，鼓励退休员工进入老年大学、发展多种兴趣与爱好、多参加社会公益活动和老年群体的集体活动等，通过这些活动，达到广交朋友、增进身心健康之目的。此外，如果个人身体和家庭情况允许，还可继续参加工作，发挥余热。

② 组织要以多种形式关心退休员工。例如，为退休员工办好养老保险和医疗保险，关心退休员工的切实困难和问题，每逢佳节或生日的时候，慰问安抚退休员工，召开退休员工联谊会，进行多方面信息交流，以活跃他们的退休生活等。

③ 经常召开退休员工座谈会，达到三个目的：向退休者通报企业发展情况，互通信息；征求退休员工对企业的意见和建议；加强员工之间的沟通、联系和友谊。

④ 员工有各自的情况和不同的类型，多数员工的贡献能力不会随着正式退休而完结，组织可以采取兼职、顾问或其他方式聘用他们。

（3）做好退休之际的职业工作衔接。

① 组织要有计划地分期、分批安排应当退休的人员退休，切不可因为退休影响工作正常进行。

② 选好退休员工的接班人。

③ 及早进行接班人的培养工作。例如，以多种形式进行岗位培训学习，与即将

退休员工一起工作,进行实地学习,请老员工对他们进行传、帮、带等。

④ 帮助退休员工与其接班人做好具体的交接工作,保证工作顺利进行。

第四节　组织职业生涯管理的实施步骤与方法

从前面的章节中我们可以看到,关于职业生涯管理方面的理论已经有不少的研究成果,那么如何将这些理论应用到企业实际的管理过程中去呢?我们可以将职业生涯管理的具体步骤和方法作如下归纳。

一、进行职务分析

进行职务分析是为了获得与工作相关的信息,是为员工制定有效的职业发展策略的起点。这一步骤主要是运用"职务分析问卷""任务调查表""职务分析面谈"和"关键事件调查"等方法获得职务分析的基础数据,包括:

(1) 每个职务的基本资料:职务编号、职务名称、职务类别、所属单位、直接上级、定员人数、管辖人员数、工资等级、工资水平、直接升迁的职务、可相互转换的职务、由什么职务升迁至此、其他可担任的职务。

(2) 职务描述:将各职务的工作细分成条目,给每个条目编号,并配上工作内容、基本功能和工作基准。其中,工作基准的确定是一项至关重要的工作。

(3) 职务要求:即胜任某一工作的最低要求,比如学历要求、职称要求、专业要求、经验要求、工作行为要求、气质要求、一般职业能力要求、特殊职业能力要求、领导类型、管理能力要求等。

二、员工基本素质测评

这个步骤的主要任务是:通过对员工的个性特点、智力水平、管理能力、职业兴趣、气质特征、领导类型、一般能力倾向等方面的测评,对员工的长处和短处有一个全面的了解,便于安排适合他所做的工作;针对他的不足,拟定相应的培训方案;根据员工的上述特点,结合职务分析的结果,对其进行具体的职业生涯规划。

测评的主要方法和技术包括:

(1) 管理能力测评。应用情景模拟方法中的公文处理技术对每个管理人员或应聘人员的管理能力进行测评。

(2) 智力测验。测验人的逻辑推理、语言理解、数字计算等方面的基本能力。

(3) 卡特尔16种个性测验。测验人的内向或外向、聪明或迟钝、激进或保守、负责或敷衍、冒险敢为或胆小畏缩、顾全大局或矛盾冲突、情绪激动或情绪稳定等方面的个性特征。

(4) 职业兴趣测验。职业兴趣分为现实型、企业型、研究型、社会型、艺术型、常规型6种。

(5) 气质测验。人的气质分为4种类型：胆汁质、多血质、黏液质、抑郁质，对人的气质的测验，有助于帮助被试者选择较适合的工作，有助于管理人员对被试者的了解。

(6) 一般能力倾向测验。测验人的图形识别、空间想象、计算的速度与准确性、语言理解、词语组合等方面的能力倾向性。

(7) A型行为与B型行为测量。A型行为的人对自己要求较高，经常定出超出自己实际能力的计划，完不成计划又很焦虑；B型行为的人随遇而安，不会强迫自己紧张工作。这对于为他们安排不同类型的工作有很大指导意义。

(8) 领导测评。对每个管理人员或应聘人员的领导类型进行测评，确定其是否适合在当前职务上工作，哪些职务适合其工作，如何提高管理水平等。

三、建立与职业生涯管理相配套的员工培训与开发体系

培训是职业管理的重要手段，用来改变员工的价值观、工作态度和工作行为，以便使他们能够在自己现在或未来工作岗位上的表现达到组织的要求。一般来说，员工培训方案的设计主要有以下两种：

(1) 以素质测评为基础的培训方案设计。在公司原有培训管理的基础上，根据对员工基本素质测评和职务分析的结果，找出员工在能力、技能、个性、领导类型等方面与本职工作所存在的差距，以及今后职业发展路线上会面临的问题，有针对性地拟定员工培训与开发方案。

(2) 以绩效考核为基础的培训方案设计。依照绩效考核的结果，发现员工在工作中出现的问题，有针对性地拟定员工培训与开发方案，以适应本职工作和今后职业发展的需要。通过培训，进一步发现员工的潜在能力与特长，为其职业生涯的规划打下良好的基础。

四、制定较完备的人力资源规划

一份完备的人力资源规划方案须注意以下内容：

（1）晋升规划。根据企业的人员分布状况和层级结构，拟定员工的晋升政策和晋升路线，包括晋升比例、平均年薪、晋升时间、晋升人数等指标。在实施中，根据人事测评、员工培训、绩效考核的结果，并根据企业的实际需要对各个结果赋予相应的权重系数，得出各个职位的晋升人员次序。

（2）补充规划。此规划使公司能合理地、有目标地把所需数量、质量、结构的人员填补在可能产生的职位空缺上。

（3）配备规划。在制定配备规划时，应注意解决两个问题：当上层职位较少而待提升人员较多时，则通过配备规划增强流动。这样，不仅可以减少员工对工作单调、枯燥乏味的不满，又可以等待上层职位空缺的出现；在超员的情况下，通过配备规划可改变工作的分配方式，从而减少负担过重的职位数量，解决工作负荷不均的问题。

五、制定完整、有序的职业生涯管理制度与方法

（1）让员工充分了解单位的企业文化、经营理念、管理制度。

（2）为员工提供内部劳动力市场信息。在提供职业信息方面，主要采取的方法是：

① 公布工作空缺信息。

② 介绍职业阶梯或职业通道，包括垂直或水平方向发展的阶梯。为了使职业通道不断满足组织变化的需要，对职业通道要常作修订，另外，还要适当考虑跨职能部门的安排。

③ 建立职业资源中心（兼作为资料和信息发布中心）。内容涉及公司情况、政策、职业规划自我学习指南和自我学习磁带等。为了主动地获取组织人力资源信息，组织还可设立技能档案。档案中主要记录员工的教育、工作史、任职资格、取得的成就，有时还包括职业目标的信息。

（3）帮助员工分阶段制定自己的职业生涯目标：

① 短期目标（3年以内）：要具体做好哪些工作？在能力上有什么提高？准备升迁到什么职位？以什么样的业绩来具体表现？

② 中期目标（3—5年）：在能力上有什么提高？准备升迁到什么职位？在知识、技能方面要接受哪些具体的培训？是否需要进修或出国学习？

③ 长期目标（5—10年）：准备升迁到什么职位？在知识、技能方面要接受哪些具体的培训？是否需要进修或出国学习？为公司做出哪些较突出贡献？个人在公司处于什么样的地位？个人的价值观与公司的企业文化、经营理念融合的程度如何？

第五节　组织职业生涯管理的常见方式

一、职业生涯咨询

(一) 职业生涯咨询的概念

职业生涯咨询是针对人们在职业生涯发展中的问题,给予分析、帮助,使其能够了解和把握社会职业状况,了解自己与职业的关系,从而根据自身的情况与社会职业需求状况做出合理的职业决策(姚裕群、张再生,2007)。员工在职业生涯规划和生涯发展过程中,可能会产生一些困惑,需要职业生涯管理专业人员或资深从业人员为其诊断问题,并提供咨询。

职业生涯咨询可以是正式的也可以是非正式的。提供职业咨询的人也可以是法定咨询者或义务咨询者。法定咨询者是各部门的负责人,他们为培养接班人而向部分员工提供职业生涯咨询。人力资源管理人员则是企业全体员工的法定咨询者。他们不仅负责制定职业生涯管理的政策制度,统筹全企业的职业生涯管理活动,而且负有向全体员工提供职业生涯咨询的义务,当各部门员工遇到部门负责人解决不了的问题时,人力资源管理部门的管理人员负责向员工或部门主管提供咨询。义务咨询者的范围更广,包括已经退休、即将退休的成功管理人员、技术人员、技术工人等人士。他们不仅为员工提供咨询,也可以为部门主管提供咨询(马士斌,2001)。

(二) 职业生涯咨询的一般内容

职业生涯咨询的来访者可能处于不同职业发展阶段,具有不同的职业背景,所以他们的职业问题自然也就各不相同,而职业生涯咨询的最终目的都是帮助来访者解决职业生涯中的各种职业问题,帮助其更好地成长,所以只有了解各种职业问题的本质原因,才能更好地提供建议。职业生涯咨询的主要内容有职业准备咨询、职业选择咨询、职业适应咨询和职业发展咨询等几个方面(方翰青,2007)。前两类问题的来访者通常是在校学生和待业人员,而后两类问题的来访者主要是在职场中适应不良的在职人员(胡平,2015)。

1. 职业准备咨询

职业准备咨询包括知识、技能、信息、资料、心理等方面的准备。职业准备的问题通常来自从未参与过工作的求职者,尤其是在校学生,这类问题常表现为以下几个方面:对自身缺乏充分的了解;不知道目标职业的特点以及需要具备哪些知识和技能;

不知道初入职场应该以怎样的心态来应对。

当个体对自己不了解,尤其是对自己的兴趣和期望不明确时,就没有办法为未来职业做出准备。同样的,不了解目标职业的特征及其对人的素质要求时,个体也无法做好充分的准备。因此对于职业咨询师来说,一项重要工作内容就是运用专业的方法帮助求职者了解自己,了解职业,为选择职业做好准备。

2. 职业选择咨询

职业选择咨询包括个人的兴趣、期望与社会需求、发展的统一;个人素质和职业、职位特质的匹配;确立适度的职业发展抱负水准即职业定位等内容。职业选择的问题常常表现在以下方面:不知道自己应该选择什么职业;在多个选择机会中犹豫不决;所做的职业选择不合乎实际;职业选择缺乏具体的实施计划;个人特征和行为倾向与兴趣相互矛盾。

当个体不知道自己应该选择什么职业,或者不能将个人特点与职业特征联系起来,个体可能就会做出不明智的职业选择。而当个体面临多个选择,同时又没有判断标准时,就会产生不确定的选择。当选择了职业,但是又没有职业期望和抱负,缺乏具体实施的职业发展计划时,个体就会感到自己的发展无从下手,就可能出现对未来感到迷茫的问题。所以要从事职业生涯咨询,需要了解人们的职业选择问题处于哪种状况,这样才能更好地提供帮助。

3. 职业适应咨询

职业适应咨询包括如何实现职业理想,兴趣、能力、性格、价值观怎样与职业需求保持一致等内容。职业适应问题通常来自在职人员,反映的问题表现为:物理环境适应不良,如不适应工作环境中的照明、温湿度、噪声、通风条件乃至交通状况等;难以适应作息时间与规章制度等要求;人际关系适应不良,无法和工作单位中的同事建立良好的沟通以及工作关系;工作能力缺失,无法胜任职业要求,感觉到职业压力非常大,力不从心;个性适应不良,难以充分发挥自己的特长。

导致职业适应问题的原因很多,可能的原因来自个体对职业变化的不适应,职业的流动性对人的挑战,角色转换带来的不适应,传统观念所带来的不适应,复杂的人际关系带来的不适应等。针对不同的问题,职业咨询师应该采取不同的方法来帮助来访者。

4. 职业发展咨询

职业发展咨询包括创业、敬业、勤业、立业以及职业流动等内容。职业发展问题通常来自具有丰富工作经验的在职人员,他们对自身的职业要求已经不仅仅是希望其成为实现他们低层次的生理、安全需要的工具,而是期望职业成为满足其高层次社会尊重和自我实现需要的手段,所以当他们面临职位无法再进一步上升的时候,就会出现心理失衡,职业发展就会出现问题。针对这样的来访者,可能需要更进一步清楚他们已有的经验和职业价值观,根据具体情况来提供相应的帮助。

(三) 职业生涯咨询的一般步骤

国内外的职业生涯学者和实践者都对职业生涯咨询的一般步骤形成了较为统一的意见(如 E. G. Williamson、马士斌等)。本书在此对职业生涯咨询的一般步骤进行整合。

1. 接受咨询任务

咨询人员有两种方式接受咨询任务:一是有人主动请求指点生涯规划和生涯发展中遇到的问题;二是咨询顾问主动经常性地对自己的下属,或定点指导对象进行指导帮助。

每一位来访者在求助时多少都伴有一些不安和焦虑。因此,职业咨询顾问在提供咨询服务时,应建立一个安全的辅导氛围,向来访者介绍咨询过程,让他们感到自己的真诚和热情,以及对他们的理解和尊重,让来访者对咨询顾问和咨询过程有初步的了解和正确的期盼,积极配合咨询顾问的工作,以此建立良好的咨询关系。

2. 收集信息

咨询顾问需要收集的信息包括来访者的个人信息和组织与外部环境信息。

职业生涯咨询成功的关键之一是咨询顾问对来访者的情况有全面深刻的了解,才有可能提出有针对性的生涯建议。咨询顾问可以通过心理测试、案例分析、访谈等方式,收集来访者的家庭背景、成长经历、身体状况、个性特征、个人能力、兴趣爱好等信息。除了对来访者本人直接进行信息收集之外,咨询顾问还可以侧面了解来访者。例如,咨询顾问可以访谈来访者的朋友、同事,阅读来访者的档案材料等,了解其他的相关信息。

仅仅掌握被咨询者的信息还不足以形成咨询建议,咨询者必须对企业的内部信息有全面的了解,如组织结构框架、组织宗旨与组织目标、企业发展战略、培训政策、调配政策以及其他员工的生涯设计等。咨询者还需要对企业的外部环境有比较深刻的了解,包括经济与技术发展走势、国家产业政策的变化方向、各种职业需求的消长。

3. 职业生涯诊断

通过收集到的资料来诊断来访者的能力、职业兴趣等其他有助于职业指导的信息。在信息分析过程中,可以发现来访者在职业生涯中遇到了哪些问题,这些问题会带来何种负面影响,从而帮助来访者有针对性地解决这些问题。

4. 提供咨询建议

根据职业生涯诊断结果,对可能出现的问题和影响提供职业计划和调整方案。对来访者提出的各种问题进行解答,帮助其了解自我、了解职业信息,并与其共同确认目标和现状,商量职业计划,最后帮助他实施计划。

5. 职业咨询总结与反馈

每一次咨询活动之后，咨询顾问都应及时总结咨询过程中的重要方面，为来访者建立职业咨询档案，以供下次咨询参考。

6. 重复职业咨询步骤

在第一阶段的职业咨询结束后，咨询顾问应该与来访者保持联系，跟踪他们的职业发展情况，及时获得反馈信息。如果在职业计划的实施过程中遇到问题，咨询顾问也应该及时向来访者提供进一步的咨询，修正职业生涯指导意见，帮助来访者实现合理的职业计划。

二、继任者计划

（一）继任者计划的内涵

继任者计划就是企业建设后备人才队伍的一个重要途径，是指企业通过确定和持续追踪关键岗位的高潜能人才（具有胜任关键管理位置潜力的内部人才），并对这些高潜能人才进行开发和培养的一个体系，它能为公司的持续发展提供人力资本方面的有效保障（刘庆，2008）。继任者计划不只是为公司选拔CEO，很多大公司已经把该计划推广到了企业所有关键管理岗位上，以保证公司整个管理层都有后备人才。

（二）继任者计划的实施步骤

在实施继任者计划时，需要分析组织未来的发展情况，将企业员工的职业生涯管理活动同企业战略与未来发展紧密联系（段宇，2011）。继任者的培养主要由甄选、培训、评估和确定继任者四个部分组成。这四个部分不是分割独立的，而是相互衔接、循环往复的。因为当一个新的管理者完成继任时，他就已经承担起培养下一任继任者的责任。

1. 甄选继任者

甄选继任者是建设后备队伍的前提，在候选人的选择中，一定要找能认同企业经营理念的人才，这是为了保证企业政策的持续性和长期发展（段宇，2011）。要让优秀人才脱颖而出，企业要建立竞争上岗制度，通过竞争，企业可以逐渐形成"优秀人才有成就感，平庸人员有压力感，不称职人员有危机感"的良性循环（周文艺，2014）。其次，企业需要确定一套接班人选拔标准，在确定好选拔标准后，通过一些相应的方法，如面试、笔试、心理测验、情景模拟、评价中心技术等，对候选人进行测试，从而挑选出符合要求的人员，初步确定继任者的培养对象。

2. 继任者的培训

继任者在成长的不同阶段需要接受不同的培训。对于经营管理接班人，应重点进行与经营管理相关知识的培训，引导他们不断开阔视野，提高运用理论知识解决实际问题的能力；对于专业技术岗位接班人，注重专业知识的更新和扩展（任维仓、何莉，2009）。此外，要推行工作轮换和工作扩大化，让继任者参与重大项目进行实践锻炼。

3. 继任者的评估

继任者在经过一个阶段的培训后，企业要对培训的成果进行评估，观察其能力是否提高、潜能是否被开发。根据评估结果，会有一些候选人被剔除出继任者培养计划，同时会有另外一些通过甄选的候选人进入下一阶段的培养计划。所以，继任者的评估保证了候选人能力的提升和继任者计划的有效性。

4. 继任者的确定

在经过一段时间的培训、考察后，企业会初步确定各关键岗位继任者的人选。如果一个关键岗位有多个继任者人选，可以再展开甄选，充分衡量候选人个人潜能与企业未来发展需求之间的匹配度，从而确定出最终人选。

三、师徒制

师徒制作为企业培养员工、规划员工职业发展的重要手段，实现了企业与员工的共赢，在当今许多企业中被广泛开展。通过沟通与交流，可以提升新员工对企业的信任感与忠诚度，从而使其快速进入工作角色；通过分享知识与智慧，核心员工和后备干部能够迅速成长（孟春梅，2012）。

（一）师徒制的内涵

师徒制一般是指由资深员工和资浅员工所形成的组合，用来帮助资浅员工在组织内进步和发展的指导关系，其中资浅员工指的就是徒弟。后来，这种指导关系也被扩展到资历相当的成员之间，形式也可以是多个师傅对一个徒弟，或一个师傅对多个徒弟。师傅通过自身的经验向徒弟提供有关其成长发展的指导、训练、忠告和友谊（周文霞，2004），帮助徒弟快速地掌握工作岗位上所需的技能，获得职业发展。

（二）师徒制的实施策略

1. 选拔导师

师徒制要求导师具备一定的理论知识和实践知识，以保证能够给徒弟正确的指导。因此，组织在选拔导师时，应当优先考虑在岗位领域中具有较强专业技术素质和业务能力的员工。同时,导师还需要具备一定的指导经验,能有效地把指导内容灌输给徒弟,让徒弟接受,从而产生良好的培养效果。此外,组织在选拔导师时还须考虑的方面包括:认可师徒制文化;乐于助人,有较好的亲和力;具备开阔的心胸,能正确看待师徒制的作用;对师徒制具有较高的积极性等。导师的选拔不应限制年龄和资历。只要符合对应岗位导师的任职要求并通过选拔的员工,都应该有机会担任导师(孟春梅,2012)。

2. 培训导师

为确保师徒制的效果,企业应对选拔出来的导师进行必要的培训。培训内容分为以下几方面:① 导师功能与角色定位的培训,让导师正确理解师徒制及导师应发挥的作用及扮演的角色,以及和徒弟的关系。② 企业文化、经营理念和公司战略的培训,导师对企业相关情况的了解将直接影响到徒弟对企业的认识。③ 指导技能的培训,如沟通技巧、教练技巧、人格特质分析、职业生涯规划等,使其了解师徒关系的特点与性质,为建立良好的师徒关系做准备(王振源等,2011)。

3. 合理匹配师徒组合

企业在决定师徒组合时,要考虑导师和徒弟双方的意愿。只有经过双方协商一致同意的情况下,才能进行师徒之间的配对组合,并且签订师徒协议书。如果有一方成为师徒的意愿很勉强,那便不能强行匹配,否则将会产生反作用。有研究表明,在实施师徒制时,让性格特质较为匹配的人成为师徒比仅仅是工作经历匹配的人成为师徒效果更好(卞卉,2006)。因此,企业在进行师徒匹配时应更多地了解导师和徒弟的性格特质,尽可能将性格匹配、价值观及认知标准相似的师徒组合在一起,进而促进指导过程中的学习效果和互动效果。

4. 完善考核与激励机制

在实施师徒制时,需要制定一套合理的考核与激励制度,从而以健全的制度为中心来运转师徒制,让师带徒的培养效果达到最佳。在一个培养周期内要对师徒制的效果进行评估。可以将徒弟的绩效表现作为导师绩效考核的重要参考依据,也可以检查导师在对徒弟进行指导时的辅导记录等(孟春梅,2012)。此外,还可以调查师徒制的满意度,了解导师和徒弟匹配满意度、是否对徒弟技能提升有成效。

除了考核,也要给予导师一定的激励,使其获得满足感和成就感。由于导师是该员工工作职责之外的任务,因此企业应当对所有导师给予一定的津贴和补助。企业可以参考导师考核结果,对导师发放奖金。同时,还可以评选出优秀的师徒组合,在企业内部进行宣传,让更多的师徒从中受到启发。

5. 营造良好的师徒制环境

一个制度能够合理运行,需要良好的环境作为载体。企业应当重视师徒制,在全公司上下开展相关的宣传活动,积极营造一种全员学习的良好氛围(孙瑾,2015)。为了塑造对师徒制有利的文化环境,高层的引导非常重要,高层和各部门主管应主动担任若干员工的导师以便能上行下效,形成风气,进而转化为文化的一部分(王振源等,2011)。

本 章 小 结

（1）组织职业生涯管理,是一种专门化的管理,即从组织角度对员工从事的职业活动和职业发展过程所进行的一系列计划、组织、领导和控制活动,以实现组织目标和个人发展的有效结合。具体内容包括提供内部劳动力市场信息、成立潜能评价中心、实施发展项目等。

（2）恰当地实施组织职业生涯管理对组织的功用主要体现在促进员工与组织同步发展、优化组织人力资源配置结构和提高人力资源配置效率、提高员工满意度等方面;对员工个人的功用主要体现在让员工更好地认识和把握自己的发展目标和发展方向、提高员工的专业技能和综合能力、满足员工个人的多方面需要、帮助员工处理好职业生活和生活其他部分的关系等方面。

（3）职业生涯阶梯是个体在一个组织中所经历的一系列结构化的职位。职业阶梯的设计是为了在帮助员工了解自我的同时使组织掌握员工职业需要,以便排除障碍,帮助员工满足需要。另外,职业阶梯通过帮助员工胜任工作,确立组织内晋升的不同条件和程序对员工职业发展施加影响,使员工的职业目标和计划有利于满足组织的需要。职业生涯阶梯的模式主要有:传统职业阶梯、行为职业阶梯、横向职业阶梯、双重职业阶梯,受到双重职业阶梯模式的启发,未来的职业生涯阶梯模式将朝着多重职业阶梯的方向发展。

（4）职业生涯有一定的规律,需要员工对这些规律有深入的理解,并能结合自己的特点和工作实践进行判断和决策。在职业探索阶段,应做好初步的职业规划与顾问计划工作并帮助员工走出早期工作困境;在职业建立阶段,应为员工建立职业档案和个人申报制度;在职业中期阶段,应正确处理职业高原现象与平衡工作家庭关系;在职业后期阶段,应为员工制定退休前期计划,帮助他们顺利完成从工作到退休的平稳过渡。

（5）职业生涯管理的具体步骤和方法归纳起来主要有:进行职务分析、员工基本素质测评、建立与职业生涯管理相配套的员工培训与开发体系、制定较完备的人力资源规划、制定完整且有序的职业生涯管理制度与方法等。

(6) 职业生涯咨询是针对人们在职业生涯发展中的问题,给予分析、帮助,使其能够了解和把握社会职业状况,了解自己与职业的关系,从而根据自身的情况与社会职业需求状况做出合理的职业决策。职业生涯咨询的主要内容有职业准备咨询、职业选择咨询、职业适应咨询和职业发展咨询等四个方面。

(7) 继任者计划就是企业建设后备人才队伍的一个重要途径。继任者的培养主要由甄选、培训、评估和确定继任者四个部分组成。

(8) 师徒制是指资深员工对资浅员工进行工作指导,帮助资浅员工提升职业技能的制度。师徒制的实施策略包括选拔导师、培训导师、合理匹配师徒组合、完善考核与激励机制、营造良好的师徒制环境。

复习思考题

1. 组织职业生涯管理的功能有哪些?
2. 什么是职业生涯阶梯?一般来说,职业生涯阶梯有哪几种模式?
3. 职业探索阶段的员工有哪些特点?应该注意采取哪些方面的措施对这个阶段的员工进行职业生涯管理?
4. 职业中期阶段的员工有哪些特点?应该注意采取哪些方面的措施对这个阶段的员工进行职业生涯管理?
5. 制定完备的人力资源规划,应格外注意哪些方面的内容?
6. 组织职业生涯管理的常见方式有哪些?它们的内涵和实施步骤或实施策略是什么?

案例分析　3M公司的员工职业生涯管理体系

3M公司的管理层始终尽力满足员工职业生涯发展方面的需求。从20世纪80年代中期开始,公司的员工职业生涯咨询小组一直向个人提供职业生涯问题咨询、测试和评估,并举办个人职业生涯问题公开研讨班。通过人力资源分析过程,各级主管对自己的下属进行评估。公司采集有关职位稳定性和个人职业生涯潜力的数据,通过电脑进行处理,然后用于内部人员的提拔。

公司的人力资源部门可对员工职业生涯发展中的各种作用关系进行协调。公司以往的重点更多地放在评价和人力资源规划上,而不是员工职业生涯发展的具体内容。新的方法强调公司需求与员工需求之间的平衡。为此,3M公司设计了员工职业生涯管理体系。

1. 职位信息系统。根据员工民意调查的结果,3M公司于1989年年底开始试行了职位信息系统。员工们的反应非常积极,人力资源部、一线部门及员工组成了专题工作小组,进行为期数月的规划工作。

2. 绩效评估与发展过程。该过程涉及各个级别(月薪和日薪员工)和所有职能的员工。每一位员工都会收到一份供明年使用的员工意见表。员工填入自己对工作内容的看法,指出主要进取方向和期待值。然后员工们与自己的主管一起对这份工作表进行分析,就工作内容、主要进取领域和期待值以及明年的发展过程达成一致。在第二年中,这份工作表可以根据需要进行修改。到年底时,主管根据以前确定和讨论的业绩内容及进取方向完成业绩表彰工作。绩效评估与发展过程促进了3M公司主管与员工之间的交流。

3. 个人职业生涯管理手册。公司向每一位员工发放一本个人职业生涯管理手册,它概述了员工、领导和公司在员工职业生涯发展方面的责任,还明确提出公司现有的员工职业生涯发展资源,同时提供一份员工职业生涯关注问题的表格。

4. 主管公开研讨班。为期一天的公开研讨班有助于主管们理解自己所处的复杂的员工职业生涯管理环境,同时提高他们的领导技巧及对自己所担任各类角色的理解。

5. 员工公开研讨班。提供个人职业生涯指导、强调自我评估、目标和行动计划,以及平级调动的好处和职位晋升的经验。

6. 一致性分析过程及人员接替规划。集团副总裁会见各个部门的副总经理,讨论其手下管理人员的业绩情况和潜能。然后管理层召开类似会议,与此同时开展人员接替规划项目。

7. 职业生涯咨询。公司鼓励员工主动去找自己的主管商谈个人职业生涯问题,也为员工提供专业的个人职业生涯咨询。

8. 职业生涯项目。作为内部顾问,员工职业生涯管理人员根据员工兴趣开发出一些项目,并将它们在全公司推广。

9. 学费补偿。这个项目已实行多年,它报销学费和与员工当前岗位相关的费用,以及与某一工作或个人职业生涯相关的学位项目的全部学费和其他费用。

资料来源：HR 案例网,http：//www.hrsee.com/? id=48,2020 年 2 月 1 日。

思考题

1. 你如何评价 3M 公司的员工职业生涯管理体系？
2. 如果需要做进一步改进,你可以提供哪些建议？为什么？

第六章

新时代职业生涯管理面临的挑战

【重要概念】
　　无边界职业生涯、易变性职业生涯、职业流动模式、人工智能

【内容提要】
　　随着信息技术的发展和知识经济的来临,组织形式发生了剧烈的变化,职业发展的内容和模式也经历着新的挑战。本章先介绍了无边界职业生涯和易变性职业生涯这两个职业生涯新概念,并分析了两者之间的区别和联系,然后分别从个人和组织两个角度分析了职业生涯管理面临的新挑战及在这样的新背景下应该采取怎样的措施来实现有效的职业生涯管理。人工智能近年来成为一个热点,本章介绍了人工智能的未来发展趋势、人工智能对职业生涯带来的影响,并且从组织层面和个人层面给出了应对人工智能冲击的建议。

【学习目标】
1. 掌握无边界职业生涯和易变性职业生涯的概念;
2. 了解职业生涯理念的新发展;
3. 了解个人职业生涯管理面临的新挑战,掌握新形势下个人职业生涯管理的应对措施;
4. 了解组织职业生涯管理面临的新挑战,掌握新形势下组织职业生涯管理的应对措施;
5. 了解人工智能的发展趋势以及人工智能对职业生涯的影响,了解应对人工智能影响的方法与建议。

【开篇案例】

金融业巧用科技提升服务水平,客服在家云办公
——重庆金融业巧用科技提升服务水平

"请问,贷款合同在哪里查看?"

"您好,请打开马上金融App,进入'我的借款—借款详情'页面,点击右下角'点击查看已签署合同及协议',可查看合同。"

5月13日,马上消费金融股份有限公司(以下简称马上金融)运营部客服人员许周琴刚起床不久,就在自家书房在线为某客户解答了一个问题。

2020年2月初,为确保疫情防控期间公司服务不断线,马上金融创新推出了客服在家远程办公的新模式。在家为客户答疑解惑就成了许周琴的工作常态。

"这得益于我们启用了'云呼叫中心'办公系统,实现了'云办公'。"马上金融运营部负责人罗宁介绍,该系统是马上金融利用"金融云"等金融科技,对传统呼叫中心软件进行"云改造"后上线的。其不仅支持员工在家办公,还能提供"AI+人+机器人"的人机协作立体化服务,从而保障金融服务"7×24"小时全时段覆盖。

在"云办公"模式下,马上金融的客户满意度超过98%,一次性问题解决率超过84%,VIP客户及重要合作方业务接通率超过75%。按照市政府办公厅日前印发的《关于推进金融科技应用与发展的指导意见》,重庆市还将大力推动以人工智能、大数据、云计算及区块链等为代表的信息技术在金融领域的广泛应用。其主要任务,是以打造"四区两中心一高地"为重点,加快推进科技与金融深度融合。其中,"四区"是指打造金融科技产业聚集区、高质量发展制度创新区、金融科技监管先行区、金融科技标准示范区;"两中心"是指建设国家金融科技认证中心、重庆市金融大数据服务中心;"一高地"指创建中新金融科技创新示范区,搭建金融科技交流和人才培养平台,打造国内一流的金融科技开放合作新高地。

资料来源:人民网,《金融业巧用科技提升服务水平,客服在家云办公》,http://cq.people.com.cn/n2/2020/0514/c365402-34016010.html,2020年5月14日,有改动。

第一节　无边界职业生涯和易变性职业生涯

无边界职业生涯与易变性职业生涯是近年来备受关注的两个新概念,其实这两个概念在20世纪八九十年代就被一些敏感的学者提了出来。通过分析这两个概念的内涵,并将它们与传统职业生涯进行比较,或许可以展示当代社会员工职业生涯发展的一些新特点。

一、无边界职业生涯

进入21世纪后,以SOHO和电信办公为标志的信息化工作方式在发达国家迅速普及并极大地改变了人们的就业观念与方式。考虑到组织再造和心理雇佣契约的变化,研究者们开始考察跨越多个公司和边界的职业生涯问题,一个新的概念——无边界职业生涯——也应运而生了。国外学者德·费利佩和亚瑟(DeFillippi & Arthur)将无边界职业生涯定义为"超越单个就业环境边界的一系列的就业机会"。正是由于原有的组织结构正发生着显著的改变,在企业的重组过程中出现了大量的中高层雇员的失业现象,大大冲击了原来的职业生涯观念,新的职业生涯观念正是在这时应运而生的。与传统职业生涯表现为在某一两个公司内的职业成长不同的是,**无边界职业生涯**的特点包括:便携式的知识和技能、跨越多个公司的才干、个人对有意义工作的认同感、多重网络以及平等学习关系的发展、个体对职业生涯管理负责。两者的比较如表6-1所示。

表6-1　传统职业生涯与无边界职业生涯的比较

比较项目	传统职业生涯	无边界职业生涯
雇佣关系(心理契约)	工作安全性换取忠诚	灵活性换取工作绩效职业
环境边界	一两个公司	多个公司
能力	由公司来确定	可转移的
如何衡量成功	报酬、提升、地位	心理上有意义的工作
职业管理的责任	组织	个人
培训	正式的培训计划	在岗的学习和培训
里程碑	与年龄相关	与学习相关

由此可见,无边界职业生涯的观念是对传统职业生涯发展的一种挑战和发展,要求企业将员工的职业生涯发展规划从企业内部发展到超越企业的边界;将企业的自身目标和员工的职业生涯发展更加紧密地联系起来。

二、易变性职业生涯

从传统角度来看,职业生涯可以被认为与一个组织保持的一种长期的雇佣关系,在这个组织中,员工按照事先设计好的连续职务序列阶梯向上发展。比如,在企业里一个人可以走管理序列,担任专员、主管、经理、总经理;也可以走专业技术序列,如助理工程师、工程师、高级工程师等。

但是进入 21 世纪以来,由于商业环境的变化和知识技术的革新,企业越来越无力保证为员工提供持续稳定的工作和职业发展机会,员工也越来越意识到自己随时可能面对职业危机,在这种情况下,易变性职业生涯这种全新的职业概念产生了。**易变性职业生涯**是指由于个人兴趣、能力、价值观及工作环境的变化,企业或组织经营环境和内部政策的变化,使得员工会经常性地改变自己的职业。在传统的职业生涯时代,组织是安排员工职业发展的主体,而现在易变性职业生涯观念认为员工本人要对自己的职业生涯管理负主要责任。

表 6-2 传统的职业生涯和易变性职业生涯

比 较 项 目	传统职业生涯	无边界职业生涯
目标	晋升、加薪	心理成就感
心理契约	工作安全感	灵活的受聘能力
管理责任	公司承担	员工承担
运动	垂直运动	水平、垂直、多样化运动
方式	直线性、专家型	短暂性、螺旋形
发展	很大程度依赖于正式培训	更依赖人际互助、在职体验和自我管理
专业知识	知道怎么做	学习怎么做

(资料来源:[美]雷蒙德·A.诺伊著,徐芳译,《雇员培训与开发》(第 6 版),中国人民大学出版社,2015 年。)

传统的职业生涯目标是加薪和晋升,它不仅受员工自身努力的影响,还受到公司所提供职位的影响。而易变性职业生涯的目标是获得一种心理成就感,在很大程度上由员工自己掌握和控制,它是一种自我的主观感受,而不仅是组织对员工的认可。心理成就感对新一代的知识员工尤为重要,他们往往对地位不很看重,但希望工作富有灵活性,并渴望从工作中获得乐趣。

易变性职业生涯和传统职业生涯的另一个重要区别是员工必须具有动态的学习能力,而不仅仅是依靠吃老本。现代变化多端的商业经营环境要求企业必须能对客户的服务需求和产品需求做出更敏捷的反应,因此企业对员工的知识类型要求已经与以前不同。在传统的职业生涯中,员工"知道怎样做"(即具备提供产品和服务的适当技能)至关重要,而现在对员工的知识和技能要求则更高了,员工不仅要"知道怎么做",而且重要的是要"知道为什么"并"知道为谁"。"知道为什么"是指员工应该了解企业的业务和文化,从而能形成和运用有关知识和技能,以促进企业的发展。"知道为谁"指员工为了达到企业的战略目标而需要建立的各种人际关系,如与经销商、供应商、股东和董事会成员、顾客和行业专家建立良好的人际关系。而这些单靠正式的课堂培训是不够的,需要的是人际互助和在职体验,需要员工的自我学习和自我感悟。

传统职业生涯发展是一种线性的等级结构,许多大公司的职业生涯都是层级非常多的、带有科层制的职务结构,较高的等级往往意味着较大的权力、责任和更高的薪金收入,当然传统的职业生涯方式还包括专家型,即终生从事某一专业领域(如法律、医疗、管理),具体表现为在这个特定的领域里知识经验越来越丰富、逐渐成为专家并受到人们的景仰,这种职业生涯方式在以后还会继续存在。易变性职业生涯的主要特征是跨专业和跨组织的职业流动,在这种职业生涯过程中,一个人在不同的生命阶段将尝试从事多个工作岗位和涉足于多个工作领域,员工们可能会不断地寻找新的工作机会和新的职业机会,不断地试错,直至找到最适合自己的职业发展领域(有的甚至一生都在变换不同的工作和职业)。

在易变性职业生涯的时代,由于商业运作方式和为客户提供产品和服务方式的变化,使得员工知识和技能老化的趋势也在加快,同时不断有掌握新知识、新技能的年轻人充实到劳动力市场中来,因此员工为了应对这种越来越显现的职业危机,需要不断地拓宽和深化自己的知识和技能,以提高自身的价值和"可雇佣性"。

三、无边界职业生涯与易变性职业生涯的关系

无论是无边界职业生涯,还是易变性职业生涯,都是近年出现的新概念,在理解和使用过程中还有很多易混淆的地方,那么它们之间到底是什么关系呢?

苏利文(1999)认为,所谓"无边界职业生涯"实际上是一个误称,因为系统为区分其自身与外界环境,其实是需要"边界"的,所以事实上,职业生涯不是也不可能是无边界的。相反,无边界职业生涯的文献研究的主题恰恰是如何使边界变得更具穿透性。进一步而言,无边界的观点其实仍然是肯定组织而非个人拥有边界因而与传统的职业生涯仍然是联系在一起的。因此,当从职业生涯个人的观点来考察这些新的职业方式的时候,为强调雇员的适应性和自我引导力,使用易变性职业生涯这一字眼可能是更为恰当的;而当从组织观点来考察职业生涯问题时,使用无边界职业生涯的概念是合适的。或者说个体的"易变性"某种程度上就意味着要频繁地穿越组织边

界,这将不再被视为对组织的不忠诚而成为一种新型的社会规范。

第二节 个人职业生涯管理面临的挑战及应对策略

一、个人职业生涯管理的重要性日益凸显

从职业生涯管理的发展历史可以发现,西方在 20 世纪 70—80 年代中期,组织职业生涯管理是主导的职业生涯管理。然而,随着企业稳定性下降,企业倒闭、兼并、裁员增多,员工对企业能否长期提供工作产生了动摇,不得不考虑自己的职业前景,逐渐地变成了职业生涯管理的主体,现在是组织和个人均进行职业生涯管理,也许将来有些组织的职业生涯管理完全由个人来进行。霍尔和莫斯(D. T. Hall and J. E. Moss, 1998)敏感地观察到了这种变化,认为职业管理的主体在发生变化,未来的职业发展将主要由个人管理,而非组织;未来的职业发展是连续的学习,是自我导向的、关系式的,在挑战性的工作中进行;未来的职业发展不一定是正式的培训,不一定是再培训,不一定是向上流动。尽管在新时代下,职业生涯管理将获得新的内涵,但职业生涯管理的作用仍然不可忽视。职业的自我管理的重要性对于个人来说,关系到个人的生存质量和发展机会;对于组织来说,保持员工的竞争力,意味着组织在变化莫测的情景中生存和发展的空间也会相应地扩大。布劳(Gary Blan, 1999)认为组织的动荡和变革,将会使个人对职业的承诺相应地加强,以保持自己的竞争力。

同时,员工与组织之间的心理契约关系也正在发生着变化。心理契约是指个人和组织的心理上的认同与归属。通过契约关系的缔结,双方可以明确能从对方获得的收益。个人希望得到工资、地位、晋升机会和能满足其欲望又具有挑战性的工作。组织希望能得到时间、活力、才能和忠诚来达到它们的目标。员工与组织的心理契约开始于其进入组织时,但是会随着个人的职业经历来修正。

心理契约与新职业模式同时变化。当今社会,被雇佣的能力代替了雇佣的安全性观念。员工的技能需要持续地加强和更新,以便当公司重建时,人们能找到新的工作,无论是在同一公司还是在其他的公司,这样就代替了培训费用。如果能够通过更新改变员工的技能来掌握他的被雇佣能力,他同样能与现在的雇主建立起比较安全的关系。如果一个公司提供培训和学习机会,就更有可能留住优秀员工。

事实证明,在新经济时代,出于对企业是否能长期提供工作岗位的忧虑,员工不得不考虑自己的职业前景。一方面,员工感到有必要接受职业指导;另一方面,员工感到需要发展自身的能力,以保证可以继续被雇佣。许多学者认为,员工对自己的职

业生涯规划要切实地负起责任,增加自己被终生雇佣的可能性。具有成功职业生涯管理体系的公司(如美国宝洁公司、英国石油开采公司)都希望员工能自己负责好自己的职业生涯,公司为其职业生涯管理提供支持。

二、个人职业生涯管理的应对措施

我国学者龙君伟(2002)在其《论易变性职业生涯》一文中,对新时代个人职业生涯管理提出如下建议:

(一) 对自己的职业生涯负责

员工无论在什么样的企业,都必须采取几种职业生涯管理活动,来对自身的职业生涯进行规划:主动从直接上司和同事那里获取自身优势及不足的信息反馈,对自己进行客观的评估;明确自身的职业生涯发展阶段和职业能力开发要求;主动获取公司内部有关职位空缺及其他工作机会的信息;了解公司内部和外部存在哪些与自己职业生涯有关的学习机会;建立自己的人际关系网络,与来自公司内外不同工作群体的员工进行接触,拓展自己的职业空间。

(二) 增强职业敏感性

由于企业的组织结构、经营环境和资讯系统正在发生惊人的变化,在工作中的员工应该增强职业的敏感性,增强职业危机意识,才能有效地提高自己被终生雇佣的可能性。职业的敏感性包括职业弹性、职业洞察力和职业认同感等几个方面。

(1) 职业弹性指员工处理某些影响工作问题的能力大小。高职业弹性的员工对组织变革、对工作的不确定性变化有较强的适应能力。员工掌握的技能越多、工作轮换的次数越多,其职业的弹性就越强。

(2) 职业洞察力包括员工对自己兴趣优势和不足的自知能力,包括对组织结构的变化、经营环境的变化、新技术的采用对自己希望从事的工作和职业的影响的感知能力等。具有较强职业洞察力的员工能够及时收集组织的各种信息,及时作好职业应对的准备。

(3) 职业认同感指员工对工作中个人价值的认可程度。职业认同感强的员工能够尽快完成组织社会化过程,从而尽快适应新的工作环境。

(三) 提高学习能力,防止技能老化

树立终身学习的观念,把学习看成工作和生活的第一需要。要不断接受新观念、新事物,要不断掌握新技能、接纳新思想、推行新方案,保持自己的学习能力。

建立自己的知识网络,与同事或专家共享信息。要寻找与同事与上司共同探讨问题的机会,提出自己的想法分享别人的经验,跟你感兴趣领域的专家保持联系,建立自己的知识管理系统。

扩大现有的工作内容,寻找更多的有挑战性的工作机会。如争取工作轮换、加入新的工作团队或新的工作项目组。这样能不断丰富自己在不同工作岗位的经验,增强自己的职业适应能力,同时提高自己的综合技能。

【相关链接】

人工智能将给人类岗位带来什么影响?

目前,人工智能在许多行业中已得到了一定程度的应用,在未来人工智能将会深刻融入人们的日常生活。那么,人工智能的发展会取代人类吗?在人工智能正取代人类岗位的同时,我们能做些什么?小编认为应该用一种正确的认识来看待这件事,因为机会与机遇相伴其中。

人工智能是当下的热词,笔者对身边人说起这个,朋友就会有疑问,未来的某一天机器人是不是就替代了我们,我们将会失去工作,失去伴侣?众所周知人类从猿到人,经历了几千年的历史才有当下的美好,人类是需要进步的,当我们迈进一个新的时代,旧时代落后的东西必然会被取代,同时也会有新的机会、新的产物出现,它们的出现会更好地服务于人类,我们的恐慌只是吓唬自己罢了。

人类有这种恐惧的想法也不奇怪,毕竟我们对未知生物内心都是迷茫的,但是我们要用正确的世界观和认知去看待人工智能的发展给这个社会和生活所带来的改变。不应该在被一些别有用心者大肆鼓吹 AI 恐惧论后,让我们越来越恐惧人工智能的发展会取代自己的工作,这很明显是一个悖论。

人工智能的发展会取代掉众多的工作,这毋庸置疑,因为社会的发展一定是更高效、更迅速,而人工智能恰巧可以在最基层的作业中为社会的发展提供重要的原动力。但与此同时,一些我们看得见和看不见的新的机会和机遇会应运而生。

人工智能真能"抢饭碗"?

有人觉得人工智能替代的都是基层工作人员,其实不然,有研究表明:在整个机器取代人类的过程中,由农业开始,然后是蓝领,最终会波及白领——记者、办公室文员,甚至专业领域的会计、医生、律师……人工智能的影响将从体力劳动者向脑力劳动者逐步扩散。

数据表明,人工智能技术会让知识型、技术型人才更为抢手。过去一年中,人工智能人才需求量增长近2倍,随着越来越多的创业型公司加入相关业务的创业大潮,催生了大量人才需求。数据显示,2017年第三季度人工智能人才需求量较2016年一季度增长了179%。其中,算法工程师增速最快。

资料来源:搜狐网,http://www.sohu.com/a/211010900_353595,2017年12月17日。

第三节 组织职业生涯管理面临的挑战及应对策略

一、组织职业生涯管理面临的挑战

从20世纪五六十年代开始,越来越多的企业意识到,获得成功的职业生涯是员工工作的重要动机。

为了吸引并留住员工,很多企业开始从组织的角度对员工的职业生涯进行管理,以帮助员工在组织内部实现个人的职业目标。但是,进入21世纪以来,组织职业生涯管理作为人力资源管理中一个相对独立的实践领域,其存在基础受到了严峻的挑战。过去,管理者们普遍认为,只要对员工绩效给予奖励、为员工提供晋升的机会,关注员工的职业发展,就可以换来员工对组织的忠诚,确保员工队伍的相对稳定性。而进入20世纪80年代,人们却发现组织与员工之间那种传统的、稳固的、相互忠诚的心理契约已经破裂,一方面组织大量裁员,另一方面员工频繁跳槽。在这种情况下,有人对组织职业生涯管理的价值提出了质疑,他们认为,在心理契约关系严重缺失的今天,组织从职业生涯管理中获得长远收益的可能性降低,如果组织承担了职业管理与开发的成本,而员工独享了能力提升的收益,对于组织来说将是很大的损失。

因此,对于从组织的角度进行职业生涯管理是否必要的问题,学术界和实践界一直有着争议。龙立荣、方俐洛、凌文辁在《组织职业生涯管理的发展趋势》一文中把持各种观点的人分为四类:支持组织职业管理的、怀疑职业生涯管理的、折中的和修正的观点。

(1)支持的观点:如果一个组织要想有长久的竞争力,即使员工倾向于流向好的组织,如果实施旨在发展员工、关心员工的组织职业生涯管理,仍不失为一种双赢的策略。

(2) 怀疑的观点：随着时代的发展，IT行业组织职业管理难度加大，因为组织自己也不知道明天会是什么样子，即使能预测明天，组织会很容易地从外部找到合适的人员，不需要对个人作长期的规划；相反，长期规划后，如果个人离开组织，组织的损失较大。但是否所有的企业都像IT行业那样变化快是个值得怀疑的问题。

(3) 折中的观点。霍尔和莫斯(D. T. Hall and J. E. Moss, 1998)持折中的观点。一方面强调个人要对自己负责，不要过多地依赖组织的职业管理；但另一方面，主张组织为了使管理满足人的发展需要，还应采取一些措施，帮助员工职业发展，以增加员工的组织承诺，如安排挑战性的工作、提供发展性的雇佣关系、提供发展信息和发展资源等。

(4) 修正的观点：还有一些学者主张对传统的职业生涯管理予以修改，使之适合当今形势发展的特点。达尼(Dany, 1995)主张对组织职业生涯管理的概念进行修正，认为这种职业生涯管理并不一定意味着工作岗位的变化，也不一定意味着晋升。职业生涯可以通过个人在其工作岗位自主权的扩大或对其业绩评价的提高表现出来。通过论证，龙立荣等人主张，职业生涯管理应该是由个人和组织双方来实施比较理想。因为过于频繁的人员变动，一方面使组织的人力资源管理成本提高、实施困难；另一方面会使个人与组织的关系恶化，使人的持续的创造力下降、满意度降低。特别是在当今知识经济的背景下，组织的核心竞争力十分重要，而对影响核心竞争力的重要人物实施职业生涯管理的作用不可小视。

组织职业生涯管理活动到底有没有价值？这种以满足员工职业需要为首要目标的管理活动帮助员工提高了"可雇佣性"的同时，究竟是在获得员工忠诚感、保留员工方面的作用大，还是在人才流失方面的风险大？为了解释这些实际问题，组织职业生涯管理与一系列效果变量之间的关系成为学术界关注的焦点，这些效果变量主要包括组织承诺、工作卷入、离职意向、工作满意度、职业满意度等。这些研究得出比较一致的结论：组织职业生涯管理对员工的心理和行为会产生积极的影响。周文霞、李博的研究也表明，总体上看组织职业生涯管理实践与员工的工作卷入呈正相关关系。也就是说，实施职业生涯管理活动应该对员工的工作卷入有积极的影响作用。但进一步的分析发现，员工的组织职业生涯管理知觉与工作卷入之间的正相关关系并不是对于所有员工群体都成立，人口统计学变量在两者的关系中起到一定的调节作用，以下几个类型的员工群体较适合通过向其提供职业方面的帮助来提高其对工作的认同感：专科和本科学历的员工。这类员工属于具有一定知识和能力的知识型员工，在职业方面有自己的追求和看法，但他们不属于高级知识人才，在职业发展方面也多未形成独立的见解，因此，需要通过一定的帮助和支持，才能有效地提高他们对工作的理解和认同；中层管理者以下的员工职位级别越高,往往对自己的职业有着更加深刻的理解,职业目标也更加清晰,因此,如果他们清楚地意识到组织在职业方面给予他们的帮助和支持,心理和行为就更容易产生积极的回应。但是这条规律并不适用于高层管理者,因为他们一般具有较强的责任心和积极的工作态度,高度的工作卷入通常独立于外在情境因素而存在,可见,促使他们高度认同并投入到工作中的动因更多来源于内驱(如权力、成就需要等),而非外在的管理措施。

二、知识经济时代组织职业生涯管理的对策

面对组织环境的急剧变化对企业的职业生涯管理活动提出的全新挑战,国外很多企业敢为天下先,为了吸引人才、激励人才和留住人才,对以往的职业生涯开发活动进行了较大的改进。黄后川、兰邦华在《国外员工职业生涯开发实践的新发展》一文中对此做了较为详细的介绍,这些措施具体表现为:工作重新设计;弹性工作时间安排;针对双职业生涯家庭的职业生涯开发;变换的职业发展模式等。

(一) 工作重新设计

在传统的工业社会生产方式下,工作的设计提倡劳动分工的细化,许多工人在生产流水线上年复一年地从事简单的重复劳动,这种工作方式不但容易使人厌烦、降低生产效率,而且还是对工人个人发展的一种忽视甚至摧残。新型的职业生涯管理要求组织对工作进行重新设计,使得员工的能力得到更快的发展,员工的人性得到更多的尊重。工作重新设计的具体做法有工作轮换制,工作内容扩大化、多样化和丰富化等方式。

工作轮换可以消除员工对长时间固定在一个岗位或工种所产生的厌烦情绪。当然,这种工作轮换也不能过于频繁,不能在员工对其工作产生浓厚兴趣时进行轮换。只有员工主动申请,或经考察不能胜任工作或已对其工作不胜其烦时,才能进行工作轮换。如果员工对其中一项工作已经驾轻就熟,希望有更多的机会展示其才能或愿意承担更多的挑战时,企业组织应该及时扩大员工的工作内容,使其不只干一道工序而可以干多种活。工作扩大化必然会提高员工的工作热情和兴趣。员工也能从更多的新的工作中获得满足感。工作丰富化不仅指增加员工的工作内容,它还包括扩大员工的责任范围,让员工参与他们所从事工作的目标制定、规划、组织和控制。

工作轮换、工作扩大化和工作丰富化是从扩展人的知识和技能、挖掘人的潜能、激励员工承担更大的责任、提供更多的进步和发展机会出发来设计的措施。这里包含着让企业员工自行规划自己的工作、自行控制生产的产量和质量的自我管理理念。无论是工作轮换、工作扩大化还是工作丰富化,企业都必须从改善工作环境出发,着

眼于组织的人员配置和工作团队的建设来进行。教育培训是推行工作轮换、工作扩大化和工作丰富化并取得预期成效的关键性环节,集体意识和团队精神的培育与文化技能的培训同等重要。

(二) 弹性工作时间安排

弹性工作时间安排是一种以核心工作时间(比如上午 11 点到下午 2 点)为中心而设计的弹性日工作时间计划。它之所以被称为弹性日工作时间计划,是因为在完成规定的工作任务或固定的工作时间长度的前提下,员工可以自己先行选择每天开始工作的时间以及结束工作的时间,以代替统一固定的上下班时间的制度。比如,他们可以选择从上午 7 点到下午 3 点之间工作,也可以选择从上午 11 点到下午 7 点之间工作。在美国,除了本来就是自己确定工作时间的专业人员、管理人员和自雇佣人员以外,大约有 15%以上的员工是按照弹性工作时间计划来自行安排工作的。

弹性工作计划在实践中还产生了许多不同的形式,如工作分担计划、临时工作分担计划、弹性工作地点计划、弹性年工作制计划等。

工作分担计划指的是允许由两人或更多的人来分担一项完整的全日制工作。比如,两个人可以分担一项每周 40 小时的工作,其中一个人上午工作;另一个人则在下午工作。临时工作分担计划则是一种常在经济困难时期使用的工作安排方式,在这种情况下,企业用临时削减某一群员工的工作时间(从而将这些工作时间分给面临失业的员工)的办法来对付临时解雇的威胁。弹性工作地点计划是今天被越来越普遍运用的一种弹性工作安排形式,在这种计划下,企业允许甚至鼓励员工在家里或在离家很近的附属办公室中完成自己的工作。办公室自动化技术的发展为该计划提供了技术上的支持。还有一些企业,尤其是欧洲的企业,正在向所谓的弹性年工作制计划转变,在这种计划下,员工可以选择自己在下一年度每个月愿意工作的时间。比如,一位希望每个月工作 110 小时的员工,可以选择在一月份(工作高峰期)工作 150 小时,而在二月份(旅游季节)只工作 70 小时。

(三) 针对双职业生涯家庭的职业生涯开发

以往的职业计划一般是在某个时刻针对某位员工的,然而现在,越来越多的员工及其配偶也从事工作,她/他们的职业及雇佣前景也必须在职业决策时考虑到。一些学者开始把双职业家庭与双收入家庭分开。双职业家庭夫妇都非常投入他们的工作,把工作视为自我认同的需要,努力地奔跑在职业道路上,这条道路包括逐渐增加的责任、权力和报酬。至于双收入夫妇,他们中的一方或双方认为工作是与报酬相联系的,如用于支付账单的钱,保持忙碌的机会或成为摆脱困境的一条途径。对后者而言,配偶中只有一方需要进行明确的职业定位,这使得制定职业计划相对容易些;而对前者来讲,配偶中的每一方都强烈要求建立连续且富有挑战性的职业,双方的需要在职业计划中必须仔细进行平衡。

由于考虑到配偶工作前景的需要,许多员工不太愿意接受雇主调动工作的安排,这时,组织调度人力资源的方式必须变化。现在,越来越多的组织在进行必要的地区间人事调动时也更加注意到员工配偶的职业需要,也更乐意同时雇用职业夫妇两人。例如,在美国杜邦公司的10万名员工中就有3 500名双职业生涯夫妇,而在中国这样的情况更是非常普遍。所以应该尽可能设法让配偶双方到同一地区工作,关心员工配偶的职业问题已成为企业挽留有价值的专业人才的好办法。

双职业生涯家庭的需要与传统的丈夫上班、妻子做家务的家庭有很大的区别,这些家庭通常欢迎"家庭援助"的组织政策,它包括:照顾小孩、弹性工作时间、工作共享、部分的时间选择权等。根据双职业生涯的职业计划,当家庭责任达到顶峰时,夫妻双方中的一方或双方停止工作或进入较慢的、工作压力较低的职业轨道。类似的一些观点前面已经谈过,这里我们就不再详述了。

(四)变换的职业模式

经济全球化竞争的压力加大、劳动力市场竞争的加剧、市场的变化速度加快等因素共同引发了组织结构与员工职业模式的一系列更深刻的变革。自20世纪80年代中期以来,美国出现了一股企业重组、组织再造的强烈趋势,企业通过缩小长期全职员工的规模来降低劳动力成本,这些裁减既涉及蓝领工人也涉及中层管理人员。企业减少了管理层次,使组织更为扁平化,反应更迅速,更贴近顾客。为了适应变动中的劳动力需要,重组后的企业雇用短期的工人或把工作转包给更小的机构与兼职顾问,此外,企业还大量增加对兼职工人的雇用,因为兼职工人成本较低、有更高的边际利润,而且在劳动力市场发生变化时可以更灵活地安排人事。单个员工的职业模式也正在变动。

图6-1所示的是一个传统的职业模式,在该模式中,新员工先进入组织的基层,在同一机构工作许多年以后,缓慢地、按部就班地升迁,然后从组织中一个相对较高层的岗位上退休。但是,组织结构变革的趋势使得按等级序列升迁的竞争空前激烈,一方面管理职位的数目不断减少,另一方面适合的候选人数却在不断增加。这一点在进行机构改革的中国政府和国有企业中也很明显,中国政府和国有企业这几年一直在压缩规模、减员增效,组织成员可以获得提拔的管理职位机会正在不断减少,而同时新增潜在竞争者的人数却还在不断增加,这无疑将极大打击组织成员的士气。在美国,不少企业重组后也曾经被这个问题所困扰,当时,一部分自认为怀才不遇的员工离开大企业去独立创业或者作为顾问自由工作,其他人则采用一种新的职业模式,他们比先辈们更频繁在组织的不同部门间流动。

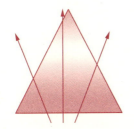
图6-1 传统的职业流动模式

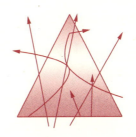
图6-2 未来的职业流动模式

组织正试图通过开发传统职业道路的替代物来维持组织的动力和创造力,图6-2所显示的是一些替代办法。一些箭头进入组织并很快离开了,代表从一个组织到另一个组织的短期雇员,其他的遵循螺旋形的职业化道路,其中有一部分是在职能区间横向移动,这意味着员工正在接受更多的经验和新任务的不断挑战,但他们在等级升迁上也更为缓慢。组织还采用专业等级升迁制的做法,它鼓励员工在某一专门技术领域内增长专业知识,而不必转到管理部门。组织的报酬与工作结构正在发生变化以适应这些新的职业活动形式。扩宽等级面是日益增长的普通做法,它把许多先前严格的工作称号、等级、报酬级别联合、拓宽,比如,美国北方电讯公司已经把19 000个工作称号及32个薪资级别压缩为200个称号及13个薪资级别。这种新的改革措施通过降低工作资历的重要性、奖励成绩优异者、加强同级间的工作变动等办法鼓励员工。

螺旋形或交叉的组织职业化道路可能对今天的员工还有一种吸引力:它使员工待在一个地区的可能性增加了。随着双职业生涯夫妇数量的增加,员工宁愿在同一个社区住更长一段时间,宁愿在同一机构不同类型工作间转移或在不同的当地雇主间做同一项工作,新的职业流动模式满足了他们的这种稳定性的需要①。

第四节 个人职业发展与组织发展目标的整合

一、重建组织与员工之间的心理契约

在前面的章节中,我们已经分别从组织和个人的角度谈到了心理契约及其变化,并提出了组织和个人的应对措施。这里我们主要从个人职业发展与组织发展目标的整合这一主题出发,进一步研究如何重建组织与员工之间的心理契约。

---

① 黄后川、兰邦华,《国外员工职业生涯开发实践的新发展》,《企业经济》,2002年第5期。

(一) 心理契约的含义

最早使用"心理契约"这一术语的是美国组织心理学家阿吉里斯(Argyris),他在1960年所著的《理解组织行为》一书中提出心理契约这一术语。20世纪60年代初心理契约首先被引入管理领域,强调在员工与组织的相互关系中,除正式雇佣契约规定的内容外,还存在着隐含的、非正式的、未公开说明的相互期望,它影响着员工的态度和行为,是剖析组织管理水平、洞察个体行为特征的重要变量。莱文森等人(Levinson et al., 1962)提出心理契约是组织与员工之间隐含的、未公开说明的相互期望的总和。施恩(1978)在其《组织心理学》(Organizational Psychology)中指出,"心理契约的意思是说,在任一组织中,每一成员与该组织的各种管理者之间及其他人之间,总是有一套非成文的期望在起作用"。这些期望微妙而含蓄,它虽然是非正式的,不具有书面的形式,却具有一纸契约的功能。如果其中一方未能如愿,就意味着相互之间的信任与真诚将被打破,由此会带来员工的热情消退、人员流失等一系列严重后果。可见,心理契约是指组织和员工对于相互之间责任和义务的期望。它是联系员工与组织之间的心理纽带,是影响员工行为和态度的重要因素,它会影响到员工的工作绩效、工作满意度、对组织的情感投入以及员工的流动率(李原,2001)。

(二) 心理契约内容的变化

心理契约没有固定的模式和标准化的内容,它随着时间和情境的变化而不断变化。

20世纪80年代以前,组织有一个稳定的、可以预测的环境,组织结构基本稳定,员工和组织是伙伴关系。在这种条件下所形成的传统心理契约的主要内容是员工努力工作并对组织忠诚,组织提供工作安定性和长久性的保证。在这种心理契约的背景下,组织职业生涯规划和职业管理被认为是组织的事,目标是保证有能力的、符合组织文化的员工提升到高级管理岗位上,职业发展被界定为加薪和晋升。

20世纪80年代中期以来,各种新技术的迅猛发展和全球化进程加剧,给企业发展带来了巨大的压力,它们不得不在组织形式、经营战略和运作模式等方面做出重大调整,如采用扁平式组织形式、兼并重组、裁员和缩减开支等。组织内雇佣关系发生变化,员工以忠诚和尽职尽责换来的工作稳定感已成为"美好的回忆",雇佣双方尤其是员工原有的心理平衡被打破,他们对企业失去了昔日的信任和忠诚。而企业为有效地参与竞争,客观上需要员工同以往一样甚至比以往更努力地去工作,以推动企业创新发展。这一现实矛盾迫使人力资源管理领域的研究者和实践者不得不对调整中的心理契约问题予以重视。

"经济的青春期已经结束了。人们曾经生活在公司家长制管理的温暖气象中:

如美国电信、柯达及都市人寿等巨型公司都曾承诺会照顾他们的员工。然而,到了20世纪80年代后期及90年代初期,全球化及科技发展给这些公司带来了很大的压力,瓦解了他们遗留下来的家族式体系。如同任性的青少年,他们把雇员从公司踢了出去"①。在这种情况下,一些管理学家认为,我们现在应当关注的不是传统意义的雇佣,而应当是可雇佣性。也就是说,我们应当抛弃完全依附于一种工作、一家公司或一种职业生涯通道的观念,重要的是要具备有竞争力的技能。既然组织无法承诺员工终身就业,员工也不必"从一而终",他们可以主动选择其他发展机会而不必等到自己被组织裁掉。员工和组织的关系变成了完全的利益交换关系,组织生涯管理成了员工自己的责任。表6-3体现的就是心理契约构成的变化。

表6-3 心理契约构成的变化

特 点	过 去 构 成	当 前 构 成
关注的焦点	工作的安全性、连续性、对组织的忠诚	相互交换的可能性,未来雇用的可能性
形式	结构化的、可预测的、稳定的	无固定结构的、灵活的、可以广泛协商的
建构基础	传统公平性、社会评判、附加价值(增值)的可能性	市场导向、能力与技能
雇主职责	工作连续、工作安全、培训、职业发展前景	对于附加值(added value)的公正奖励
雇员职责	忠诚、全勤、服从权威、令人满意的工作绩效	创业精神、技术革新、锐意进取、不断尝试、优异的工作绩效
契约关系	正规化、大多数通过工会或中介代理机构	认为双方服务的交换(内部及外部)是个人的责任
职业生涯管理	组织职责,通过人事部门的输入来规划和促进职业生涯的内螺旋发展	个人职责,通过个人的再培训和再学习而形成职业生涯的外螺旋发展

(三) 重建组织与员工之间的心理契约

让我们来设想一下,组织会对只忠于自己职业发展的员工满意吗?员工会对毫不关心自己职业生涯发展的组织尽心尽力吗?如果组织不能和自己的员工建立起一种相互关心相互信任的关系,它又怎样建立起自己的核心竞争力?如果员工与组织处在一种互不信任的状态中,他们又怎能拥有一个成功的职业生涯呢?显然,不论在什么样的情况下,组织和员工之间的相互信任与合作都是十分必要的。但问题是如果组织和员工之间不能相互做出某些承诺,他们就很难建立起这样一种相互信任与相互合作的关系。

美国著名管理学家沃特曼(Robert H. Waterman)等人在其《建立一支具有自我职业发展能力的员工团队》一文中提出,解决上述问题的方法是重建组织与员工之间的

---

① Daniel Pink, Land of the Free, *Fast Company*, May 2001.

心理契约。在这种新的契约下,员工和组织共同承担职业生涯管理的责任,以保持甚至提高每个员工在组织内部和外部的可雇佣性。组织的责任在于向员工提供工具、开放的环境和机会来评估和发展他们的技能。员工的责任是管理自己的职业生涯,并且只要他在这家公司工作,就要对公司的目标做出某种承诺。

在传统的心理契约中,员工委托他们所在的组织做出对他们的职业生涯有重大影响的决定。这种做法的结果是使员工拥有固定的技能,对组织有很大的依赖性。在新的契约中,组织赋予个人更多的机会去大力提升自己的可雇佣性。员工们必须时刻准备重塑自我,以跟上变革的步伐,在对自己职业生涯负责的同时致力于组织的成功。这就意味着每个人要时刻掌握市场的发展趋势,了解组织未来发展所需要的技能和行为,对自己的优势和劣势有一个清楚的认识,并能够有计划地提升自身的绩效水平和长期可雇佣能力,能对业务需求的变化做出迅速灵活的反应,当与组织的双赢关系不复存在时仍然通过其他的方式使自己的职业生涯得以发展。这样就可以打造一支具有自我职业发展能力的员工队伍,使员工职业发展的目标包含在组织的目标中,员工们通过对自己目标的追求来帮助组织达到目标。

在美国,位于硅谷的一些大公司都正在朝这个目标努力,如苹果电脑公司、工作站制造商太阳微系统公司、特殊工业产品制造商 3Com 公司等。虽然这些公司的具体做法各不相同,但它们有共同的目标:赋予员工评估、训练、调整和拓展自身技能的权利,使员工在劳动力市场上保持竞争力。作为回报,它们希望员工能为组织做出更大的贡献。在这里,组织对员工的承诺是:我不能给你终身就业的机会,但我要发展你终身就业的能力,即使你有朝一日离开这里,你仍然能够凭借自己在劳动力市场上的竞争力获得一份满意的工作。员工对组织的承诺是:我要对自己的职业生涯负责,要不断提升自己的能力,适应组织发展的需要,只要在这个组织工作一天,就为组织做一天的贡献。从长远的观点来看,组织和员工都会从这种相互承诺中获益,组织鼓励员工提高自我职业发展能力,其结果是自身的竞争能力也获得了提升。

沃特曼等认为,要建立起组织和员工之间新的心理契约,就必须完成以下几方面观念的转变:第一,改变对忠诚的传统认识。企业不能再把优秀员工的跳槽看作背叛,同样如果企业不再需要员工的技能,员工也不应该认为是背叛。要增强相互之间的尊重和信任。第二,改变对职业生涯发展的传统看法。正如我们在前面的章节中所提到的一样,传统职业生涯发展的意思就是一直服务于一家企业,在某一个专门领域向上发展。现在,如果员工拥有多种技能,能够在各个职能领域工作、在日常工作和特殊项目之间转换,或者员工在原公司原本适合的岗位不复存在时依然可以从容应对,这都是职业生涯成功的标志,对个人和企业都有利。第三,所有的员工都应该清醒地认识到企业的目的是提供客户认为有价值的产品和服务。如果做不到这一点,企业就没有存在的必要,企业中的所有人都将失去工作。由此得出的结论必然是：只有那些对创造这样的产品和服务有贡献的人才能在组织中找到立足之地。最后,组织和员工之间传统的关系必须转变成一种相互理解和尊重的关系,员工的主管无权单方面干涉员工的工作调动,员工离职必须提前告知。与员工分享企业的各种信息(包括比较敏感的信息),更多地相互交流和沟通。

【相关链接】

组织中不同角色在职业生涯发展活动中的职责

职业规划活动	职业管理活动
员工的责任 　确定自己的能力 　分析职业选择 　决定发展目标与需要 　与主管沟通发展的去向 　与主管一同制定可行的方案 　朝既定的行动方案努力	**员工的责任** 　提供正确的资料给主管,内容包括技能、工作经验、兴趣与职业期望
主管(经理)的责任 　帮助员工,把他们导向正确的发展道路 　分析评估员工所陈述的目标与需要 　协助员工完善彼此可接受的方案 　适度地提醒员工朝目标努力或修正原来的计划	**主管(经理)的责任** 　确认员工提供的信息是否有效 　给员工提供未来职位晋升的信息 　确定未来职位可能发展的途径 　确定职业发展的选择方案(包括工作动机、训练方案、工作轮调计划),使员工适才适所
组织的责任 　提供个人职业规划的方式、资料、咨询等所需要的协助 　提供适当的职业发展训练,对象包括员工与主管 　提供技能训练方案以及在职业发展中的机会	**组织的责任** 　提供资讯查询系统与流程,以配合主管决策之需 　组织有定期更新所有资讯 　确保资讯有效使用:设计便利的方式来汇集、分析、解释、使用资讯;监督并评估职业发展过程的有效性

资料来源:转引自萧鸣政,《人力资源开发》,高等教育出版社,2002年。

二、组织发展需要与员工职业发展的匹配

(一)组织需要与个人需要匹配模型

如图6-3所示,左侧为组织的需要和目标,右侧是员工的个人需要与目标,不难

发现两者是不同的,各自有自身利益的出发点,因此如何使两者协调一致就成为管理的关键,归结到一个问题上就是,如何才能使员工们以一种能够把个人的有效性和满意度与组织战略目标的达成联系在一起的方式对自己进行开发?这就需要组织通过其人力资源管理措施,通过职业生涯管理活动把两者联系起来。施恩的组织发展需要与员工职业发展匹配模型就提出了解决这个问题的思路。

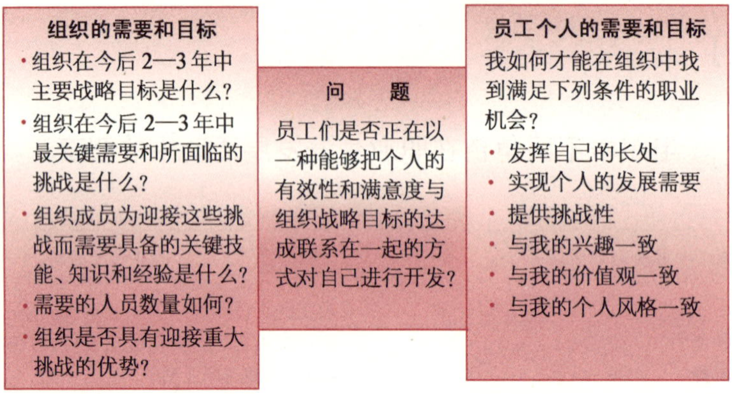

组织的需要和目标
- 组织在今后2—3年中主要战略目标是什么?
- 组织在今后2—3年中最关键需要和所面临的挑战是什么?
- 组织成员为迎接这些挑战而需要具备的关键技能、知识和经验是什么?
- 需要的人员数量如何?
- 组织是否具有迎接重大挑战的优势?

问题
员工们是否正在以一种能够把个人的有效性和满意度与组织战略目标的达成联系在一起的方式对自己进行开发?

员工个人的需要和目标
我如何才能在组织中找到满足下列条件的职业机会?
- 发挥自己的长处
- 实现个人的发展需要
- 提供挑战性
- 与我的兴趣一致
- 与我的价值观一致
- 与我的个人风格一致

图6-3 组织与员工个人的需要和目标

(二) 组织发展需要与员工职业发展匹配模型

美国著名管理学家埃德加·施恩从职业发展观出发,设计出"人力资源计划和发展:一种实践的发展模型"(如图6-4所示),在该模型中他将组织计划与个人职业过程的匹配清楚地表现出来了。组织与个人积极互动,最终实现双方利益的"双赢"——组织目标的实现和个人职业的成功。模型的左侧是整个匹配中的组织过程,右侧是个人过程,而中间的则是组织与个人两者之间的互动匹配过程。下面,我们就对这个模型加以详细的说明。

从总体上来看,这个模型涉及的环境既包含组织内部环境,还包含组织所处的外部环境。个人在没有进入组织之前处在外部环境中,只有进入组织之后,才能在组织内部环境下与组织发生互动关系。

(1) 组织和个人双方同处于一个社会中,面对着同样的社会结构、文化、定义职业的一种价值系统、成功的标准和预期的生活通道。重要的是要认识到,文化(通过自己的价值系统)在什么被认为是一种好职业、什么是成功等方面,影响了组织和个人。社会直接通过政府法规、税收方案、教育系统和其他社会机构影响组织和个人。总之,组织和个人双方不得不在这种总的环境中采取对策。对组织而言,它意味着要注视劳动力市场的特点、经济状况、与就业机会相应的立法措施、职业安全和保健、退休政策和年龄歧视、技术力量,以及最终表明员工层中将需要何种技能的市场特点

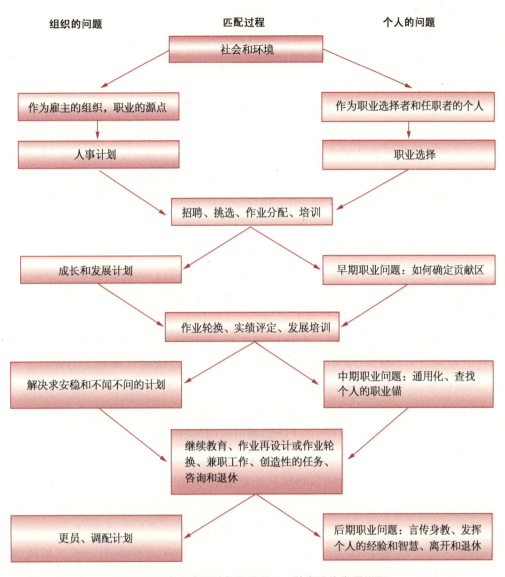

图 6-4　人力资源计划和发展：一种实践的发展模型

（资料来源：［美］E.H.施恩著，仇海清译，《职业的有效管理》，生活·读者·新知三联书店，1992年。）

等；就个人而言，它意味着要关注与职业和教育机会、职业与家务及自我发展的均衡，以及具有长期可行性的生活方式（施恩，1992）。

（2）社会及文化，通过其法律、政策、社会机构和各种方案造成了各种激励和约束，这些激励和约束构造了职业结构和劳动力市场。正如图 6-4 中标出来的，整个组织内环境主要是由组织启动和管理的，由它来制定整个人事计划——战略经营计划、工作角色计划以及人力资源存储计划等。然后，按照这些计划分别制定详细的新员工招聘挑选计划。

对于个人来说,未进入组织之前属于他们的前职业阶段,这个时期他们应该依据前面章节中所说的各种自我认知以及环境认知信息,来制定自己的职业生涯计划。然后根据这些职业生涯计划,做出职业选择,选择合适的组织、合适的岗位。

(3) 通过招聘甄选计划以及个人的求职应聘过程,组织与个人之间进行一系列双向选择,最终就会有一部分新人加入组织。当新员工进入组织之后,组织就会按照不同岗位的工作说明、工作设计和工作分配的要求,对新员工实行"新员工入职培训",完成新员工的社会化过程,这是加强组织对个人认识的一个重要步骤,个人与组织之间的很多不匹配因素也会在这一阶段有所体现。在这一阶段组织的主要任务就是帮助员工制定成长和发展计划,而且随着员工在组织内部服务时间的不断变化,组织还应该及时帮助员工不断对现有的个人成长计划评估并加以修订。

而对员工个人来说,他们的职业生涯早期阶段的主要任务包括:查找个人的贡献区、学会如何适应组织、按照组织的要求和自身的技能特长不断提升自身的从业能力、依据组织的实际情况对先前的职业生涯计划做出必要的调整和修正,以适应组织和个人双方的共同发展。

(4) 员工完成最初的组织社会化阶段之后,组织就要对其进行各项人力资源管理,使其发挥最大的效能,为组织的发展做出最大贡献。这些具体的人力资源管理政策和措施包括:对其绩效做出公平、公正的评定和奖罚,根据组织和员工本身的需求,向员工提供各种培训机会,帮助其不断成长,提升其从业技能和能力,同时对其进行职业生涯指导,对先前的职业生涯计划做出适时的修正。

对员工个人来说,在其职业生涯中期阶段,他们首先要保持一种积极向上的成长取向,成功应对"中期职业危机",确定其长期贡献区,在通才与专才之间做出选择。

(5) 个人在组织中获得进一步成长,组织为其提供各种继续教育的机会,对其工作进行重新设计,为其提供工作丰富化、工作轮换、晋升以及加薪等机会,帮助员工制定适宜的退休计划,提供相关的咨询项目。组织在这一阶段根据组织发展的需要和员工本身的特点需要制定新的人事更新计划,妥善处理好新老员工之间工作的良好衔接。具体的工作包括:更新人力资源库存、更换人员培训方案、职位开发的信息系统、工作再分析和工作角色计划等。制定新一轮的人事计划,从组织内外部吸收新的人力资源。

员工在其职业生涯后期阶段主要做的是:首先要正确调整自己的心态,学会接受权力、责任和中心地位的下降,学会接受和发展新人,凭借自己在组织中多年的经验,发挥余热,成为年轻一代员工的良师益友,评估自己的整个职业生涯,为退休做好准备。

如果整个匹配过程运行合理,组织和个人双方将彼此受益:组织方将获得更高的生产率、员工创造力和长期效益;而个人将获得更满意的工作、安全感、尊重、良好的个人发展机会以及工作与家庭之间的最佳整合……经过双方的共同努力,最终实现组织发展和个人发展的双赢。

总之,施恩的模型是一个从职业发展观的角度来看待个人与组织目标相互作用的模型。图6-4中左侧是组织的职业生涯管理活动,右侧是员工个人的职业生涯管理活动,而中间是两者的结合点——组织和个人需要共同参与和互动的过程,这也是个人职业发展与组织发展目标的整合过程。从组织的角度来看,一个职业生涯计划的实施流程应首先从人力资源规划开始,并据此确定招聘、甄选和培训计划等,随着员工在组织中经验的不断增长,再为他们设计成长和发展计划,安排作业轮换和发展培训等。当员工进入职业发展中期时,要着力解决职业高原期常出现的不求上进的问题,为其安排继续教育、工作轮换甚至是工作的重新设计等,实在不能胜任的应尽力安排其到更能胜任的岗位上去或者列入退休人员计划。从员工个人的角度来看,在正式成为组织中的一员之前,首先要对个人的未来职业有一个初步的定位,并在此职业观的指引下进行职业选择活动,当他们选定了某个组织中的某个职位后,就要参与到组织的招聘和甄选中去,一旦组织确定正式录用以后,他们就步入了职业生涯早期,这个时期的员工的职业生涯问题主要是对未来的目标比较迷茫,尤其是第一次从事工作的年轻人还会产生理想与现实不符的强烈震荡,因此要通过工作轮换和发展培训等来逐步了解和发现自己的能力和特长、确定清晰的职业目标,当他们步入了职业中期时应该对个人的职业锚有更为清楚的认识,因而他们参加继续教育活动和工作轮换,追求职业价值的进一步实现。随着年龄的增长,当员工要退出工作领域之前,要充分发挥顾问的作用,为组织和年轻人提供咨询,然后顺利地过渡到退休和离开组织。

三、组织与员工共同管理工作压力

当今社会,压力的普遍存在已经为人们所接受,每个人都不同程度地受到来自各个方面压力的困扰,其中,来自工作的压力无疑是最主要的。工作压力虽然承载在个体身上,但它影响的不仅是员工个人的身体和心理健康,同时也必然影响到组织的绩效与发展。组织和员工必须共同面对职场上的工作压力,对工作压力的共同管理也有助于组织发展目标和个人职业目标的整合。

(一)工作压力及其来源

压力是人在对付那些自己认为无法对付的情况时,所产生的情绪上和身体上的异常反应。它包括人和环境的相互作用,是机体的一种内部状态,是焦虑的情绪和生理上的失常以及挫折等各种情绪和反应的综合。

可能产生工作压力的原因很多，混乱的工作局面、个人能力限制、特殊的时间要求、人际冲突都是常见的工作压力源，此外，组织的政策和实践、雇佣歧视、失业威胁以及生理条件也会产生压力。我们把这些压力分为以下几类：

（1）工作负荷。当知识飞速更新要求你不断掌握新技术的时候；当上司要求你在很短时间内完成很多任务的时候；当你每天都要加班，爱人出差，孩子又生病了的时候；当又一批年轻人进入公司，和你并肩竞争某项任命的时候，你只有两种选择——冲上去或退一步，你义无反顾地选择了前者，便不断自我加压，即使早已不堪重负。

（2）人际关系。每个组织内部都存在复杂的人际关系。例如，下属对上级授权的误解，同事之间互不信赖，领导方式偏误引起工作氛围不和睦等。这些都使身在其中的人们觉得心理疲劳，分散他们的精力。

（3）职业发展。当你业绩突出，被破格连升两级的时候，心理负担的压力紧跟着成倍递增。因为职业发展太顺利，同时面临方方面面的问题太多，甚至超出了自己掌控的能力，怀疑自己是否真正胜任，心理负担沉重。更多的时候是僧多粥少，眼前只有一个升迁名额，偏偏再次旁落，你感到被人忽视的压抑，对工作目标充满迷惘。

（4）工作环境。许多大学生向往在抬眼就能看到蓝天白云的高级写字楼里工作。殊不知，长期在这样的环境下工作的白领们却渴望逃离。国外研究证实，办公楼环境是一种无形的环境压力，封闭的场所会使人精神紧张、容易疲倦。所以不少外国白领选择在自然环境或空气流通的平房里办公。

（5）个性特征。不管环境状况如何，高度焦虑的员工往往承受着高水平的压力。而且压力水平还取决于员工是如何对形势进行解释和评价的，一些人可能没有把一种形势看得特别重要，因此降低了察觉压力的水平，或者说一个人对自己处理局势的能力非常自信，那么这种局势就不会被看作有威胁的、不确定的。因此，一个人视为紧张的局面可能另一个人并不将其视为压力。

（二）工作压力的影响

员工的工作压力如果得不到释放或缓解，将会影响到员工的身心健康、情绪以致影响到工作。

1. 对员工身心健康的影响

国际劳工组织的一项调查显示，在英国、美国、德国、芬兰和波兰，每10名办公室职员中，就有一人患抑郁症、焦虑症、压力和体力透支。据研究机构美国工作压力协会估计，压力以及其所导致的疾病——体力衰竭、神经健康问题——每年耗费美国企业界3 000多亿美元。在中国，虽然还没有专业机构对因职业压力为企业带来的损失进行统计，但北京易普斯企业咨询服务中心的调查发现，有超过20%的员工声称"工作压力很大或极大"。

目前，医学界也有研究资料证明，工作压力对人们的身心健康确实会产生很多不利的影响，由压力产生的心理紧张状态影响着人体内部的相互平衡，人体为了维护这种平衡，就得做出一些生理上的反应，常见的如肾上腺素张力水平的改变、血压的波动等，因此，它可能与心血管疾病、胃肠紊乱、病毒敏感、贪吃、药物和酒精依赖以及其他健康问题都有关联。

虽然，过大的工作压力可能会对一个人的身心健康有害，但是并非每个人经受压力时都将发展成这些紧张症状。一些人天生就有很高抗压能力，而且来自其他人的支持也能帮助其将压力保持在容易管理的界限内，使得人们不会经受紧张形势的负面影响。

2. 工作压力与工作绩效的关系

压力对工作绩效有显著的影响。图 6-5 提供了压力与工作绩效关系的曲线。

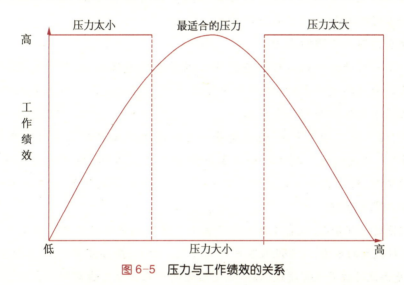

图 6-5　压力与工作绩效的关系

图 6-5 中纵坐标表示从低到高变化的工作绩效水平，横坐标表示从低到高变化的所体验到的压力的大小。在低压力的情况下，员工可能不警惕，没有挑战性或不能发挥他们最好的水平；如图 6-5 所表示的曲线，当压力到达某一点时，就能改善工作绩效水平。对任何工作任务来说，均存在一个最优秀的压力水平，过这个点后工作绩效就开始降低。在超过最佳压力水平的情况下，员工会过分焦虑，过分地激发或威胁着他们发挥出最好的工作绩效水平。

管理人员很想知道他们自己和其下属的最合适压力点。然而，这种信息是很难取得的。例如，员工可能由于工作枯燥无味（压力太小），或者因为工作过度（压力过大）而经常缺勤。图 6-5 中的曲线还表示，对不同的人和不同的工作任务，曲线的变化也是不一样的。对一个人构成压力的情况可能对另一个人并不构成压力，对同一个人不同的工作事件压力程度也不一样。

【相关链接】

想减压，学点专业的方法

人在生活中会经历各种各样的情绪，能感受到动力，自然就能感受到压力。因此，很多人会寻找减压的方法，比如，指尖陀螺、无限魔方等减压玩具，甚至快递包裹里可以捏无数次的泡泡纸，似乎都能帮人减压。不过，这样做得到的效果并不一样。有的人说，不知不觉时间就过去了；有的人说，等到不玩儿的时候又回到现实，尤其是想到这段时间什么"正事"也没有做，竟然会更难过……

减压玩具究竟能不能帮助我们释放压力？如果想要减压，应该怎么做？来听听心理医生对此有什么简单易行的建议。

适度压力有利于激发潜力

压力是一种什么样的心理状态？从心理学角度通俗地讲，压力就是一个人觉得自己无法应对环境要求时，所产生的负面感受和消极信念。压力是人们在日常工作和生活中无法回避的一个问题。

其实，胎儿尚在母体中时，就承受着一定的压力。正如古人说的，"生于忧患，死于安乐"。适度的压力对人的成长和健康是有益处的，因为适度的压力能够保证人的觉醒，使智力活动处于较高的水平，可以更好地处理生活中的各种事件，进而实现自己的价值。

我们见过一部分人，只有在巨大的压力之下才能高效率地工作。但是大多数人，不擅长应对较大的压力，或者说做不好压力管理。比如，在异乡漂泊，在工作中遇到难题，抑或是面试时被面试官质疑，都可能突然之间让人产生自我怀疑。在压力面前，人有时候会变得不自信，当一个人能承受的压力达到极限时，就会出现崩溃等极端情绪。

前文提到的减压玩具所起的作用其实是一种"情绪转移"，无论是能让时间悄悄溜走的指尖陀螺，还是烧脑的无限魔方，它们都可以让人暂时忘却眼前的烦恼。不过，如果压力源没有消除，又没有做好心理建设，只是单纯的情绪转移或注意力转移并不能真正解决问题，压力也无法真正得到释放。

所以，减压玩具可以作为一种暂时减压的辅助工具，让人得到喘息，但恢复体能后还需要我们积极地面对和解决压力。

学会识别高压信号

压力管理是每个人都会面临的课题。有效压力管理的第一步是能够觉察到过度的压力，建立一个识别压力的预警系统。

怎么知道一个人的压力大不大？首先要识别高压信号。回想一下，当你受到压力时，身体和情绪会有什么样的反应，然后锁定这些反应。以后每当即将进入这些习惯性的反应状态时，就马上向自己发出警告：压力过大了，需要调整了。

高压信号主要分为情绪信号和行为信号。

高压下的情绪信号包括容易发怒：遇到冲突时，反应过于激动和好斗；缺乏兴趣：对自身、他人和社会事件及以往感兴趣的事情不再留意。此外，还表现为精力溃散，记忆力衰退，迟疑不决，感到愁苦、内疚、疲惫不堪、无助、自卑等。

高压下的行为信号包括滥用兴奋物，如糖、酒精、尼古丁和咖啡因等；暴饮暴食；挥霍浪费；拖延。

这些高压信号持续时间较长后，会带来两种临床表现。一种表现为心理症状，如抑郁、强迫、恐惧、焦虑等；另一种表现为躯体症状，也就是说，压力问题转变成了躯体问题。对这一转变的研究，已经成为一门单独的学科，叫做心身医学。

目前，有很多严重影响人体健康的疾病，都与过度压力有关，如高血压、胃溃疡、慢性头痛等。以胃溃疡为例，很多胃溃疡患者都承受着较大的工作或生活压力，他们在精神上往往表现得很坚强，但较大的心理压力在他们相对薄弱的胃上找到了突破口，胃壁上的溃疡就是这一突破口的象征。

四招教你缓解压力

如果不是天生抗压性强的人，应对压力是需要主动掌握一些技巧的。比如，通过改善交流来缓解人际冲突。但有时我们需要暂时地"放下"，所谓张弛有道，方得长远。

在一次压力管理培训课上，我拿起一杯水提问："大家认为这杯水有多重？"台下的学员有的说是半斤，有的说是一斤。我又问："这杯水大家能拿多久？是不是拿的时间越长，觉得越沉，手也越酸？"大家纷纷点头。是的，这杯水的重量是一样的，但拿得越久，就越觉得沉重。这就像我们承担的压力一样，如果一直把压力放在身上，就会觉得压力越来越沉重直至无法承担。我们需要做的是适时放下这杯水，休息后再拿起来，如此才能拿得更久。

对于放下压力，心理学上有一些专业建议。

1. 社会支持法。发展出适当数量的朋友圈，寻找家庭、朋友等人际支持系统，通过倾诉、分享和提供建议，来帮助自己分担心理与实际的压力；

2. 目标集中法。在众多的生活和工作任务目标中，只追求主要目标或当下可以实现的目标，而不是要求事事完美。

3. 付诸行动法。投入力所能及的行动中，家务、运动、娱乐等都可以，在集中注意力进行这些活动时，身心是能够得到放松的。

4. 情绪转移法。发展适当的情趣活动，参与到兴趣爱好中，使自己能感受到放松和增加活力。

正确面对压力做认知调整

压力是种个体和外部事件之间互动的感受，但同样的压力事件对人的影响，有着非常明显的个体差异。比如，同一件事在有的人眼里不足挂齿，在另一些人看来却是天大的事。是举重若轻，还是举轻若重，这与一个人的人格和对事情的认知角度很有关系。所以，要正确面对压力就需要进行认知调整。

如何进行认知调整？大多数人认为压力是负面或具伤害性的，但事实上压力事件是中性的，并无所谓好与坏。你若视之为积极正向的，它便可成为生命过程中的历练，促使你成长；你若视之为消极负向的，它就会成为辖制，限制你的成长，甚至压得你喘不过气来。所以，要正确面对压力应从改变认知做起，换个角度来看待自己和周遭的人、事、物。事件虽仍存在，但自己的心态改变了，它就不再构成压力，这正是压力管理的精髓。

面对压力，除了自我调整以外，还可以到专科医院接受专业指导。许多心理专科医院的心理科设有一个专门的科室——心理测查中心。在这里，针对压力源、压力程度和对压力的适应能力等，都有专门的量表可以进行测查。如果心理测查的报告提示有过大的压力，心理医生会视情况提供个别和团体心理咨询和治疗。

资料来源：孙春云、姚晶，《想减压，学点专业的方法》，人民健康网，http://health.people.com.cn/n1/2020/0116/c14739-31550464.html，2020年5月14日。

(三) 对工作压力进行有效的管理

实际上，很多研究人员已经得出结论：适度的压力水平能提高绩效和健康。压力（低或者高）的极端水平可能使人痛苦，因为他们或者激励不足或者激励过度。压力的最佳水平应该是具有挑战性的并且能产生积极的情绪而不是痛苦。因此，压力必须被管理，以便建立适当的平衡，这种平衡是个人和组织发挥作用的最佳条件。面对压力，组织和个人都应该采取恰当的应对措施。

1. 组织的应对措施

正如前面所讨论过的，员工的工作压力既可能增加组织的运行费用并且降低组织的利润也可能提高组织的整体绩效，关键在于组织能否恰当地调节压力的程度。通常情况下，组织可采取的措施无外乎两类：

(1) 努力为员工减压。当员工面临的工作压力确实很大、已经远远超出他们的应对能力时，为员工减压这种做法十分必要。减压的方法可参见【相关链接】"减压管理十七招"。

（2）教会员工更有效地适应压力。在任何时候，我们都要牢记"授之以鱼，不如授之以渔"这种古训，要帮助员工彻底摆脱过度压力的困扰，教会他们如何去有效地适应压力始终是最行之有效的办法，也是变压力为动力的前提。

值得注意的是，不管采取哪种做法，或是两种做法兼而有之，在计划实施前，组织都必须正确诊断员工压力的程度和根源。组织诊断可以聚焦于组织压力源的评估、员工压力的程度，或者与改变压力有关的员工特质。组织也需要意识到每个员工可能对压力源的反应都是不同的，也就是说，对某一个员工有效的办法不一定对所有的员工都有效。

【相关链接】

减压管理十七招

以下一些办法在许多企业试用过，被证明是行之有效的，有需求的企业不妨一试。

- 公开讨论工作中存在的问题，对于工作要求超出了员工的能力，如设定了不现实的工作期限、工作超负荷等，或是对工作方式、管理方式不能接受的情况，仅仅是公开讨论本身就能使员工心情释放；
- 设立"职工谈心室"，聘请专家为员工解除心理压力，企业负责人也抽出时间直接与员工面对面谈心，使员工在倾诉烦恼中化解心理压力；
- 根据掌握的信息合理调配用工岗位，实现人尽其才；
- 设定旅游计划，定期举办旅游活动，借山水之美解除身心疲劳；
- 参加公益活动：植树、爱心活动、老人关怀等；
- 举办集体活动：歌咏比赛、书法、绘画、体育比赛等；
- 成立公司内部非正式团体：爱心社、棋类协会、球类协会等软福利；
- 准备一些益智性娱乐玩具，供员工在工作间隙用于消遣；
- 改善工作环境，尽量使工作场所空气流通，降低噪声，增加一些绿色植物，也可以布置一些怡人的花卉，在工作场所养金鱼，张贴照片和风景画等，还可以让员工自己装饰办公室、自己挑办公桌椅；
- 在工作场所设置一所隔音室用作发泄室，让压力大的员工进去尽情地大喊大叫，发泄一通；发泄室里可以安装拳击袋，让员工可以借此减压；
- 在连续工作一小时后实行集体放松，要求员工集体做深呼吸，每天做10—15次，每分钟呼吸12—16次，也可以做一些肢体伸展运动缓解肌肉张力，加速血液在体内的循环，帮助把氧气输送到大脑；

- 在感到工作气氛紧张时,播放一些轻松或者另类的音乐,使员工听着音乐闭目养神,从而达到减压的目的;
- 设定宽松的工作规范,不实施监控;
- 安排下午茶、水果等;
- 让员工着便装上班;
- 实行弹性工作制,让员工自定工作时间;
- 保持消遣娱乐和工作间的平衡,给工作和娱乐分配时间,时间分配不应让人有匆忙感,而应使人感到轻松自在,安排好度假,控制工作时间,有张有弛,有劳有逸。

2. 个人的应对措施

工作压力可能是有害的,但它并不可怕,如果确实感觉到压力的存在,完全没有必要惊慌,而要采取恰当而有力的措施缓解压力,甚至在必要的时候利用压力对自己起鞭策作用,努力提高个人的绩效。

(1) 找出压力的根源。工作中的压力每个人都会有的,但最主要的一点就是你能否适应这份工作。如果适应的话,那么工作中的压力就是自己进步的动力,就应该很从容地去面对,找出压力的根源所在。比如,如果是知识欠缺,那么就要去努力学习新知识,不断充实自我;如果是人际关系等其他方面,那么就要向有经验的人学习,多找公司的同事谈心,其实有些事情在大家开诚布公的"谈"中也就解决了。

(2) 不断调整自己的心态。在各种工作压力下,难免会产生情绪低落、无精打采的状态,影响自己的工作。为此,需要及时采取各种措施,如访友、旅游、娱乐等方式,不断调整自己的心态,使自己始终保持一种积极向上的心态,从而不断为自己倾注工作的活力。

第五节 人工智能对职业发展的冲击与应对

一、人工智能的未来发展趋势

目前,国外以微软、谷歌、脸书、IBM 为代表的实力型科技企业都已经进军人工智能行业,不少公司还建设了独立的人工智能实验室。对国内人工智能产业而言,2017年是腾飞的一年。2017年3月,"人工智能"首次出现在两会政府工作报告中,并成为国家战略,获得了资本、政策的大力支持,产业规模也逐年扩大。《新一代人工智能发展白皮书(2017)》显示,2017年全球人工智能核心产业规模已超过370亿美元,我国人工智能核心产业规模达到56亿美元左右。预计到2020年,全球人工智能核心产业规模将超过1 300亿美元,年均增速达到60%,其中基础层、技术层、应用层产业规模将分别突破270亿美元、342亿美元和672亿美元;我国核心产业规模将超过220亿美元,年均增速接近65%,三大层次产业规模将分别突破44亿美元、66亿美元和110亿美元。

人工智能赋予了计算机感知、学习、推理及协助决策的能力,从而使计算机采用与人类相似的处理方式来解决问题。人工智能不仅是计算机技术本身的发展,还延伸了人类的体力和脑力(李中斌、涂满章、赵聪,2018)。《新一代人工智能发展白皮书(2017)》认为,人工智能的关键技术包括:① 视觉。计算机识别图片或视频中内容的能力。② 语音。计算机理解人类语音中的词汇内容并将其转录成文字的能力。③ 语言。计算机把握语言中的诸多微妙差异和复杂性(例如俚语和惯用语)。④ 知识。计算机理解人、事物、地点、事件等之间关系的能力。

随着大数据、机器学习等计算机技术的进一步发展,人工智能也迎来了新一轮发展浪潮,在一大批细分领域取得了令人瞩目并日臻成熟的研究成果。但即便如此,这些成果与产业化和全面应用还有着相当长的距离,并且仍旧存在一些潜在的风险和问题。

2017年11月腾讯研究院法律研究中心编译的《AI技术革命对劳动力市场和收入分配的影响》中提到,虽然人工智能算法在识别对象和面孔方面表现突出,但其性能也存在一定的局限性。原因在于,人类可以识别更多数量的图片类别并对图像的上下文和其他方面内容进行推断。因此,人工智能未来开发的挑战在于如何构建对更广泛背景进行推论的算法,以及推测图像下一步可能发生的情况。

此外,人工智能虽然已经为许多领域带来了变革和创新,但由于现有技术仍在发展之中,导致人工智能的应用范围较窄。因此,未来还需要结合足够的数据和计算能力,使人工智能对相关任务实现最优化处理。例如,赢得围棋游戏,或者最大限度地提高翻译文字或理解言语的准确性等。"中国未来就业的挑战与应对"研究报告表明,人工智能的最新发展方向是实现创造力,进行具有人类特征的工作。

二、人工智能对职业生涯带来的影响

近年来最"火"的术语莫过于"人工智能"。有学者曾开玩笑称"现如今在各学科盛会上如果缺少'人工智能',那一定脱离了潮流"。进入人工智能时代,大家最关注的就是自己的工作是否会被机器人取代。李开复曾说:"未来10年中,人类社会将会有50%的职业类型被人工智能取代。"麦肯锡全球研究院近期的一份报告对全球800多种职业所涵盖的2000多项工作内容进行分析后发现,全球约50%的工作内容可以通过改进现有技术实现自动化。当然,也有研究者认为这一说法过于耸人听闻。《机器人崛起》的作者马丁·福德(Martin Ford)警告说:"到2100年会出现75%的失业率。"牛津大学的卡尔·弗瑞和迈克尔·奥斯本(Carl Frey, Micheal A. Osborne, 2017)认为,到2033年时,美国将会有47%的工作被人工智能取代。

虽然很多人谈及"人工智能"时如临大敌,但也有人持乐观态度。美国智库信息技术与创新基金会(ITIF)总裁阿特金森(Rob Atkinson)的研究显示,今天科技每消灭10个工作岗位,就会创造6个新工作岗位,这一比例是1950—1960年以来最高的,也意味着今天科技对就业的破坏力是最低的。麻省理工学院经济学教授大卫·奥托尔(David Autor)的研究发现,虽然从1995—2010年美国ATM机数量从10万暴增到40万,但1980—2010年银行出纳人数也从50万增加到55万。

麻省理工学院和哈佛大学的经济学家们的联合研究发现,有两大类职业难以被科技进步所取代。第一种是"抽象"职业,即那些需要解决问题能力、直觉、创造力、说服力的工作,如工程师、教授、管理人员等;另一种是需要"动手"的职业,即那些需要环境适应能力、视觉和语言辨识能力,以及人际交往能力的工作,如厨师、护士、保姆等。机器在取代部分工作的同时,也会创造新的机会。同时,有助于劳动者释放双手,有时间投入到自己所喜欢的领域,享受工作,享受生活。因此,与技术相关的职业仍然有较大的市场需求,未来也有一定的发展空间。柜员、服务员、销售员等职业今后可能逐渐被技术所淘汰,但网络工程师、程序员、数据分析师却仍是未来必不可少的职业。此外,随着信息技术的发展,数据科学家、机器人专家和人工智能工程师的需求将大幅增加。

据世界经济论坛统计,技术类专业学生在大学第一年学到的学科知识,约50%在毕业前将会过时;到2020年以后,大多数职业要求具备的技能,超过1/3可能是我们目前认为并不重要的技能。在此情况下,很可能导致技术类职业出现大量的关键人才缺失和岗位空缺。此外,技术的发展也会使大多数职业的技能要求发生变化。如果劳动者技能不能转换和提升,适应新的岗位要求,我们不仅不能获得技术进步的好处,还有可能面临就业不充分、分配结构恶化等社会问题。职业教育和社会保障等人力资本投资需要未雨绸缪,积极应对。

有许多企业管理者和学术研究者都认为,人工智能技术尚处于初步发展期,对就业影响有限。从如今的状态到成熟期还存在较长的距离,因此短期看对就业的冲击较为有限(王君、张于喆、张义博等,2017)。人工智能作为一项新的技术,其对未来职业的影响仍处于未知状态。但是人工智能将会对社会、科技、生活带来难以想象的改变。我们仍须关注,人工智能可能会取代的、创造出的或改变的工作是什么。即使有些工作岗位会被人工智能取代,还会有新的岗位被创造出来。

三、积极应对人工智能带来的冲击

人工智能的发展将会重塑整个社会。有学者认为,人类未来的大多数活动,都会与人工智能息息相关,人工智能也会渗透到人类生活的方方面面(高奇琦、李松,2017),职业领域也会受到很大影响,人工智能将颠覆现有的很多职业。个体如何进行合理的职业生涯规划是一个现实且紧迫的问题。在面对人工智能时,我们一方面要适应社会变革的挑战,另一方面也要积极思考生活和工作的意义。

人工智能时代的到来,迫使人才提升个人素质,以满足新技术的挑战。亟须提升的素质包括两个方面,即硬性技术能力和软性素质能力。在硬性技术能力上,随着未来人工智能技术逐渐发展,企业对计算机科学技术人才的需求可能会越来越旺盛。而在企业实践中,企业将需要更多既掌握专业技术又具备良好软性素质能力的复合型人才。这类人才往往来自交叉学科背景,并且具备"硬性技术+软性能力"的综合素质。同时,他们还需要快速学习能力、跨界合作能力与沟通能力,从而将人工智能技术应用到各行业中。

除了人工智能技术相关人才外,人工智能时代对劳动力市场整体人才素质和人才培养的要求也发生着潜移默化的影响。首先,《人工智能时代》的作者杰瑞·卡普兰(Jerry Kaplan)提出,越是懂得面对面沟通、越是能够触类旁通在职业交界处发现机会的人,机器越是无法取代。其次,人工智能对个人职业生涯的冲击也对现有的职业教育和职业培训体系提出了挑战。职业是社会分工的产物,在满足社会的需求、适应专业化的发展之中,职业规划和职业教育具有重要作用。因此,人们在就业准备期都需要开展职业规划与教育,使自身获得必要的技能和知识,满足社会发展的需要(高奇琦、李松,2017)。

总结而言,人工智能时代的到来,一方面通过机器取代人显示了人与机器之间的博弈,另一方面通过机器需要人的创造、应用与优化体现了技术进步对人才素质要求的进步。我们可以看出,新技术的诞生,不仅需要创造技术的人才,同时也需要具有应用与沟通能力的人才,将高阶的技术成果应用到实际生产与生活中去。

本 章 小 结

1. 20世纪90年代以来,随着信息技术的发展和知识经济的来临,组织的变迁和发展将呈现出信息化、全球化、分散化与虚拟化、扁平化、小型化和多元化等特点和趋势。无边界职业生涯和易变性职业生涯将成为未来的职业生涯发展模式。

2. 未来的职业生涯理念将呈现以下几个方面的特点:职业成功的标准发生了变化、雇佣心理契约发生了变化、职业生涯流动发生了变化。

3. 随着竞争的加剧和组织形式的变迁,职业管理的主体在发生变化,未来的职业发展将主要由个人管理,而非组织管理;未来的职业发展是连续的学习,是自我导向的、是关系式的、在挑战性的工作中进行;未来的职业发展不一定是正式的培训,不一定是再培训,不一定是向上流动。

4. 面临新的挑战,员工应从以下几个方面着手提高自己的可雇佣性:对自己的职业生涯负责、增强职业敏感性、提高学习能力以防止技能老化。

5. 在新的时代背景下,人们对以组织为主体的职业生涯管理活动产生了不同的看法,我国以龙立荣为主的学者把这些观点分为了四类:支持组织职业管理的、怀疑职业生涯管理的、折中的和修正的观点。

6. 面对组织环境的急剧变化对企业的职业生涯管理活动提出的全新挑战,国外很多企业为了吸引人才、激励人才和留住人才,对以往的职业生涯开发活动进行了较大的改进,这些措施具体表现为:工作重新设计;弹性工作时间安排;针对双职业生涯家庭的职业生涯开发;变换的职业发展模式等。

7. 在职业生涯管理中,必须注意把个人职业发展目标同组织发展目标整合在一起,最终实现组织发展和个人发展的"双赢"结局。

8. 人工智能作为近年来最热门的技术之一,对职业生涯乃至整个社会都会产生较大的影响。部分职业可能会随着人工智能的发展而消失或被取代。然而,仍然有两大类职业难以被科技进步所取代。第一种是"抽象"职业,即那些需要解决问题能力、直觉、创造力、说服力的工作,另一种是需要"动手"的职业,即那些需要环境适应能力、视觉和语言辨识能力,以及人际交往能力的工作。

9. 在面对人工智能的挑战时,我们应该提升自身素质,成为创造技术、应用技术的人才,并具备较强的沟通和人际交往能力。

复习思考题

1. 什么是无边界职业生涯和易变性职业生涯？两者有哪些区别和联系？
2. 近年来，人们的职业生涯理念有哪些新发展？
3. 知识经济时代，个人对自身的职业生涯管理应采取哪些有效的措施？
4. 知识经济时代，组织对员工的职业生涯管理有哪些应对对策？
5. 如何实现个人职业发展与组织发展目标的有效整合？
6. 你认为人工智能对未来职业会产生哪些影响？

案例分析　一对双职工夫妇

彼得·盖特是 XYZ 公司研究与开发实验室人力资源部的主任，这一天他兴奋地对计算机应用中心的主任德瑞克·哈尔说："你不是一直让我寻找一个能使你们的运营增加技术力量的工程师吗？好，我已经找到了一个人——州立大学的毕业生，成绩全 A，很有抱负，对计算机的应用很感兴趣，并渴望在计算机行业工作。我将她带来面试，我相信你会雇用她，我们能雇用她。"盖特继续说："这是好消息，坏消息是她已经结婚，她和她丈夫想在同一家公司工作。她丈夫主修市场营销，是个运动员，在州立大学打了四年的篮球，但几乎没有考虑过其职业前景。我见过他，很有个性，平均成绩为 C。我认为他没有什么特别的才干，我们公司的市场营销人员会直率地拒绝他。但是，如果我们想雇用她，就必须为他找一份工作。"

莎利·费琼和她的丈夫马克来面试的结果正如盖特所预测的那样，人人都对莎利留下了深刻的印象，因为她为这次面试做了充分的准备，并指出了 XYZ 公司计算机应用中尚未开发的方面，她对产品运作模式的建议更是引人深思。

但另一方面，她的丈夫在面试中表现得很糟糕。马克能谈论他打球的威力，但对其他一无所知。他戴的耳环和马尾式的发型也与 XYZ 公司保守的氛围不相吻合。

面试的结果是公司为莎利提供了极富吸引力的报酬，但拒绝了马克。莎利对此的反应是直率的拒绝，他们夫妻将继续寻找能在同一家公司工作的机会。XYZ 公司急切地想雇用莎利，于是卖力地为她丈夫在当地寻找工作。最后，一家较小的电信营销公司对马克有些兴趣,由于XYZ公司给莎利提供了丰厚的薪水,夫妻俩决定接受这两份工作。

莎利随后的表现证明她在XYZ公司研究与开发计算机应用方面的确是一个很有价值的人才,她的工作使公司的产品开发极大进步。德瑞克对她的表现相当满意,并出钱为她提供进一步的培训。

在XYZ公司的头两年里,莎利得到两次晋升。偶尔,德瑞克问起她丈夫的情况,莎利回答他干得不错,他们正考虑买房子。这是一个好消息,因为XYZ公司认为莎利的确是他们想留住的员工。

时间一天一天过去了,德瑞克在联谊会上几次碰到过马克,他注意到马克成熟了,成了一个很自信的人。与他交谈,德瑞克发现马克看起来似乎具有一个成功的年轻商人所需具备的所有素质。事实上,德瑞克有些怀疑,不雇用马克是不是XYZ公司犯的一个错误。

一天早晨,莎利走进德瑞克的办公室,告诉他准备辞职。德瑞克很惊讶,没有丝毫准备。

他问:"发生了什么事情?"

"我丈夫在电信营销公司干得不错,获得晋升并被调到西海岸。他的公司让他在那里建立一个并负责一个新的分支机构。我相信我能在新的地方找到一份工作,而且我们认为这对马克来说是一个关系到一生的机会。我很难过离开XYZ公司,但我确实别无选择。如果你能很快找到一个接替我的人,我愿意在公司再待一个月左右,帮助培训接替者。当然,如果XYZ公司能够为马克提供一份等同他在西海岸的工作,我们将会留在这里。"

资料来源:于海波、董振华,《职业生涯规划实务》,机械工业出版社,2018年。

思考题

1. XYZ公司是否应该为了留住莎利这样一个有价值且受过良好培训的员工而为马克寻找或创造一份工作?为什么?

2. 当XYZ公司把莎利和马克安排在不同的公司工作时,其管理人员是否应该预测到由不同的职业道路而可能产生的留用问题?

3. 公司应该如何解决双职工的职业发展问题?你有什么更好的办法吗?

参考文献

1. Arnold, J., & Rothwell, A. Self-perceived employability: development and validation of a scale. *Personnel Review*, 1971, 36(1): 23-41.
2. Arthur M. B., Claman P. H., DeFillippi R. J. Intelligent enterprise, intelligent career. *Academy of Management Executive*, 1995, 9(4): 7-20.
3. Arthur M. B., Khapova S. N., Wilderom C. P. M. Career success in a boundaryless career world. *The International Journal of Industrial, Occupational and Organizational Psychology and Behavior*, 2005, 26(2): 177-202.
4. Bagdadli S., Gianecchini M. Organizational career management practices and objective career success: A systematic review and framework. *Human Resource Management Review*, 2019, 29(3): 353-370.
5. Baker W. E. *Achieving success through social capital: Tapping the hidden resources in your personal and business networks*. Jossey-Bass, 2000.
6. Baruch Y. Integrated career systems for the 2000s. *International Journal of Manpower*, 1999.
7. Becker G. S. Human Capital: A Theoretical and Empirical Analysis, with Special Reference to Education. University of Illinois at Urbana-Champaign's Academy for Entrepreneurial Leadership Historical Research Reference in Entrepreneurship, 1964.
8. Blickle G., Oerder K., Summers J. K. The impact of political skill on career success of

employees' representatives. *Journal of Vocational Behavior*, 2010, 77(3): 383-390.

9. Boudreau J. W., Boswell W. R., Judge T. A. Effects of personality on executive career success in the United States and Europe. *Journal of Vocational Behavior*, 2001, 58(1): 53-81.

10. Bozionelos N. Intra-organizational Network Resources: Relation to Career Success and Personality. *International Journal of Organizational Analysis*, 2003, 11(1): 41-66.

11. Callanan G. A. What price career success? *Career Development International*, 2003.

12. C. Brooklyn Derr. *Managing the New Careerists*. Joessey-Bass Publishers, 1988.

13. DeFillipi R., Arthur M. B. The boundaryless career: A competency based perspective. *Journal of Organizational Behavior*, 1994, 15(4): 307-324.

14. De Vos A, Dewettinck K., Buyens D. The professional career on the right track: A study on the interaction between career self-management and organizational career management in explaining employee outcomes. *European Journal of Work and Organizational Psychology*, 2009, 18(1): 55-80.

15. De Vos A, Dewettinck K, Buyens D. To move or not to move? *Employee Relations*, 2008.

16. Douglas T. Hall and Associates, *Career Development in Organizations*. Joessey-Bass Publishers, 1988.

17. Dries N., Pepermans R., Hofmans J, et al. Development and validation of an objective intra-organizational career success measure for managers. *The International Journal of Industrial, Occupational and Organizational Psychology and Behavior*, 2009, 30(4): 543-560.

18. Eby L. T., Butts M., Lockwood A. Predictors of success in the era of the boundaryless career. *The International Journal of Industrial, Occupational and Organizational Psychology and Behavior*, 2003, 24(6): 689-708.

19. Forbes J. B., Piercy J. E. *Corporate mobility and paths to the top: Studies for human resource and management development specialists*. New York: Quorum, 1991.

20. Frey C. B., Osborne M. A. The future of employment: How susceptible are jobs to computerisation? *Technological Forecasting and Social Change*, 2017, 114: 254-280.

21. Gary Dessler. *Human Resource Management*. Prentice-hall International, Inc., 2002.

22. Gattiker U. E., Larwood L. Predictors for managers' career mobility, success, and satisfaction. *Human Relations*, 1988, 41(8): 569-591.

23. Greenhaus J. H., Parasuraman S., Wormley W. M. Effects of race on organizational experiences, job performance evaluations, and career outcomes. *Academy of*

Management Journal, 1990, 33(1): 64-86.

24. Gutteridge T. G. Predicting career success of graduate business school alumni. *Academy of Management Journal*, 1973, 16(1): 129-137.

25. Hillage J., Pollard E. *Employability: developing a framework for policy analysis*. London: DFEE, 1998.

26. Hobfoll S. E., Johnson R. J., Ennis N., et al. Resource loss, resource gain, and emotional outcomes among inner city women. *Journal of Personality and Social Psychology*, 2003, 84(3): 632.

27. Hobfoll S. Social and psychological resources and adaptation. *Review of General Psychology*, 2002, 6(4): 307-324.

28. Hosen R., Solovey-Hosen D., Stern L. Education and capital development: Capital as durable personal, social, economic and political influences on the happiness of individuals. *Education*, 2003, 123(3): 496-514.

29. Judge T. A., Bretz Jr. R. D. Political influence behavior and career success. *Journal of Management*, 1994, 20(1): 43-65.

30. Judge T. A., Higgins C. A., Thoresen C. J., et al. The big five personality traits, general mental ability, and career success across the life span. *Personnel Psychology*, 1999, 52(3): 621-652.

31. Judge T. A., Hurst C. Capitalizing on one's advantages: Role of core self-evaluations. *Journal of applied Psychology*, 2007, 92(5): 1212.

32. Judge T. A., Klinger R. L., Simon L. S. Time is on my side: time, general mental ability, human capital, and extrinsic career success. *Journal of Applied Psychology*, 2010, 95(1): 92.

33. Keeton K. B. Characteristics of successful women managers and professionals in local government: a national survey. *Women in Management Review*, 1996, 11(3): 27-34.

34. Kirchmeyer C. Determinants of managerial career success: Evidence and explanation of male/female differences. *Journal of Management*, 1998, 24(6): 673-692.

35. Kuijpers M., Schyns B., Scheerens J. Career competencies for career success. *The Career Development Quarterly*, 2006, 55(2): 168-178.

36. Larson M. D., Luthans F. Potential added value of psychological capital in predicting work attitudes. *Journal of Leadership and Organizational Studies*, 2006, 13(2): 75-92.

37. London M., Stumpf S. A. *Managing Careers*. Addison Wesley Publishing Company,

1982.

38. Luthans F., Avolio B., Walumbwa F., Li W. The Psychological capital of Chinese workers: Exploring the relationship with performance. *Management and Organization Review*, 2005, 1(2): 247-269.

39. Luthans F., Norman S. M., Avolio B. J., Avey J. B. The mediating role of psychological capital in the supportive organizational climate — employee performance relationship. *Journal of Organizational Behavior*, 2008, 29(2): 219-238.

40. Luthans F., Youssef C. M., Avolio B. J. *Psychological capital: Developing the human competitive edge*. Oxford: Oxford University Press, 2007.

41. Lyubomirsky S., King L. The Benefits of frequent positive affect: Does happiness lead to success? *Psychological Bulletin*, 2005, 131(6): 803-855.

42. Manuel London, Edward M. Mone. *Career Management and Survival in the Workplace*. Joessey-Bass Publishers, 1987.

43. Ng T. W. H., Eby L. E., Sorensen K. L., Feldman D. C. Predictors of objective and subjective career success: a meta-analysis. *Personnel Psychology*, 2005, 58(2): 367-408.

44. Ng T. W. H, Feldman D. C. Human capital and objective indicators of career success: The mediating effects of cognitive ability and conscientiousness. *Journal of Occupational and Organizational Psychology*, 2010, 83(1): 207-235.

45. Nicholson N., de Waal-Andrews W. Playing to win: Biological imperatives, self-regulation, and trade-offs in the game of career success. *The International Journal of Industrial, Occupational and Organizational Psychology and Behavior*, 2005, 26(2): 137-154.

46. Orpen C. The effects of organizational and individual career management on career success. *International Journal of Manpower*, 1994.

47. Parker P., Khapova S. N., Arthur M. B. The intelligent career framework as a basis for interdisciplinary inquiry. *Journal of Vocational Behavior*, 2009, 75(3): 291-302.

48. Park S. G., Kang H. J., Lee H. R., et al. The effects of LMX on gender discrimination and subjective career success. *Asia Pacific Journal of Human Resources*, 2017, 55(1): 127-148.

49. Rothwell A., Herbert I., Rothwell F. Self-perceived employability: Construction and initial validation of a scale for university students. *Journal of Vocational Behavior*, 2008, 73(1): 1-12.

50. Sagas M., Cunningham G. B. Does having "the right stuff" matter? Gender differences

in the determinants of career success among intercollegiate athletic administrators. *Academic Research Library*, 2004, 50(5): 411-421.

51. Seibert S. E., Crant J. M., Kraimer M. L. Proactive personality and career success. *Journal of Applied Psychology*, 1999, 84(3): 416.

52. Seibert S. E., Kraimer M. L., Liden R. C. A social capital theory of career success. *Academy of Management Journal*, 2001, 44(2): 219-237.

53. Tharenou P., Latimer S., Conroy D. How do you make it to the top? An examination of influences on women's and men's managerial advancement. *Academy of Management Journal*, 1994, 37(4): 899-931.

54. Thompson J. A. Proactive personality and job performance: A social capital perspective. *Journal of Applied Psychology*, 2005, 90(5): 1011-1017.

55. Turban D. B., Dougherty T. Role of protégé personality in receipt of mentoring and career success. *Academy of Management Journal*, 1994, 37(3): 688-702.

56. Van Der Heijde C. M., Van Der Heijden B. I. J. M. A competence-based and multidimensional operationalization and measurement of employability. Published in Cooperation with the School of Business Administration, The University of Michigan and in alliance with the *Society of Human Resources Management*, 2006, 45(3): 449-476.

57. Wanberg C. R., Watt J. D., Rumsey D. J. Individuals without jobs: An empirical study of job seeking behavior and reemployment. *Journal of Applied Psychology*, 1996, 81(1): 76-87.

58. Wayne S. J., Liden R. C., Kraimer M. L., *et al*. The role of human capital, motivation and supervisor sponsorship in predicting career success. *Journal of Organizational Behavior*, 1999, 20(5): 577-595.

59. William J. Rothwell. *Designing and Developing Career Development Systems*. Spring semester 2000.

60. Wu S., Wang S., Liu F., Hu D., Hwang W. The influences of social self-efficacy on social trust and social capital: A case study of Facebook. *Journal of Educational Technology*, 2012, 11(2): 246-254.

61. Zhou W., Guan Y., Xin L., *et al*. Career success criteria and locus of control as indicators of adaptive readiness in the career adaptation model. *Journal of Vocational Behavior*, 2016, 94: 124-130.

62. Zhou W., Sun J., Guan Y., *et al*. Criteria of career success among Chinese employees: Developing a multidimensional scale with qualitative and quantitative approaches.

Journal of Career Assessment, 2013, 21(2): 265-277.

63. 柏培文, 《就业选择、职业流动与职业成功——基于高校毕业生职业调查的研究》, 《经济管理》, 2010 年第 2 期。

64. 卞卉, 《职业导师制——企业人力资源开发的重要途径》, 《沿海企业与科技》, 2006 年第 1 期。

65. 陈向明, 《质的研究方法与社会科学研究》, 教育科学出版社, 2000 年。

66. 段宇, 《中小企业管理接班人计划建设分析》, 《知识经济》, 2011 年第 24 期。

67. 方翰青, 《高校职业咨询的设计与操作》, 《重庆理工大学学报》, 2007 年第 6 期。

68. 方俐洛等, 《职业心理与成功求职》, 机械工业出版社, 2002 年。

69. 高奇琦、李松, 《从功能分工到趣缘合作：人工智能时代的职业重塑》, 《上海行政学院学报》, 2017 年第 6 期。

70. 韩翼、杨百寅, 《师徒关系开启徒弟职业成功之门：政治技能视角》, 《管理世界》, 2012 年第 6 期。

71. 胡平, 《职业心理学》, 中国人民大学出版社, 2015 年。

72. 黄后川、兰邦华, 《国外员工职业生涯开发实践的新发展》, 《企业经济》, 2002 年第 5 期。

73. 黄维德、董临萍, 《人力资源管理》, 高等教育出版社, 2000 年。

74. 康淑斌, 《知识经济背景下职业生涯管理的变革与发展》, 《中国人才》, 2003 年第 5 期。

75. 劳动和社会保障部培训就业司、中国就业培训技术指导中心组织编写, 《职业指导应用基础》, 中国劳动社会保障出版社, 1999 年。

76. 李焕荣、洪美霞, 《员工主动性人格与职业生涯成功的关系研究——对职业弹性中介作用的检验》, 《中国人力资源开发》, 2012 年第 4 期。

77. 李燕萍、涂乙冬, 《与领导关系好就能获得职业成功吗？一项调节的中介效应研究》, 《心理学报》, 2011 年第 8 期。

78. 李原等, 《组织中的心理契约》, 《心理科学进展》, 2002 年第 1 期。

79. 廖泉文, 《人力资源管理》, 高等教育出版社, 2003 年。

80. 林枚、李隽、曹晓丽, 《职业生涯开发与管理》, 清华大学出版社、北京交通大学出版社, 2010 年。

81. 刘仲仁, 《大学生择业指南》, 中国物资出版社, 2000 年。

82. 龙君伟, 《论易变性职业生涯》, 《中国人才》, 2002 年第 8 期。

83. 龙立荣、方俐洛、凌文辁, 《组织职业生涯管理的发展趋势》, 《心理科学进展》, 2001 年第 4 期。

84. 龙立荣、方俐洛、凌文辁,《组织职业生涯管理与员工心理与行为的关系》,《心理学报》,2002年第1期。
85. 龙立荣,《企业员工自我职业生涯管理的影响因素》,《心理学报》,2003年第4期。
86. 娄质,《经历发展:西方职场充电法宝》,《职业》,2003年第9期。
87. 卢远荣、唐宁玉、李凌,《职业心理与职业指导》,人民教育出版社,1994年。
88. [美]罗伯特·H.沃特曼等著,欧阳晖译,《寻找与留住优秀人才》,中国人民大学出版社,2003年。
89. 马士斌,《生涯管理》,人民日报出版社,2001年。
90. [美] E.H.施恩著,仇海清译,《职业的有效管理》,生活·读书·新知三联书店,1992年。
91. [美]杰弗里·H.格林豪斯等著,《职业生涯管理》(影印版),清华大学出版社,2003年。
92. [美]雷蒙德·A.诺伊等著,刘昕译,《人力资源管理:赢得竞争优势》,中国人民大学出版社,2001年。
93. [美]雷蒙德·A.诺伊著,徐芳译,《雇员培训与开发》,中国人民大学出版社,2003年。
94. [美]罗宾斯著,孙健敏等译,《组织行为学》(第16版),中国人民大学出版社,2016年。
95. [美]罗纳德·耶普尔著,郭宝莲译,《300位名校MBA与您探讨获得高薪的法则》,上海远东出版社,2000年。
96. [美]威廉·布里奇斯著,许晓茵译,《创建你和你的公司》,中国人民大学出版社,2000年。
97. [美]亚瑟·W.小舍曼等,《人力资源管理》,东北财经大学出版社,2001年。
98. 孟春梅,《建立全员导师制》,《人力资源管理》,2012年第7期。
99. 潘静洲、赵煜、周文霞、龚铭,《得到的并非我想要的——职业成功观与职业成功感知的差异对幸福感的影响》,《中国人力资源开发》,2016年第11期。
100. 庞涛、王重鸣,《知识经济背景下的无边界职业生涯研究进展》,《科学学与科学技术管理》,2003年第39期。
101. 任维仓、何莉,《企业后备干部队伍建设探析》,《合作经济与科技》,2009年第6期。
102. 孙健敏,《组织与人力资源管理》,华夏出版社,2002年。
103. 孙彤,《组织行为学》,高等教育出版社,2000年。
104. 唐宁玉,《人事测评理论与方法》,东北财经大学出版社,2002年。

105. 王磊等,《实用人事测量》,经济科学出版社,1999年。
106. 王振源、王燕榕、赵琛徽,《中国企业实施导师制的挑战与对策研究——基于IBM最佳实践的启示》,《当代财经》,2011年第8期。
107. 王忠军、龙立荣,《员工的职业成功:社会资本的影响机制与解释效力》,《管理评论》,2009年第8期。
108. 王忠军、龙立荣,《知识经济时代社会资本与职业生涯成功关系探析》,《外国经济与管理》,2005年第2期。
109. 翁清雄、彭传虎、曹威麟、席酉民,《大五人格与主观职业成功的关系:对过去15年研究的元分析》,《管理评论》,2016年第1期。
110. 吴国存,《企业职业管理与雇员发展》,经济管理出版社,1999年。
111. 萧鸣政,《人力资源开发》,高等教育出版社,2002年。
112. 萧鸣政,《人员测评理论与方法》,中国劳动出版社,1997年。
113. 徐娅玮,《职业生涯管理》,海天出版社,2002年。
114. 杨蓉,《人力资源管理》,东北财经大学出版社,2002年。
115. 姚裕群、张再生,《职业生涯与管理》,湖南师范大学出版社,2007年。
116. 姚裕群、朱启臻,《选择职业的艺术》,天津人民出版社,1991年。
117. 于海波、郑晓明,《提高员工可就业机会增强其离职意向?——兼论可就业性对工作绩效的作用》,《经济管理》,2011年第12期。
118. 于海波、郑晓明、许春燕等,《大学生可就业能力与主客观就业绩效:线性与倒U型关系》,《心理学报》,2014年第6期。
119. 曾垂凯,《自我感知的可雇用性量表适用性检验》,《中国临床心理学杂志》,2011年第1期。
120. 张德、吴志明,《组织行为学》,东北财经大学出版社,2002年。
121. 张德,《组织行为学》,高等教育出版社,1999年。
122. 张红芳、吴威,《心理资本、人力资本与社会资本的协同作用》,《经济管理》,2009年第7期。
123. 张再生,《职业生涯管理》,经济管理出版社,2002年。
124. 周含、刘津言,《社会网络对企业中高层女性管理者职业成功的影响研究》,《中国人力资源开发》,2012年第12期。
125. 周文霞、李博,《组织职业生涯管理与工作卷入关系的研究》,《南开管理评论》,2006年第2期。
126. 周文霞,《人力资源管理》,中国城市出版社,2004年。
127. 周文霞、辛迅、潘静洲、谢宝国,《职业成功的资本论:构建个体层面职业成功影响因素的综合模型》,《中国人力资源开发》,2015年第17期。

128. 周文霞,《职业成功标准的实证研究与理论探讨》,《经济与管理研究》,2006年第5期。
129. 周文霞,《职业成功观的结构、测量与差异检验》,中国人民大学博士学位论文,2008年。

图书在版编目(CIP)数据

职业生涯管理/周文霞主编. —2 版. —上海:复旦大学出版社, 2020.6(2024.1 重印)
(博学. 21 世纪人力资源管理丛书)
ISBN 978-7-309-15072-8

Ⅰ.①职… Ⅱ.①周… Ⅲ.①人力资源管理 Ⅳ.①F243

中国版本图书馆 CIP 数据核字(2020)第 093524 号

职业生涯管理(第 2 版)
周文霞　主编
责任编辑/宋朝阳

复旦大学出版社有限公司出版发行
上海市国权路 579 号　邮编:200433
网址: fupnet@fudanpress.com　http://www.fudanpress.com
门市零售: 86-21-65102580　团体订购: 86-21-65104505
出版部电话: 86-21-65642845
上海丽佳制版印刷有限公司

开本 787 毫米×1092 毫米　1/16　印张 17.5　字数 342 千字
2024 年 1 月第 2 版第 3 次印刷
印数 6 201—8 300

ISBN 978-7-309-15072-8/F・2698
定价: 45.00 元

如有印装质量问题,请向复旦大学出版社有限公司出版部调换。
版权所有　侵权必究